본 책의 예제파일은 저자 드롭박스 (http://bit.ly/2OLjRjV)에 있습니다.

건축 인테리어 SketchUp + Layout

스케치업
도면 + 레이아웃
프레젠테이션
REALITY

| 만든 사람들 |

기획 IT·CG기획부 | 진행 양종엽·박예지 | 집필 윤신용 |
편집·표지디자인 D.J.I books design studio 최혜은·김진

| 책 내용 문의 |

도서 내용에 대해 궁금한 사항이 있으시면
저자의 홈페이지나 디지털북스 홈페이지의 게시판을 통하여 해결하실 수 있습니다.
디지털북스 홈페이지 digitalbooks.co.kr
디지털북스 페이스북 facebook.com/ithinkbook
디지털북스 인스타그램 instagram.com/dji_books_design_studio
디지털북스 유튜브 유튜브에서 [디지털북스] 검색
디지털북스 이메일 djibooks@naver.com
저자 블로그 www.pinterest.co.kr/maengshiny

| 각종 문의 |

영업관련 dji_digitalbooks@naver.com
기획관련 djibooks@naver.com
전화번호 (02) 447–3157~8

머리말

스케치업과 레이아웃은 건축·인테리어 디자이너, 가구 디자이너, 무대 디자이너들에게 많은 사랑을 받는 실용적인 디자인 도구입니다. 조금만 익숙해진다면 누구든지 자신의 머릿속에 그려지는 공간이나 가구 등을 종이 위에 스케치하듯 3D 형태로 빠르게 구현하고, 이를 실제 제작에 활용할 도면으로 만들어 낼 수 있기 때문입니다.

스케치업과 레이아웃의 조합은 디자인과 도면 작성에 소요되는 시간을 크게 단축시켜 주었고, 디자인의 수준과 현장 작업의 수준을 한 층 업그레이드 시켜주었습니다. 그런데, 스케치업과 레이아웃을 프레젠테이션이나 도면 작성 도구로서 효과적으로 활용하기 위해서는 작업의 시작점부터 작업의 과정을 체계화 시키는 습관을 들일 필요가 있습니다. 만약, 프레젠테이션이나 도면 작성의 과정을 염두 해두지 않고 작업을 하게 될 경우, 후속 작업은 매우 번거로워지게 될 수 있으며, 어떠한 경우 작업의 효율을 오히려 떨어뜨리는 결과를 낳을 수도 있습니다.

이 책은 스케치업과 레이아웃을 활용한 효과적인 프레젠테이션과 실용적인 도면 제작을 위해 디자이너가 기본적으로 알고 있어야할 스케치업과 레이아웃의 주요 기능들을 설명하고, 실무에서 적용할 수 있도록 스케치업과 레이아웃이 조합되는 작업의 과정과 도면 작성 방법을 자세히 담고 있습니다.

이 책이 끝까지 마무리 될 수 있도록 많은 격려를 해 주시고, 기다려주신 디지털북스 양종엽, 박예지 님께 감사드립니다. 그리고 언제나 저의 곁에서 밝은 웃음으로 기운을 북돋아 주는 우리 가족 김명신, 윤시현, 윤재하에게도 고마움을 전합니다.

윤신용

목차

PART 03

SketchUp Scene
알아보기

PART 04

SketchUp Section
알아보기

PART 05

Layout 작업을 위한
Scene 만들기

PART 06

**Layout 기본기
익히기**

PART 07

Layout으로 도면
Template 만들기

PART 08

Layout을 활용하여
건축 · 인테리어
Presentation
도면 만들기

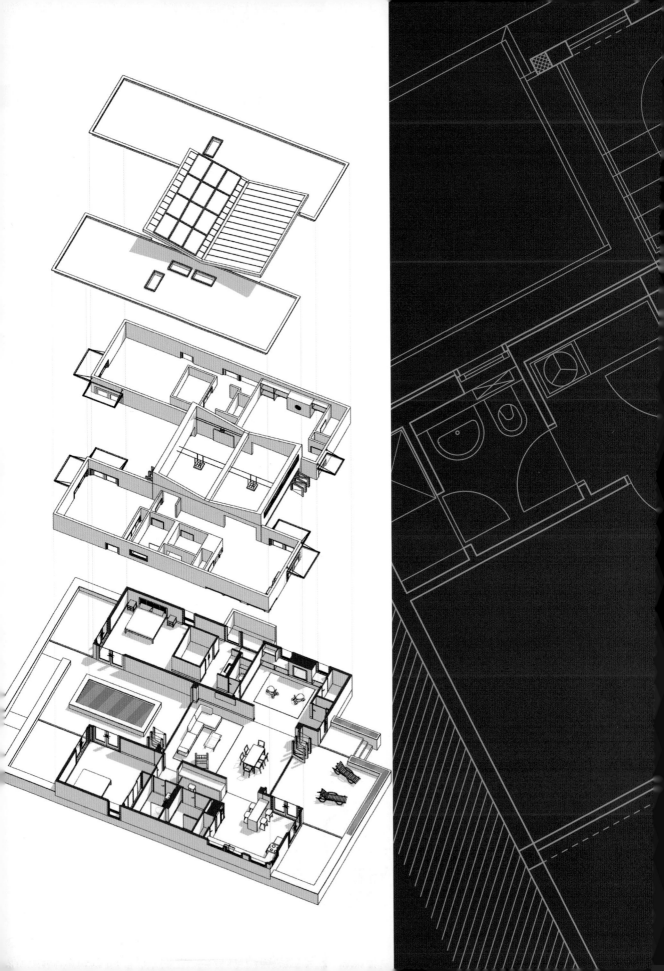

SketchUp + Layout
도면그리기 작업 과정

PART
01

SketchUp Model 준비하기

■ Container(Group 혹은 Component)로 Model 구성하기

SketchUp Modeling 작업을 할 때 Object를 구성하는 각 요소를 Container로 만들고 각각에 이름을 지정하여 관리하면 Layout에서 활용할 Scene을 만드는데 도움이 됩니다.

＊Container : Group, Component

01

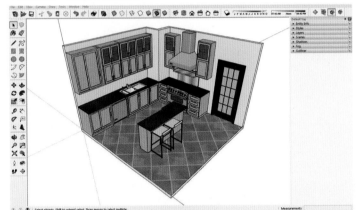

준비된 File을 불러 옵니다. 아일랜드형 주방이 Modeling되어 있습니다.

part01/part01_01.skp

02

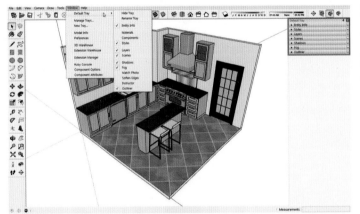

SketchUp Scene작업에 필요한 Tray를 준비하기 위해 메뉴 바 Window〉Default Tray를 선택하고, 그림과 같이 Tray들을 Check하면, 화면 오른쪽에 선택한 Tray들이 나타납니다.

03

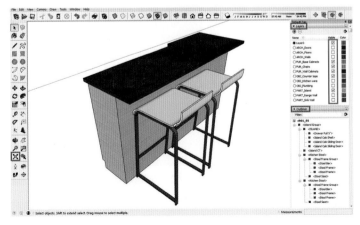

Layers Tray를 열고 그림과 같이 Visible Layer를 Check하여 아일랜드 식탁만 화면에 나타나도록 만듭니다. Zoom Extents Tool (단축키 shift + Z)을 클릭하여 아일랜드 식탁을 화면에 가득 채운 후 **Outliner Tray**를 펼칩니다. 〈ISLAND Group〉을 구성하는 하위 Container들을 확인할 수 있습니다. 이렇게 단계별로

Container를 만들면서 Modeling을 진행하면 향후 Layer를 지정하거나, Presentation Scene에서 Hide/Unhide 작업을 하는 데 큰 도움이 됩니다.

── Container Object 만들기 ──

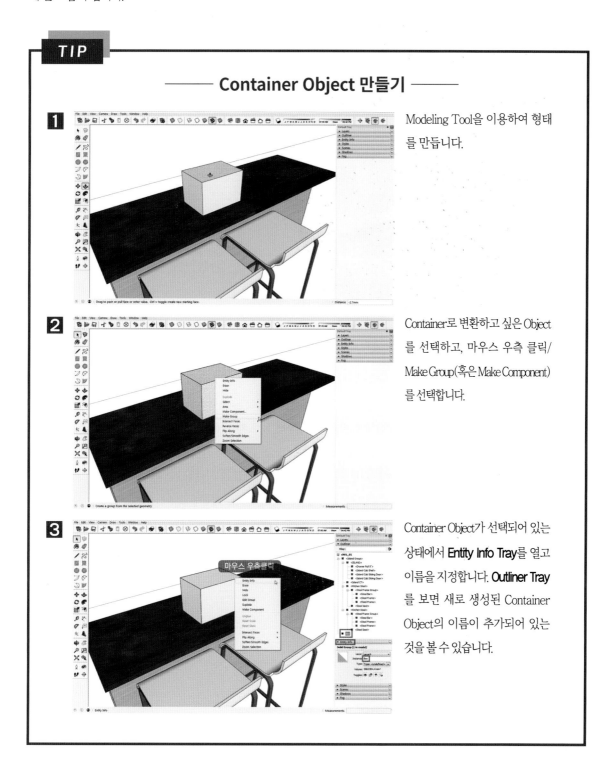

Modeling Tool을 이용하여 형태를 만듭니다.

Container로 변환하고 싶은 Object를 선택하고, 마우스 우측 클릭/ Make Group(혹은 Make Component)를 선택합니다.

Container Object가 선택되어 있는 상태에서 **Entity Info Tray**를 열고 이름을 지정합니다. **Outliner Tray** 를 보면 새로 생성된 Container Object의 이름이 추가되어 있는 것을 볼 수 있습니다.

■ Object Layer 만들기

동일한 성격의 Object들을 모아서 별도의 Layer를 만들어 관리하면 Scene을 이용한 Animation을 만들거나
특정한 목적을 가진 Scene을 만들때 도움이 됩니다.

01 **Layers Tray**에서 모든 Layer를 Visible 상태로 만듭니다.

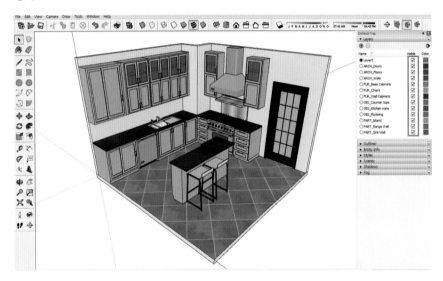

02 **Layers Tray**에서 Details 버튼을 클릭하고 Color by Layer를 Check합니다. 각 Object가 Layer별로 지정된
Color로 표현됩니다. 예를 들어 그림과 같이 벽에 부착된 상부 캐비닛, 하부 캐비닛, 하부 캐비닛 상판, 주방
기구가 각각 별도의 Layer로 구분되어 있는 것을 볼 수 있습니다. 이렇게 Object의 성격에 따라 Layer를 분리
해 놓으면 Model의 수정·보완 뿐만 아니라 다양한 Scene을 연출할 때 시간을 절약할 수 있습니다.

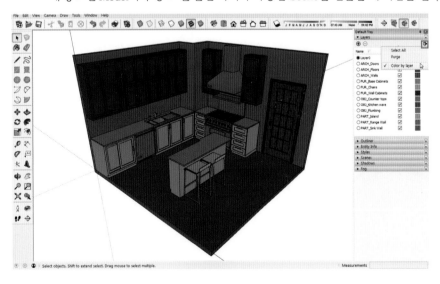

■ 영역을 구분하는 Layer 만들기

Object가 위치한 영역을 구분하여 별도의 Layer를 만들어 관리하면 각 부분을 별도로 설명하는 Scene을 만드는데 도움이 됩니다.

01 **Layers Tray**에서 Details 버튼을 클릭하고 Color by Layer를 Check 해제 합니다. 현재 이 Model은 주방 가구 및 주방기기들의 위치에 따라 총 3개의 영역으로 나눈 Layer가 준비되어 있습니다.

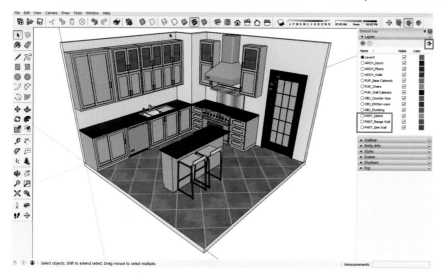

02 Top View로 전환하고 그림에 표시된 Layer를 각각 Invisible 상태로 만들면 주방가구 및 주방기기의 위치에 따라 Layer가 구분되어 있는 것을 볼 수 있습니다. 이렇게 영역에 따라 크게 구분된 Layer를 별도로 만들어 관리하면 영역별 Scene을 만들어 Presentation에 활용할 수 있습니다. 예를 들어, 건축물의 각 층을 별도의 Layer로 관리하게 되면, 층별 평면도 작업을 위한 Scene을 쉽게 만들 수 있습니다.

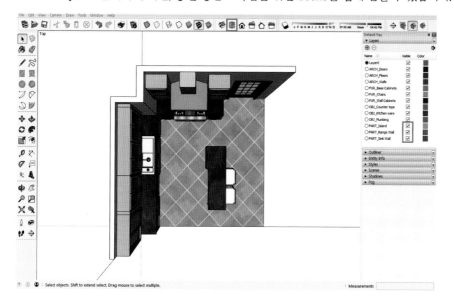

■ 여러 Layer에 포함된 Object

특정한 Object가 속한 Layer와 그 Object를 포함하는 Container가 속한 Layer를 각각 별도로 지정하여 관리할 수 있습니다. 이러한 경우 다수의 Layer가 특정한 Object의 Visible에 영향을 미치게 됩니다.

01 **Layers Tray**에서 PART_Island Layer를 Invisible 상태로 만들면 그림과 같이 의자와 상판을 포함하여 아일랜드 식탁을 구성하는 모든 요소가 사라집니다.

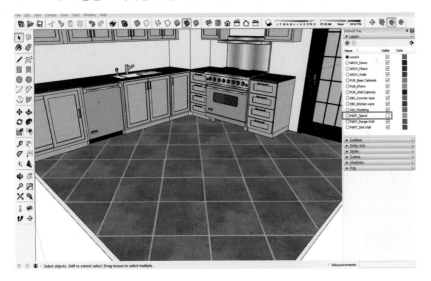

02 이번에는 PART_Island Layer를 Visible 상태로 만든 후 FUR_Chairs, OBJ_Counter tops Layer를 Invisible 상태로 만듭니다. 아일랜드 식탁의 의자와 상판이 사라지는 것을 볼 수 있습니다. 다시 말해서 아일랜드 식탁의 의자와 상판은 두 개의 Layer에 영향을 받게 됩니다.

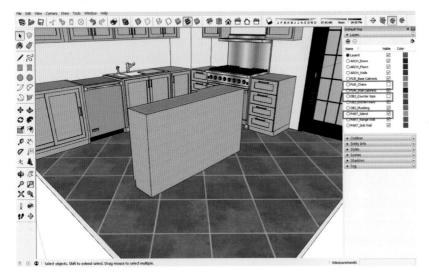

03 그림과 같이 개별 Container가 속한 Layer와 개별 Container들을 묶어 놓은 Container가 속한 Layer가 다를 경우 바깥쪽의 Container가 포함된 Layer가 Visible되어 있으면 안쪽의 Container가 포함된 Layer는 개별적으로 Visible/Invisible할 수 있으나, 바깥쪽의 Container가 Invisible될 경우에는 안쪽의 Container는 Visible 상태로 만들 수 없습니다.

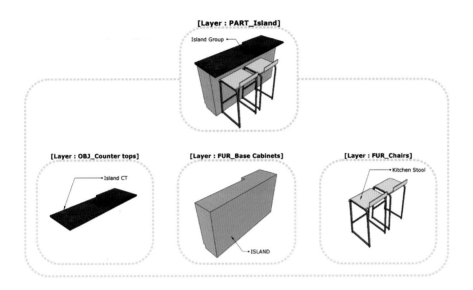

Scene과 Style 만들기

이번 장에서는 Layout으로 보낼 SketchUp Scene을 만드는 프로세스를 간략히 살펴보겠습니다.

01

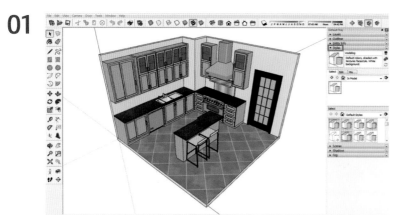

준비된 File을 불러 옵니다. **Styles Tray**를 펼칩니다. 현재 Modeling 이라는 이름의 Style이 1개 준비 되어 있는데, 실내공간 및 가구 등의 Modeling 작업에 알맞게 Setting이 되어 있습니다.

part01/part01_02.skp

02

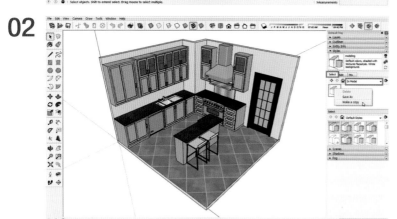

Layout에서 도면 작업을 하기 위 한 Style을 추가하기 위해 Modeling Style을 마우스 우측으로 클릭하고 Make a Copy를 선택합니다.

03

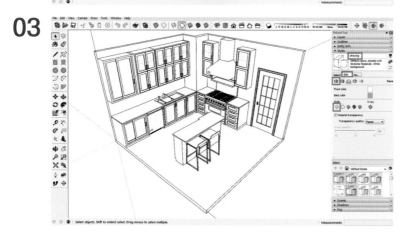

복사된 Style의 이름을 drawing 으로 지정한 후 Edit Tab을 선택 하고, Face Setting에서 Style을 Hidden Line mode 변경합니다.

04

화면에 있는 Model Axes를 숨기기 위해 Modeling Setting에서 Model Axes Option을 해제 합니다. Section Plane으로 Object의 단면이 나타날 경우 단면이 채워져 나타나도록 Section Fill Option을 Check(2018버전 부터 가능)하고 Style Thumbnail을 클릭하여 Style을 Update 합니다.

05

수작업 느낌의 Style을 추가하기 위해 Select Tab을 선택하고, Style List에서 Assorted Styles를 선택 합니다.

06 Assorted Styles에서 Chipboard with fine marker를 선택하여 적용합니다. 앞으로 추가할 Section Plane 아이콘이 화면에 나타나지 않도록 Display Section Plane 아이콘을 클릭하여 해제한 후 Styles Thumbnail을 클릭하여 Update 합니다.

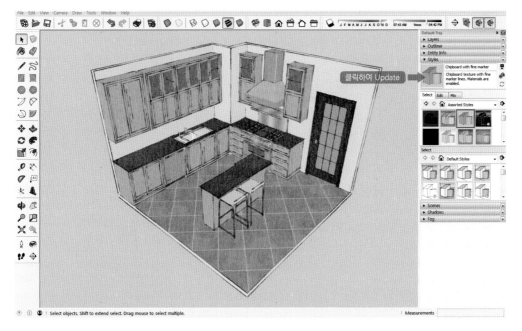

07

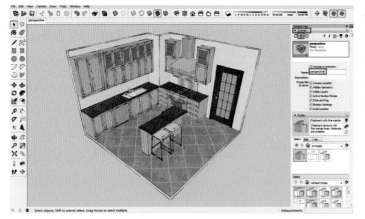

Scenes Tray를 열고 Add Scene 아이콘을 클릭하여 현재 상태를 새로운 Scene으로 추가합니다. 새로 만들어진 Scene의 이름을 'perspective'로 지정합니다.

08

평면도를 구성할 Scene을 추가하기 위해 Drawing Style을 적용합니다. Section Plane Tool을 선택한 후 그림과 같이 바닥을 클릭하여 Section Plane을 추가합니다.

09 앞서 생성한 Section Plane이 선택된 상태에서 Move Tool을 이용하여 그림과 같이 바닥에서부터 1200mm 정도의 높이까지 이동시킵니다.

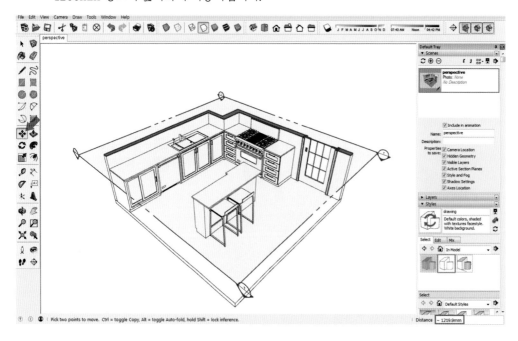

10

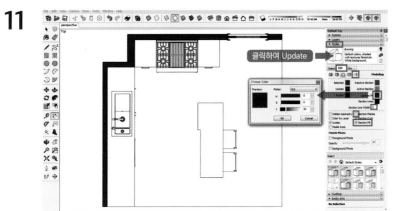

Top View를 선택하고 Camera를 Parallel Projection View로 전환 합니다.

11

Section Fill의 색상과 Section Line의 두께를 수정하기 위해 **Styles Tray** 에서 Edit Tab을 선택하고 Modeling Setting에서 Section Fill의 색상과 Section Line의 두께를 그림과 같이 수정합니다. 화면에서 Section Plane 을 숨기기 위해 Section Planes을 해 제한 후 Style Thumbnail을 클릭하여 Drawing Style을 Update 합니다.

12 **Scenes Tray**에서 현재 상태를 새로운 Scene으로 추가하고, 추가된 Scene의 이름을 'floor Plan' 으로 지정합니다.

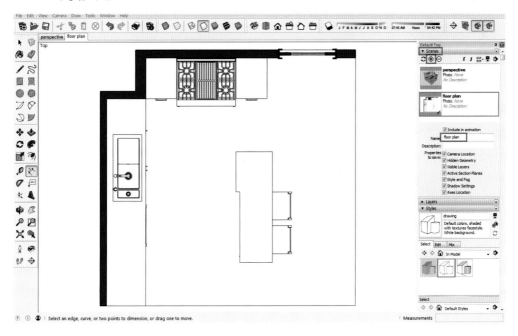

13 마지막으로 Elevation을 구성할 Scene을 만들어 보겠습니다. 이번에는 화면 상단의 [floor plan]Scene Tab을 마우스 우측으로 클릭하고 Add를 선택하여 새로운 Scene을 추가합니다. 앞서 **Scenes Tray**를 사용하여 Scene을 추가한 것과 동일하게 **Scenes Tray**에 새로운 Scene이 추가됩니다. 추가된 Scene의 이름을 'elevation'으로 지정합니다.

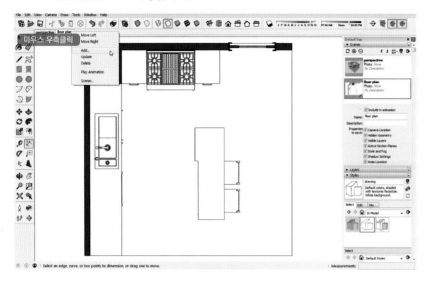

14

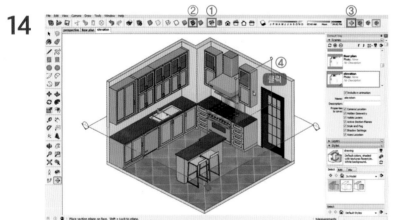

입면도를 만들 Section Plane을 추가하기 위해 Perspective view로 전환합니다. 입면도를 매핑된 상태로 표현하기 위해 Style Toolbar에서 Shaded with Textures Style을 적용합니다. Section Plane Tool을 선택하고 그림에 표시된 지점을 클릭하여 Section Plane을 추가합니다.

15

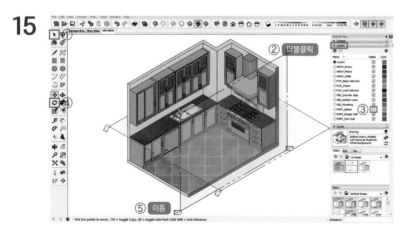

추가된 Section Plane을 Select Tool로 더블 클릭하여 Active Cut 상태로 만듭니다. 아일랜드 식탁이 입면도를 표현하는데 방해가 될 것 같습니다. **Layers Tray**에서 PART_Island Layer를 Invisible 상태로 만든 후 그림과 비슷한 위치로 Section Plane을 이동시킵니다.

16

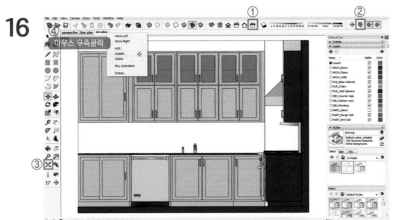

Right View로 전환하고 Display Section Planes 아이콘을 클릭하여 Section Plane을 Hide한 후 Zoom Extents 합니다. [elevation] Scene 을 만든 후 변경된 상황을 [elevation] Scene에 Update하기 위해 [elevation] Scene Tab을 마우스 우측으로 클릭하고 Update를 선택합니다.

17 Scene과 Style에 관련된 경고 대화상자가 나타납니다. 현재 장면에 적용되어 있는 Style은 Drawing Style을 변형한 상태로 **Styles Tray**를 보면 Drawing Style Thumbnail에 Update 아이콘이 나타나 있는 것을 볼 수 있습니다. 현재 변경된 Style을 새로운 Style로 저장하여 Scene에 적용하기 위해 Save as a new style을 선택한 후 Update Scene 버튼을 클릭합니다.

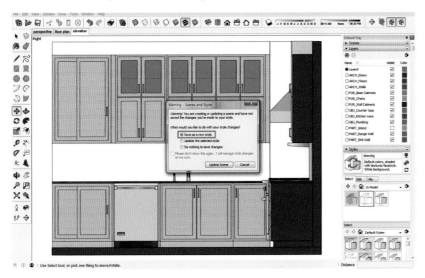

18

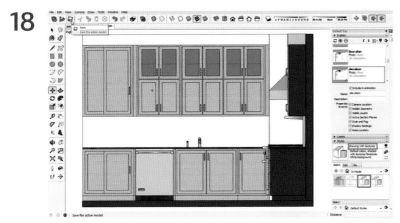

Styles Tray에 새롭게 만들어진 drawing1 Style의 이름을 drawing with textures로 변경합니다. Layout 작업을 위한 3개의 SketchUp Scene 이 준비되었습니다. 화면 상단의 Scene Tab을 클릭하면, 앞서 저장한 Scene들을 다시 확인할 수 있습니다. Layout으로 내보내기 위해 현재까지의 작업을 저장합니다.

LESSON 03

Layout으로 내보내기

이번 장에서는 SketchUp Model을 Layout으로 내보내고, 각 Page에 SketchUp Model을 배치하는 프로세스를 알아보겠습니다.

01

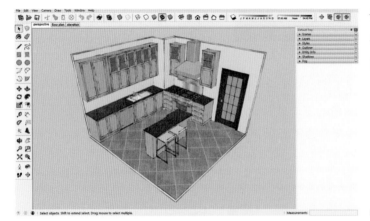

준비된 File을 불러 옵니다. 총 3개의 SketchUp Scene이 준비되어 있습니다.

part01/part01_03.skp

02

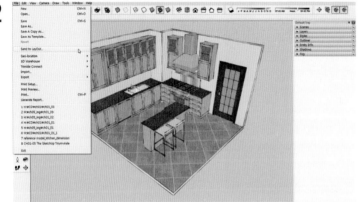

Layout으로 SketchUp Model을 내보내기 위해 메뉴 바 File>Send to Layout을 선택합니다.

03

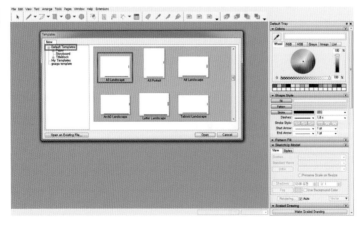

Layout이 실행되고, SketchUp Model을 앉힐 Template를 선택하는 대화상자가 나타납니다. 그림에 표시된 A3 Landscape Template를 선택하고 Open 버튼을 클릭합니다. Page 위에 Sketchup Model이 나타납니다.

04

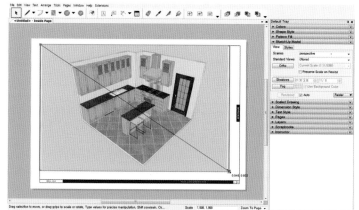

Select Tool로 SketchUp Model을 선택하고, SketchUp Model 주변으로 나타난 파란색 삼각형 모양의 Grip을 클릭 드래그하여 Page를 가득 채우도록 크기를 조정합니다.

05

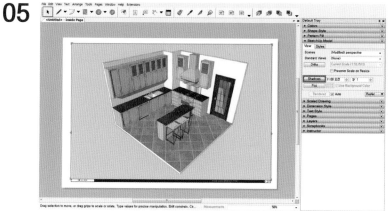

공간의 입체감을 더하기 위해 **SketchUp Model Tray**에서 Shadow 버튼을 클릭하고, 그림과 같이 날짜와 시간을 조정합니다.

06

Layout에서도 SketchUp Model의 View를 수정할 수 있습니다. Select Tool로 SketchUp Model을 더블 클릭합니다. 커서가 SketchUp Model 안에 있을 때에는 SketchUp에서 View를 변경하는 것과 동일한 방법으로 Zoom, Pan, Orbit을 할 수 있습니다. 그림과 같이 내부 공간을 눈높이에서 바라보는 장면으로 변경하고, SketchUp Model 바깥쪽을 클릭하여 View 편집 Mode를 종료 합니다.

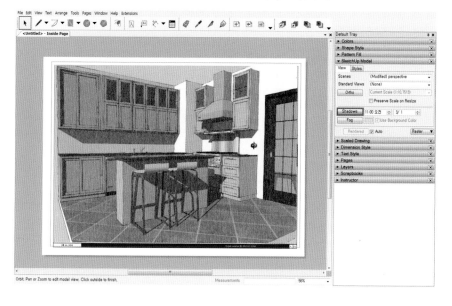

07 SketchUp Model을 별도로 관리하기 위한 Layer를 만들기 위해 **Layers Tray**를 펼치고, 새로운 Layer를 추가한 후 새롭게 추가된 Layer의 이름을 더블클릭하고, Layer의 이름을 Skectchup model로 지정합니다. 화면에서 SketchUp Model이 선택되어 있는 상태에서 마우스 우측 클릭>Move to Layer>Skectchup Model을 선택하여 현재 선택된 Skectchup Model의 Layer를 Skectchup model로 변경합니다.

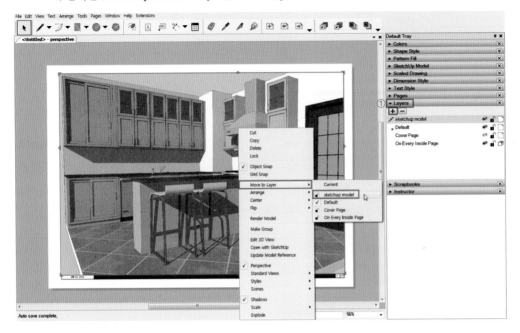

08 **Pages Tray**를 열고 현재 Page 이름(Inside page)을 더블 클릭한 후 Page의 이름을 perspective로 변경합니다. 다음 Page에 SketchUp Model을 복사해 넣기 위해 Select Tool로 SketchUp Model을 선택한 후 메뉴 바 Edit>Copy (단축키 Ctrl + C)를 선택합니다.

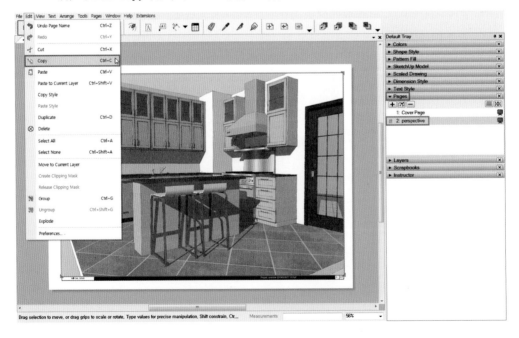

09

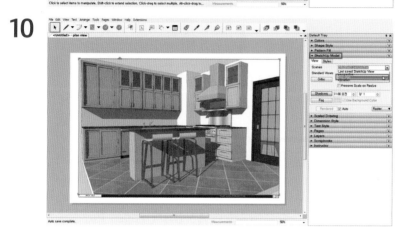

Pages Tray에서 새로운 Page를 추가하고, 추가된 Page의 이름을 plan view로 지정합니다. 앞서 복사한 SketchUp Model을 붙여넣기 위해 메뉴 바 Edit>Paste (단축키 Ctrl + V)를 선택합니다.

10

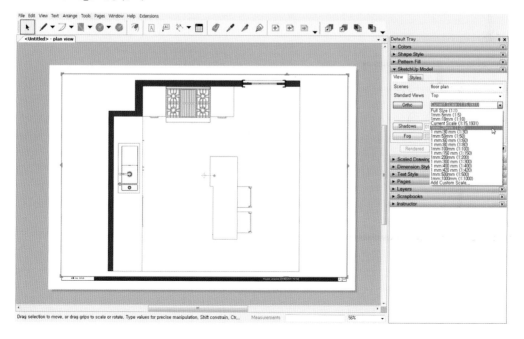

붙여넣기 한 SketchUp Model이 선택되어 있는 상태에서, **SketchUp Model Tray**를 열고 Scenes List를 확인해 보면 앞서 SketchUp 작업에서 만들어 놓은 Scene의 이름이 나타납니다. 평면도를 만들기 위해 floor Plan을 선택합니다.

11 1/20 Scale의 평면도를 만들기 위해 Scale List를 펼치고 1mm:20mm(1:20)를 선택합니다. (만약, 1mm:20mm(1:20) Scale이 List에 없는 경우는 Add Custom Scale를 선택하고 Scale을 추가할 수 있습니다. 29 Page 내용참조)

12 평면도 이외의 부분은 작업에 필요하지 않기 때문에 SketchUp Model의 크기를 줄일 필요가 있습니다. SketchUp Model 크기를 조정할 때 앞서 지정한 Scale이 변경되지 않도록 Preserve Scale on Resize를 Check하고 그림과 같이 Grip을 클릭 드래그하여 SketchUp Model 의 크기를 변경합니다.

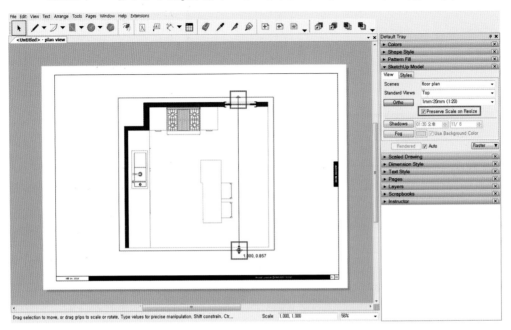

13 SketchUp Model이 선택되어 있는 상태에서 'Ctrl + C' 키를 눌러 복사합니다. **Pages Tray**를 열고 새로운 Page를 추가한 후 추가된 Page의 이름을 elevation으로 지정합니다. Elevation Page를 선택하여 Page를 이동 한 후 'Ctrl + V' 키를 눌러 앞서 복사한 SketchUp Model을 붙여넣기 합니다.

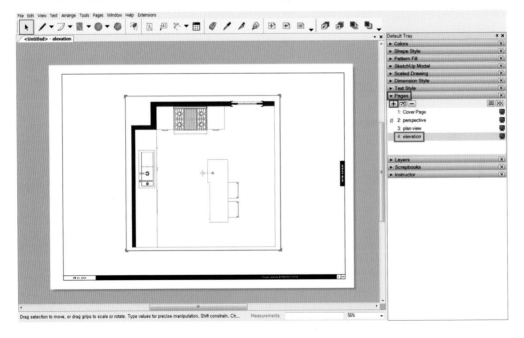

14

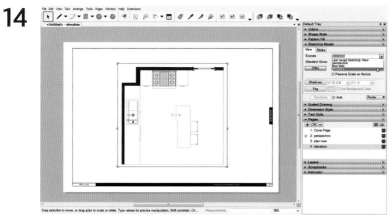

붙여넣기 된 SketchUp Model이 선택되어 있는 상태에서 **SketchUp Model Tray**의 View Tab에 있는 Scene List에서 elevation을 선택합니다.

15 현재 SketchUp Model의 Scale은 앞서 지정한 1:20입니다. 도면 용지에 여유가 있으므로, 좀 더 확대된 Scale을 적용해도 될 것 같습니다. 1:15로 Scale을 조정하기 위해 Scale List를 펼칩니다. 현재 1:15 Scale은 List에 없습니다. 1:15 Scale을 추가하기 위해 Add Custom Scale를 선택합니다.

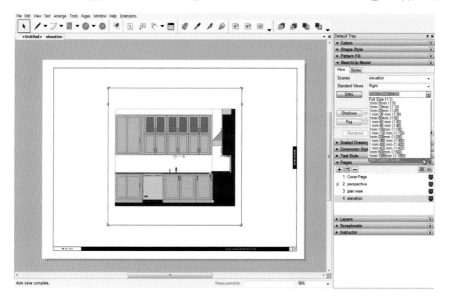

16

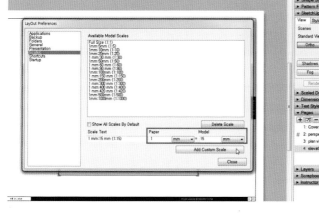

1:15 Scale을 추가하기 위해 Paper 와 Model의 사이의 비율과 단위를 그림과 같이 입력한 후 Add Custom Scale버튼을 클릭하고, Close 버튼을 클릭합니다.

17 SketchUp Model이 선택되어 있는 상태에서 다시 Scale List를 펼쳐보면 1:15 Scale이 추가되어 있는 것을 볼 수 있습니다. 1:15 Scale을 선택합니다. Elevation이 도면 용지에 알맞게 확대되어 나타납니다.

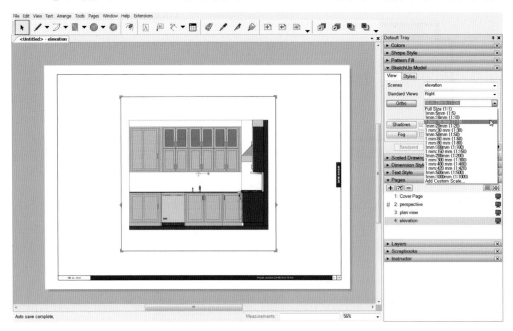

18 잘려져 나타나 있는 부분이 모두 나타나도록 그림과 같이 Preserve Scale on Resize가 Check되어 있는 상태에서 SketchUp Model의 크기를 조정합니다. SketchUp Model 배치가 마무리 되었습니다.

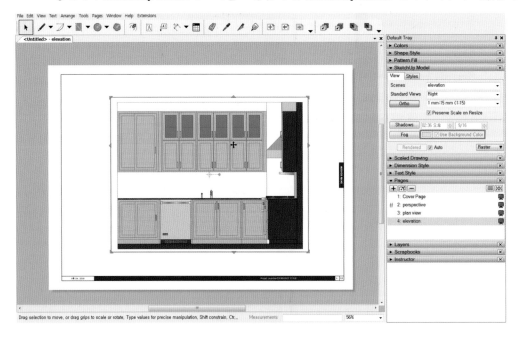

LESSON 04

치수와 주석 넣기

이번 장에서는 SketchUp Model에 치수를 기입하고, 도면 주석을 넣어 보겠습니다.

01

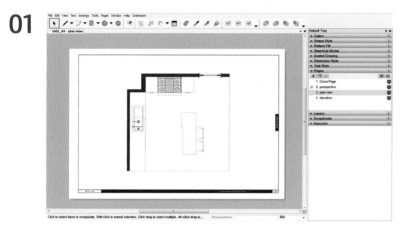

준비된 File을 불러 옵니다. 우선 평면도 치수를 기입하기 위해서 **Pages Tray**를 열고, plan view Page로 이동합니다.

part01/part01_04.layout

02 **Layers Tray**에서 새로운 Layer를 추가하고 이름을 dimension으로 지정합니다. 새로 추가된 Layer를 선택하여 현재 Layer로 지정합니다. (Layer 이름 왼쪽에 연필 아이콘이 나타납니다.) Select Tool로 SketchUp Model을 선택합니다. **SketchUp Model Tray**에서 그림과 같이 렌더 형식을 Vector로 전환합니다. Vector 형식으로 Rendering되면 선이 선명하게 표현되기 때문에 정확한 Point를 찾아 치수를 기입하기가 편합니다.

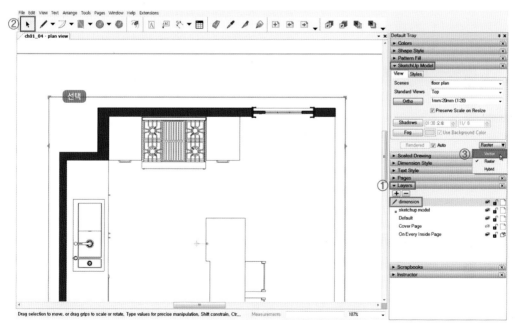

03 치수를 넣기 위해 Dimension Tool을 선택합니다. Dimension은 **Shape Style Tray, Dimension Style Tray, Text Style Tray**가 연관되어 있습니다. **Dimension Style Tray**에서 단위와 오차범위를 그림과 같이 설정한 후 Dimension을 넣을 부분을 그림과 같이 확대합니다.

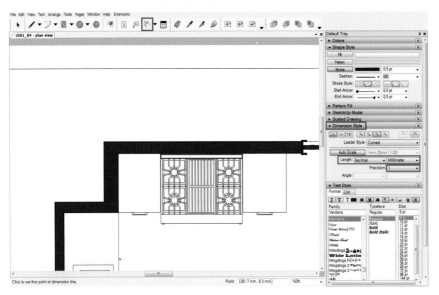

TIP

SketchUp과 같이 마우스 휠을 이용하여 화면을 Zoom, Pan할 수 있습니다.

04

그림과 같이 치수를 기입하기 위한 두 지점을 차례로 클릭하고, 마지막으로 치수선이 위치할 지점을 클릭하여 치수기입을 마무리 합니다. 이때 SketchUp Model 위에 Snap이 잡히는 지를 확인하는 것이 좋습니다. (만약, 그림처럼 Snap 지점이 나타나지 않는다면, 메뉴 바 Arrange>Object Snap On에 Check합니다.)

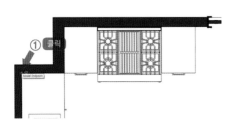

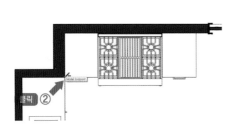

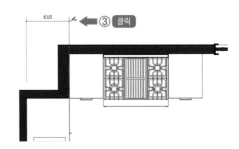

05

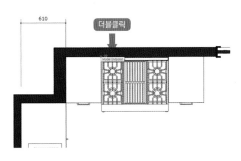

계속해서 치수를 확인하기 위한 다음 지점을 더블 클릭합니다. Layout이 자동적으로 치수선의 위치를 맞추어 치수를 넣어 줍니다.

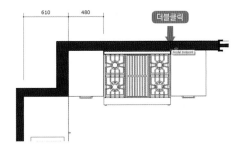

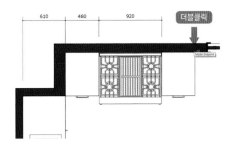

06 Dimension Line을 수정하기 위해 Select Tool로 그림에 표시된 Dimension을 더블 클릭합니다. 치수 보조선의 End Point 위치를 수정하기 위해 그림에 표시된 End Point를 클릭 드래그하여 주변 치수 보조선에 맞추어 이동합니다.

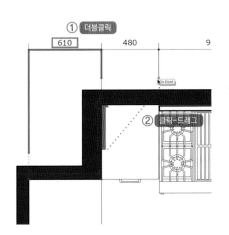

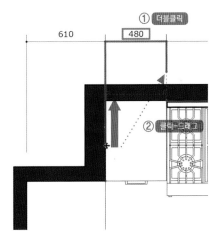

07

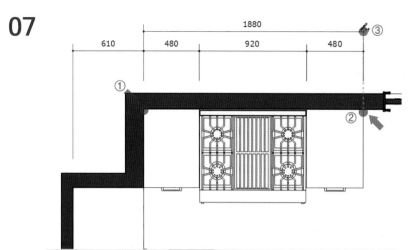

상위 치수를 넣기 위해 다시 Dimension Tool을 선택하고, 그림과 같이 차례로 Dimension Anchor Point와 치수선의 위치를 지정합니다.

08 주변 치수선의 위치를 맞추기 위해 Select Tool로 Dimension을 더블 클릭하여 편집 상태로 만든 후 Dimension Line Point를 클릭 드래그하여 주변 치수선의 위치로 조정합니다.

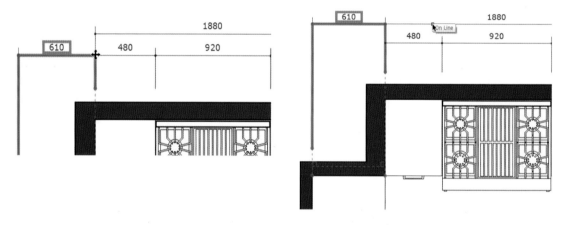

09

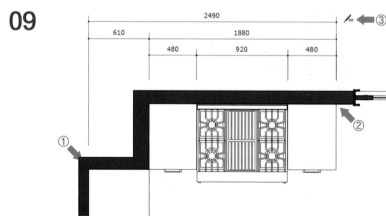

전체 치수를 넣기 위해 다시 Dimension Tool을 선택하고 동일한 방법으로 Dimension Anchor Point와 치수선의 위치를 지정합니다.

10

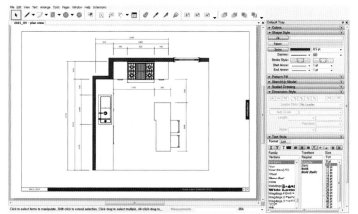

동일한 방법으로 그림과 같이 각 부분의 치수를 기입합니다.

11

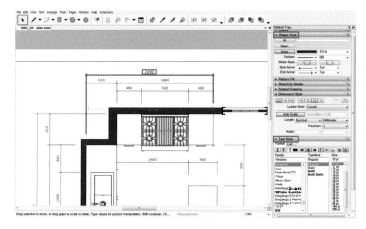

Dimension Line Style이나, Dimension Text Style을 변경하고 싶은 경우에는 변경하고 싶은 Dimension을 선택하고, 그림과 같이 **Shape Style Tray**와 **Text Style Tray**를 이용하여 변경할 수 있습니다.

12 Style Tool을 이용하면, 변경한 Dimension Style을 복사하여 다른 Dimension에도 적용할 수 있습니다.

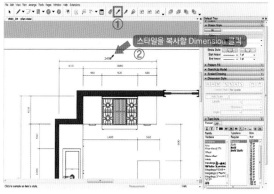

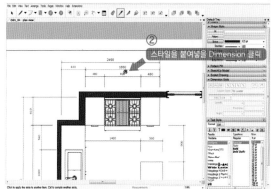

13 Label Tool을 사용하여 도면 주석을 넣을 수 있습니다. Dimension과 마찬가지로 먼저 Label Tool을 선택하고 Shape Style과 Text Style을 설정합니다. 도면 주석을 넣을 Object를 클릭하고 이어서 그림과 같이 주석이 들어갈 위치를 지정합니다. SketchUp에서 Component로 작업이 된 경우는 그림과 같이 Smart Label을 활용할 수 있습니다. Text를 바로 입력하지 않고 그림과 같이 Smart Label을 클릭합니다.

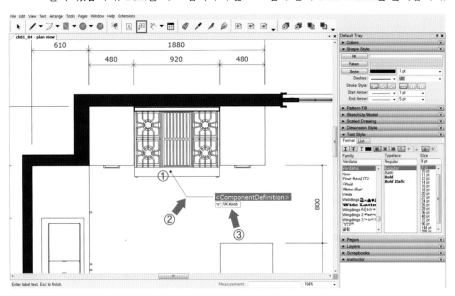

14 Smart Label 대화상자가 나타나고, 해당 지점과 관련있는 Container의 목록이 창에 나타납니다. 자신이 원하는 Component를 선택하고 Label Text를 더블 클릭하여 Smart Label 대화상자를 닫습니다.

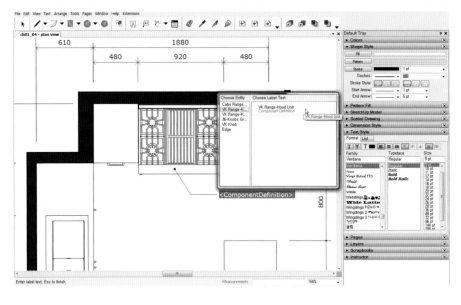

15 앞서 선택한 Container의 이름이 Smart Label에 표기되어 있는 것을 확인하고, 화면의 아무 곳이나 클릭하여 Label 기입을 마무리 합니다. Smart Label 기능을 효과적으로 사용하기 위해서는 SketchUp에서 Modeling 작업을 할때 부터 각 요소들을 Container로 만들고, Container에 적정한 이름을 부여하여 관리할 필요가 있습니다.

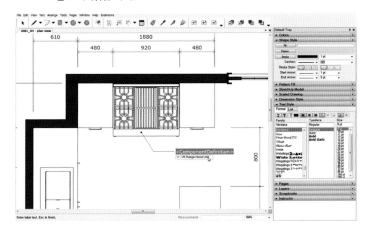

16 적절한 Container 이름이 없는 경우 혹은 Container의 이름을 넣을 필요가 없는 경우는 Smart Label 창을 열지 않고 직접 Text를 입력하여 원하는 내용을 넣을 수 있습니다.

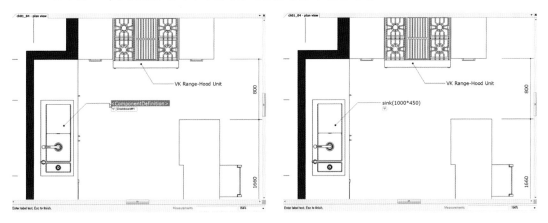

17 Label Tool 로 보조선을 그릴 때 시작점과 끝점을 클릭 드래그하면 곡선 형태의 보조선을 그릴 수 있습니다.

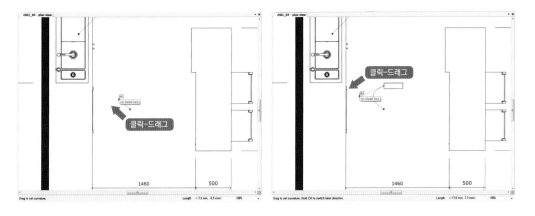

18 Dimension과 마찬가지로 Label 역시 **Shape Style Tray**, **Text Style Tray**를 이용하여 원하는 Style로 변경 가능하며, Style Tool을 이용하여 원하는 Label의 Style을 복사하여 다른 Label에 적용할 수도 있습니다.

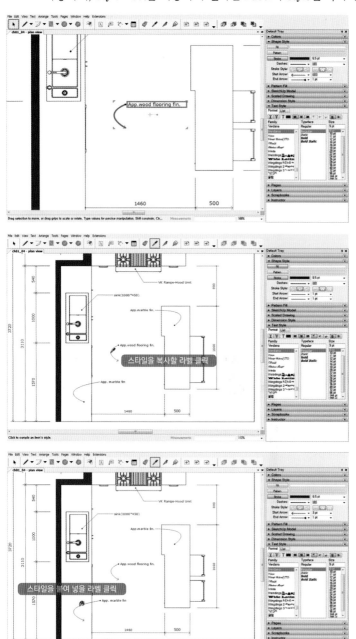

19 도면 주석 역시 별도의 Layer로 관리하면 편리합니다. **Layers Tray**에서 새로운 Layer를 추가하고 추가된 Layer의 이름을 Annotation으로 지정한 후 현재 Layer로 만듭니다. 도면에 추가된 도면 주석을 모두 선택하고 마우스 우측 클릭 Move to Layer>Current를 선택합니다.

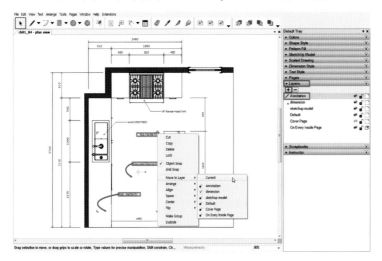

20 elevation Page로 이동합니다. Texture가 적용되어 있는 SketchUp Model에서 Line을 Vector 형식으로 표현하기 위해서는 SketchUp Model Rendering Style을 Hybrid로 바꾸어야 합니다. 그림과 같이 SketchUp Model을 선택하고, **SketchUp Model Tray**에서 Rendering Style을 Hybrid로 변경한 후 치수와 도면 주석을 동일한 방법으로 추가합니다.

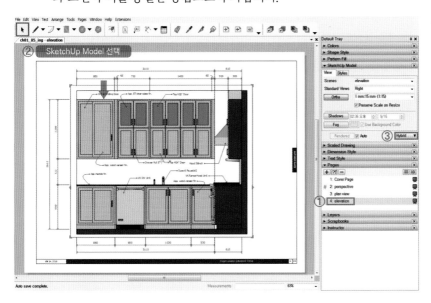

TIP

Hybrid 형식으로 전환하는 경우 Vector 형식과 같이 Line이 선명하게 표현되지만 컴퓨터의 사양에 따라 많은 시간이 소요되기도 합니다. Raster 형식에서도 치수 기입이 가능하므로 컴퓨터 사양에 따라 알맞은 형식으로 Rendering Style을 지정한 후 치수 작업을 진행하는 것이 좋습니다.

도면 Hatching과 부가적인 요소 (나무, 사람 등) 추가하기

이번 장에서는 도면의 마무리 작업으로 Hatching을 추가하고, 도면기호 등 Scrapbook 요소를 추가해 보겠습니다.

01

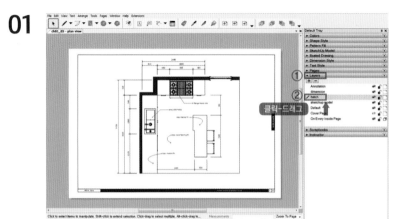

준비된 File을 불러 옵니다. **Layers Tray**를 펼치고, 새로운 Layer를 추가합니다. 추가된 Layer의 이름을 hatch로 지정하고, Layer 이름을 클릭-드래그하여 그림과 같이 Dimension Layer 아래쪽으로, SketchUp Model Layer의 위쪽으로 이동합니다.

part01/part01_05.layout

02 Hatching 작업에 방해가 될 수 있는 Dimension Layer와 Annotation Layer를 Invisible 상태로 만듭니다. Rectangle을 사용하여 타일을 붙이는 것처럼 바닥에 Wood Floor 느낌의 Hatching을 추가해 보겠습니다. Rectangle Tool을 선택하고, **Shape Style Tray**에서 Fill과 Stroke Option을 해제 합니다. Pattern Option을 활성화하고 Pattern Thumbnail을 클릭합니다. **Pattern Fill Tray**의 List에서 Tonal Patterns를 선택합니다.

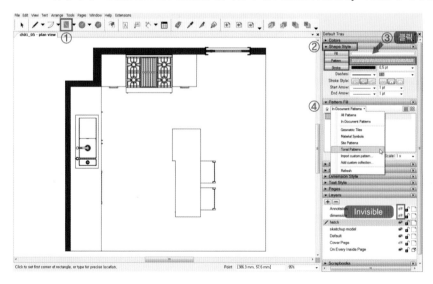

03 Tonal Patterns List에서 Lines를 선택하고, Lines에 포함된 Pattern 중에서 Black Lines 1을 선택합니다. 그림과 같이 바닥의 한 곳에 적당한 크기의 Rectangle을 그려 느낌을 확인합니다.

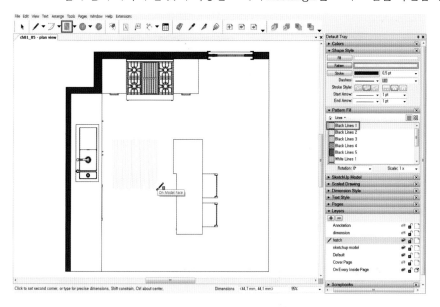

04

Select Tool로 앞서 그린 Pattern Shape를 선택하고, 우드 플로링의 일반적인 크기를 고려하여 Pattern 의 Scale을 조정합니다.

05

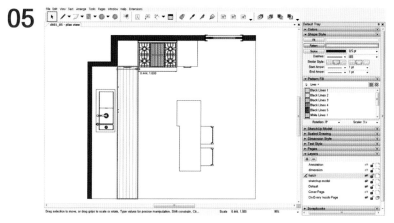

앞서 만든 Pattern Shape의 크기를 그림과 같이 바닥의 모양에 따라 조정합니다.

06 크기가 조정된 Pattern Shape가 선택되어 있는 상태에서 Ctrl키를 누른 채로 오른쪽으로 이동하여 복사합니다. 복사 후에 다시 바닥의 형태에 맞추어 그림과 같이 Pattern Shape의 크기를 조정합니다.

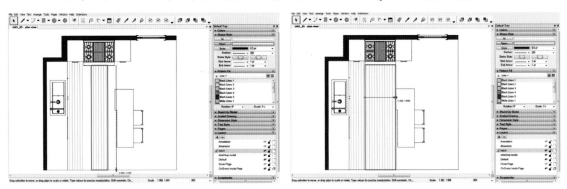

07 계속해서 동일한 방법으로 복사-크기 조절을 반복하여 그림과 같이 바닥 전체에 Pattern 조각을 채웁니다.

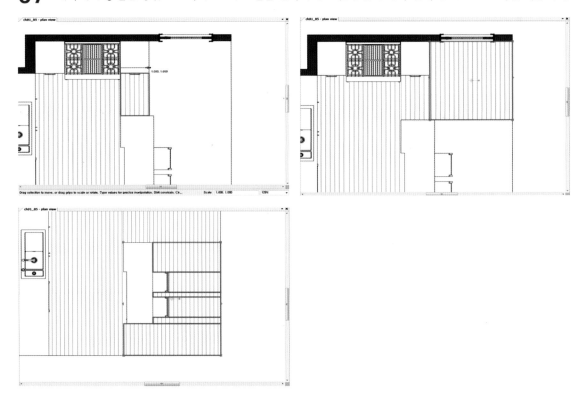

08

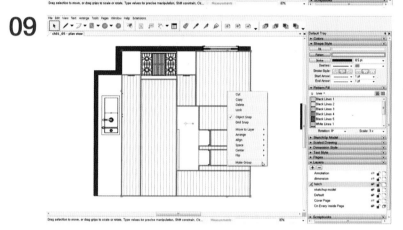

SketchUp Model Layer를 Lock 상태로 만들고 Select Tool로 그림과 같이 창을 그려 모든 바닥 패턴을 선택합니다.

09

바닥 Pattern이 선택되어 있는 상태에서 마우스 우측 클릭하고 Make Group을 선택하여 Group Element로 만듭니다.

10 다음으로 Scrapbook Element를 추가하기 위해 **Layers Tray**에서 새로운 Layer를 추가한 후 이름을 Scrapbook으로 지정하고, 현재 Layer로 만듭니다. Scrapbook에 포함되어 있는 나무를 추가하기 위해 Scrapbook Tray를 펼치고 Trees(Plan)를 선택합니다.

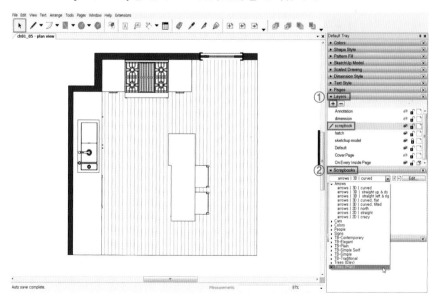

11 **Scrapbooks Tray**에서 원하는 나무 형태를 클릭 드래그하여 도면으로 가져 온 후 크기를 알맞게 조정합니다.

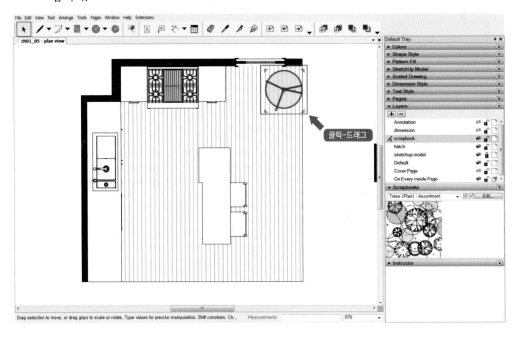

12 도면 Title 기호, Elevation 기호 등 필요한 요소들을 가져와서 위치를 알맞게 조정합니다.

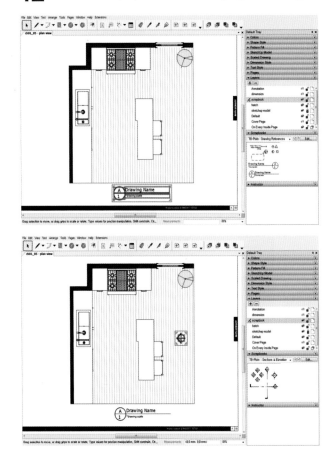

13

Text 수정이 필요한 경우 Select Tool로 더블 클릭하여 Group을 펼치고, Text를 직접 입력한 후 **Text Style Tray**를 활용하여 정렬 방식, 폰트 종류, 크기 등을 알맞게 조정할 수 있습니다.

14

Scrapbook 추가가 완료되면, **Layers Tray**에서 숨겨진 Layer를 Visible 상태로 만듭니다.

15 **Pages Tray**를 열고, elevation Page로 이동합니다. 도면 오른쪽 상·하부장의 단면이 벽면, 바닥면의 단면과 동일하게 표현되어 구분이 필요합니다. Hatch를 이용하여 벽면, 바닥면과 구분되도록 표현해 보겠습니다. 먼저 하부장의 단면을 표현하기 위해 **Layers Tray**에서 Hatch Layer를 현재 Layer로 지정합니다. Line Tool을 선택하고 그림과 같이 단면의 가장자리 End Point를 차례로 클릭하여 Shape를 그립니다.

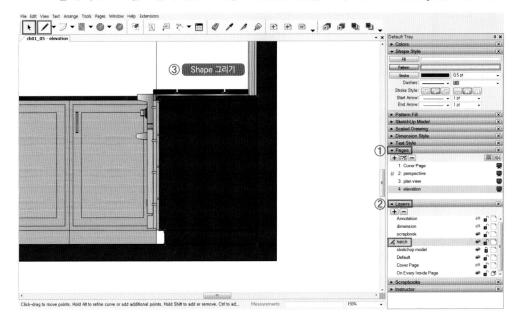

16 앞서 그린 Shape를 Select Tool로 선택하고, Shape Style과 Pattern Fill을 그림과 같이 조정합니다.

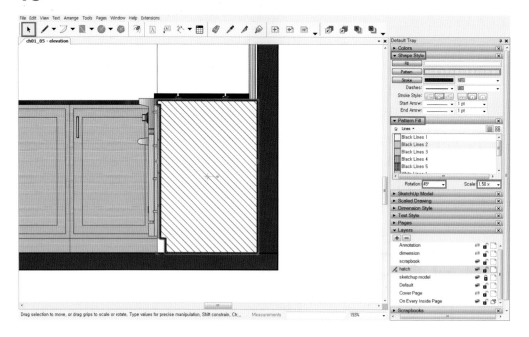

17 상부장의 단면은 Rectangle을 이용하여 그림과 같이 Rectangle을 이용하여 그린 후 Style Tool을 이용하여 하부장 단면의 Shape Style을 복사해 적용합니다.

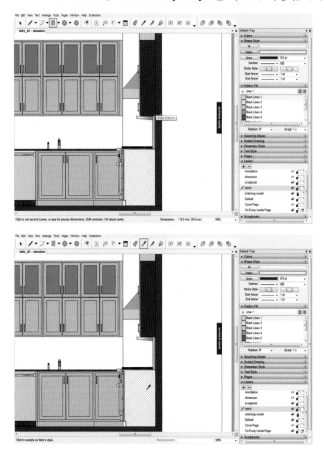

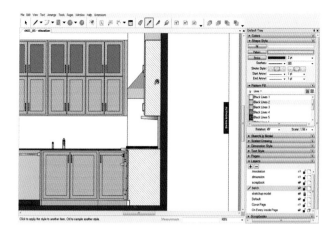

18 Scrapbook에 있는 인물을 Scale에 맞추어 추가해 보겠습니다. **Layers Tray**에서 현재 Layer를 Scrapbook 으로 지정합니다. **Scrapbooks Tray**에서 People을 확인해보면 현재 입면도의 Scale인 1:15가 준비되어 있 지 않습니다. Scale에 알맞은 인물을 넣기 위해 SketchUp 2018에 새롭게 추가된 Scaled Drawing을 활용해 보겠습니다.

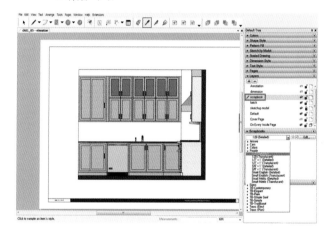

19 Rectangle Tool을 선택하고 **Scaled Drawing Tray**를 펼칩니다. Make Scaled Drawing 버튼을 클릭하고, Scale List에서 앞서 **Dimension Style Tray**에서 추가했던 1:15 Scale을 찾아 선택합니다.

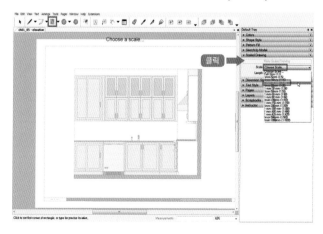

20

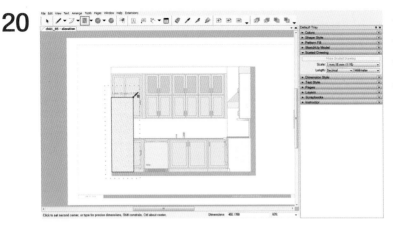

그림과 같이 도면에서의 바닥 지점을 Rectangle의 시작점으로 지정하고, 키보드로 450, 1750을 입력한 후 Enter키를 누릅니다. 인물의 키를 1750mm로 설정하였습니다.

21 Scrapbooks Tray에서 1:20 Scale의 투명한 인물 모음을 선택하고, 가장 왼편의 여성 인물을 도면으로 가져옵니다. 인물을 선택하고, 키보드 방향키를 이용하여 발바닥이 바닥에 닿도록 이동한 후 Shift키를 누른 채로 앞서 그린 Rectangle의 높이에 맞추어 인물의 키를 조정합니다.

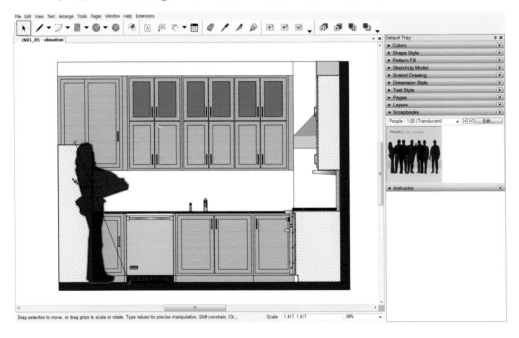

22

Scrapbooks Tray에서 도면 Title을 가져와 배치하고, Layers Tray에서 숨겨져 있던 Dimension과 Annotation Layer을 Visible 상태로 만듭니다. 간략한 도면 작업이 마무리 되었습니다.

LESSON 06 도면 출력과 Presentation

이번 장에서는 완성된 Layout 작업을 인쇄 형태나 File 형태로 출력하는 방법을 알아보겠습니다.

01

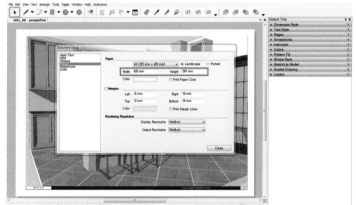

인쇄물로 출력하기 전에 먼저 도면의 크기를 확인해야 합니다. 메뉴 바 File〉Document Setup을 선택합니다.

part01/part01_06.layout

02

Paper Option에서 현재 도면용지의 크기를 확인합니다.

03

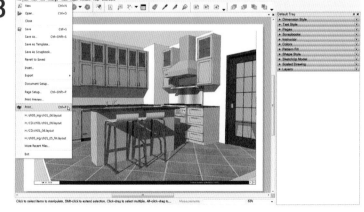

인쇄 형태로 Printing하기 위해 메뉴 바 File〉Print를 선택하고, 앞서 확인한 용지 크기에 맞추어 출력합니다.

04

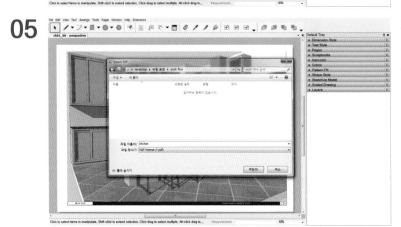

PDF File 형식으로 저장하기 위해서는 메뉴 바 File>Export>PDF을 선택합니다.

05

PDF File이 저장될 위치와 File 이름을 지정 하고 저장 버튼을 클릭합니다.

06 PDF File로 만들 Page의 범위를 설정하고, Output Resolution에서 원하는 품질을 선택한 후 Export 합니다.

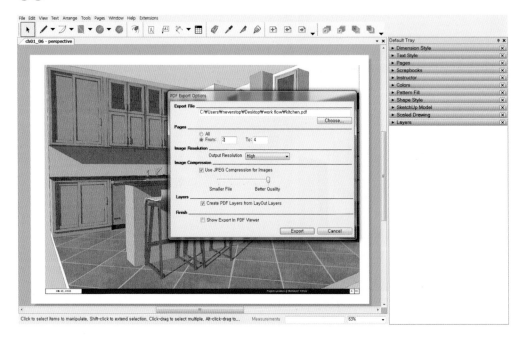

07

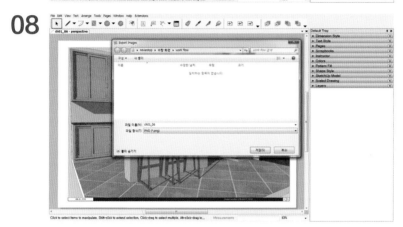

Image File로 내보내는 방법도 유사합니다. 메뉴 바 File>Export>Images을 선택합니다.

08

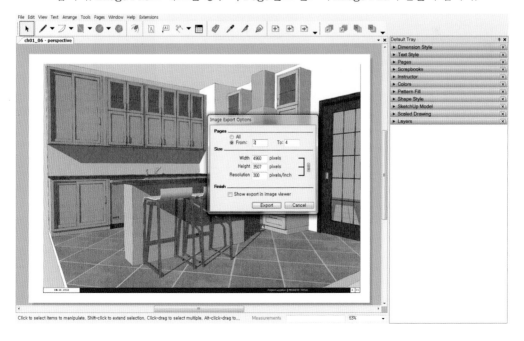

Image File이 저장될 위치와 File 형식, File 이름을 지정하고 저장 버튼을 클릭합니다.

09 Image File로 저장될 Page의 범위를 설정하고, 자신이 원하는 해상도를 설정한 후 Export 버튼을 클릭합니다. Image File로 내보낼 경우 각 Page별로 별도의 Image File이 만들어 집니다.

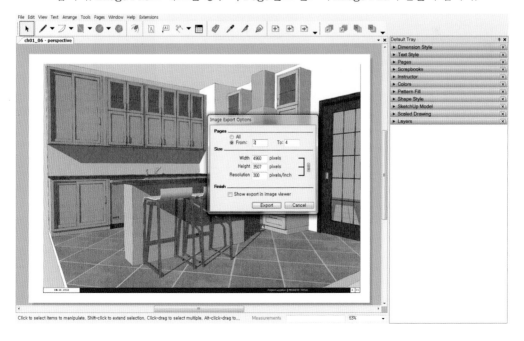

10

완성된 작업을 모니터를 활용하여 Presentation할 수도 있습니다. Presentation을 시작하려면 메뉴 바 File>Start Presentation을 선택합니다. Layout Page가 화면에 가득 찹니다. 마우스 버튼이나 방향키를 사용하여 페이지를 이동하면서 Presentation 할 수 있습니다.

TIP

Presentation 상태에서 마우스 왼쪽을 클릭하면 다음 Page로 넘어가고, 마우스 오른쪽을 클릭하면 이전 Page로 넘어갑니다. 마우스를 화면 위에서 드래그하면 간단한 Note를 할 수 있습니다. 또한 Presentation 중에 마우스로 SketchUp Model을 더블 클릭하면 SketchUp Model을 내비게이션 하면서 View를 조정할 수 있습니다.

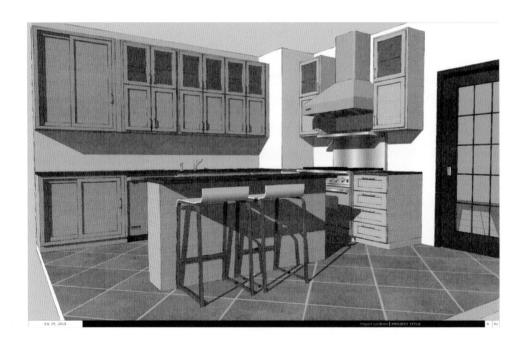

App. marble fin.

sink(1000*450)

App.wood flooring fin.

App. marble fin.

VK Range-Hood Unit

A
1   Kitchen Plan View
scale 1/20

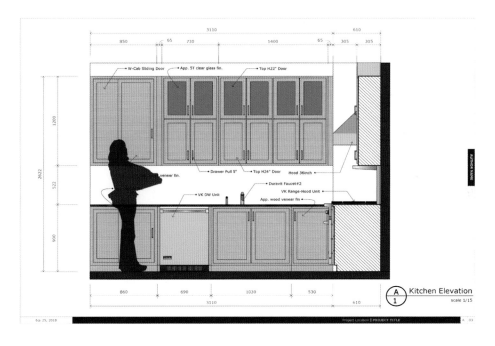

W-Cab Sliding Door   App. 5T clear glass fin.   Top H22" Door

veneer fin.   Drawer Pull 5"   Top H24" Door   Hood 36inch

VK DW Unit   Duravit Faucet #2   VK Range-Hood Unit

App. wood veneer fin

A
1   Kitchen Elevation
scale 1/15

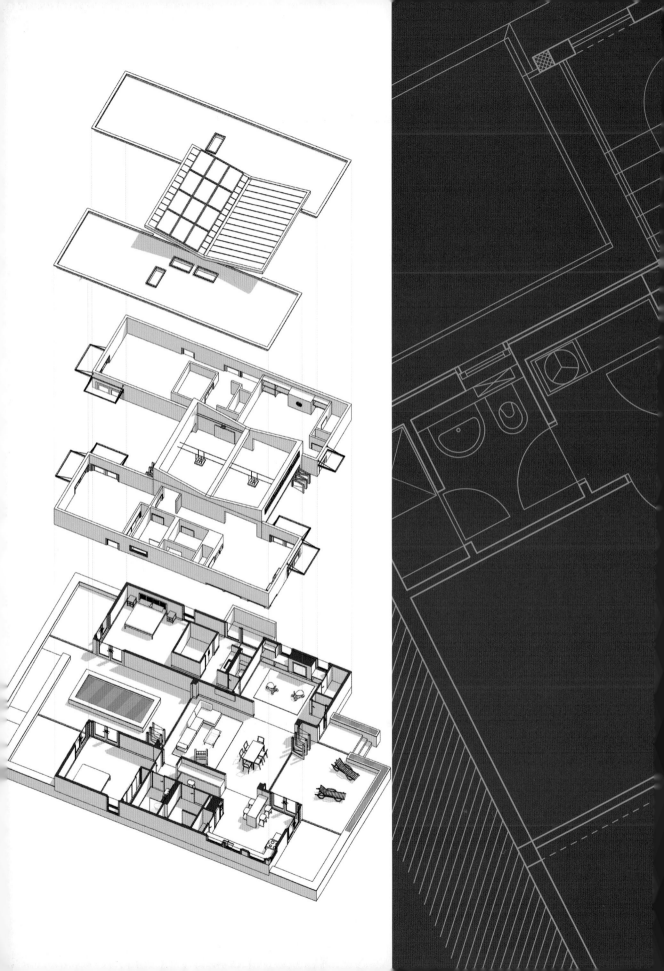

SketchUp Style
알아보기

PART
02

SketchUp Style의 개념

SketchUp에서 Style이란 SketchUp Model, 공간 등 SketchUp 화면에 나타나는 모든 것을 표현하는 방식으로 정의할 수 있습니다. 다양한 Option을 변경하여 자신만의 Style을 만들 수 있으며, SketchUp에서 만든 Style을 Layout에서도 활용하여 Presentation할 수 있습니다.

01

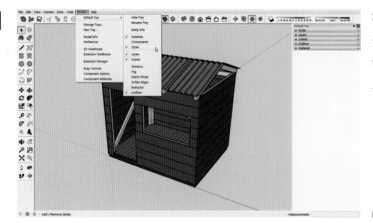

Style은 **Styles Tray**를 활용하여 만듭니다. **Styles Tray**를 불러오려면 메뉴 바 Window>Default Tray>styles를 선택합니다.

part02/part02_01.skp

02

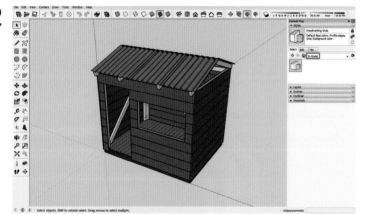

화면 오른쪽의 Tray에서 **Styles Tray**를 클릭하여 펼치고, In Model을 선택합니다. 앞선 작업에서 저장해 놓은 Style 목록이 나타납니다. 현재 이 File에는 [Woodworking Style]이라는 이름의 Style이 저장되어 있습니다.

03

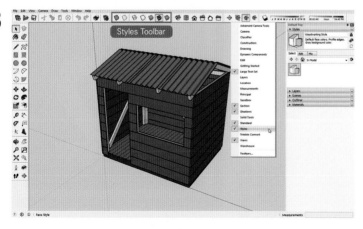

Styles Toolbar에는 SketchUp에서 가장 많이 사용되는 대표적인 Style이 아이콘 형태로 모여 있습니다. Styles Toolbar를 꺼내기 위해서는 Toolbar의 빈 곳을 마우스 우측으로 클릭하고, Styles를 선택합니다.

04 화면에 Styles Toolbar가 나타납니다. Styles Toolbar 오른쪽부터 X-Ray, Back Edges, Wire Frame, Hidden Line, Shaded Mode, Shaded with Texture, Monochrome 아이콘으로 구성되어 있습니다. 그림과 같이 Styles Toolbar Title 바를 클릭 드래그하여 화면 상단으로 가져가면 다른 Toolbar와 함께 정렬할 수 있습니다.

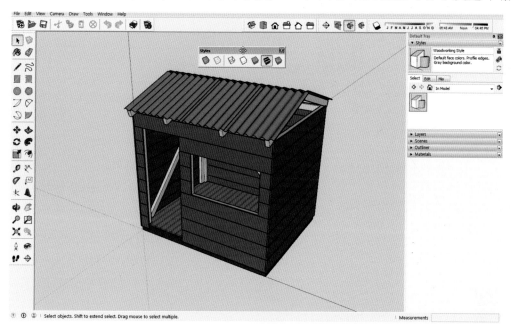

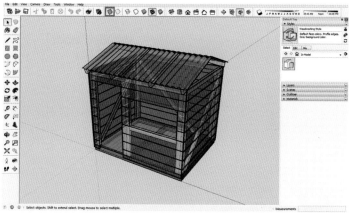

[X-Ray]

SketchUp Model을 X-Ray 필름을 보는 것처럼 투과시켜 보여 줍니다. Hidden Line, Shaded Mode, Shaded with Texture, Monochrome Style 과 함께 사용할 수 있습니다.

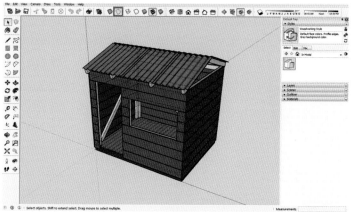

[Hidden Line]

현재 View에서 보이지 않는 모든 모서리를 점선으로 표현합니다. Hidden Line, Shaded Mode, Shaded with Texture, Monochrome Style 과 함께 사용할 수 있습니다.

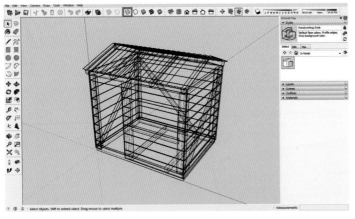

[Wire Frame]

SketchUp Model의 Face 없이 모든 Edge를 화면에 표현해 줍니다.

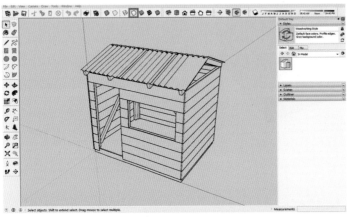

[Hidden Line]

SketchUp의 모든 Face를 현재 Style의 Background Color에 지정된 색상으로 대체하여 표현합니다. Background Color는 **Styles Tray**의 Edit Tab을 이용하여 지정할 수 있습니다.

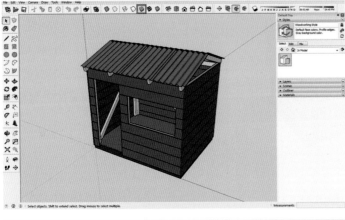

[Shaded Mode]

SketchUp Face에 지정된 색상 혹은 Face에 Texture가 매핑되어 있는 경우 Texture를 대표하는 색상으로 SketchUp Face를 표현합니다.

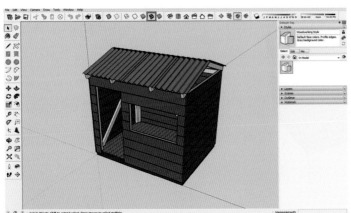

[Shaded with Texture]

SketchUp Face에 지정된 색상 혹은 Face에 매핑된 Texture로 Face를 표현합니다.

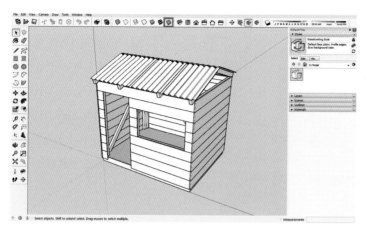

[Monochrome]

Styles Tray Edit Tab의 Face Option에서 Front Color와 Back color로 지정된 색상으로 SketchUp Model의 Face를 표현합니다. 현재 Style의 Front Color는 흰색 입니다.

05 Styles Toolbar에 준비된 대표적인 Style 이외에도 **Styles Tray**를 이용하여 미리 만들어진 다양한 Style을 Model에 적용할 수 있습니다. 그림과 같이 Shaded with Texture Style을 선택한 후 **Styles Tray**의 드롭다운 메뉴를 펼칩니다. 장면에 적용할 수 있는 다양한 Style 세트가 나타납니다. 다양한 Style 세트를 폴더 형태로 보기 위해 Styles를 선택합니다.

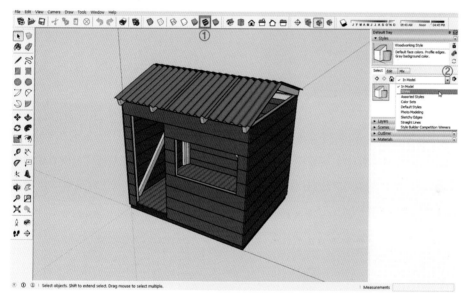

06

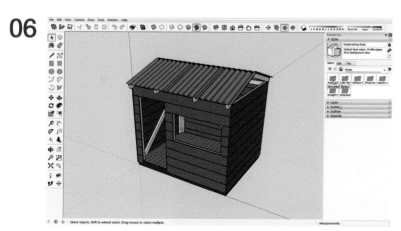

장면에 적용할 수 있는 미리 만들어져 있는 Style 세트 목록이 폴더 형태로 표현됩니다. 몇 가지 Style을 장면에 적용해보겠습니다. 먼저 Assorted Styles 폴더를 클릭합니다.

07

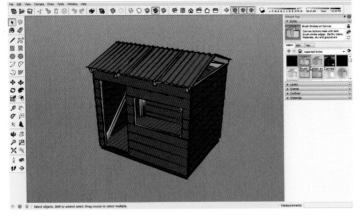

여러가지 선별된 Style List가 나타납니다. 미리보기를 통해 개략적인 느낌을 확인할 수 있습니다. 그림과 같이 Brush Strokes on Canvas를 선택해 봅니다. SketchUp Model과 배경이 이젤 위에 브러시로 그린듯한 느낌으로 표현됩니다.

08

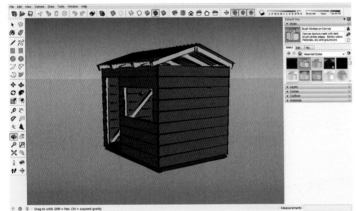

장면에 적용된 Style은 View를 변경하거나, Modeling을 하거나, Model을 수정하는 등의 모든 SketchUp 작업을 하는 동안에도 계속 적용됩니다.

09 미리 저장되어 있는 Style을 불러 온 후 자신의 필요에 맞게 수정할 수도 있습니다. Style을 수정하려면 **Styles Tray**에서 Edit Tab을 이용합니다. 예를 들어 현재 Model에 표현된 Edge를 화면에서 생략해 보겠습니다. **Styles Tray**의 Edit Tab을 클릭하고 Edge 설정 아이콘을 클릭한 후 Edges Check를 해제 합니다. 앞선 Style에서 Edge만 생략되어 나타납니다.

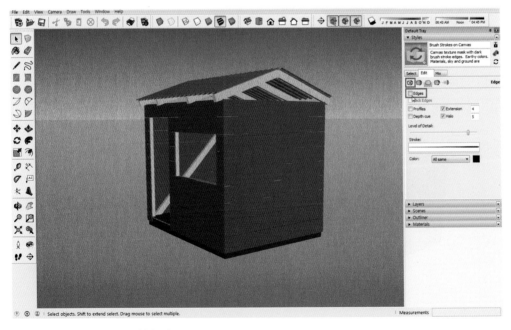

10 In Model 아이콘을 클릭하면 현재까지 SketchUp File에서 활용한 모든 Style List를 확인할 수 있습니다. 현재 장면에는 File에 저장되어 있던 [Woodworking Style]과 앞서 적용한 [Brush Strokes on Canvas] Style이 활용된 것으로 나타납니다. [Woodworking Style]을 선택하면, 다시 처음 File을 불러왔을 때의 Style로 돌아갑니다.

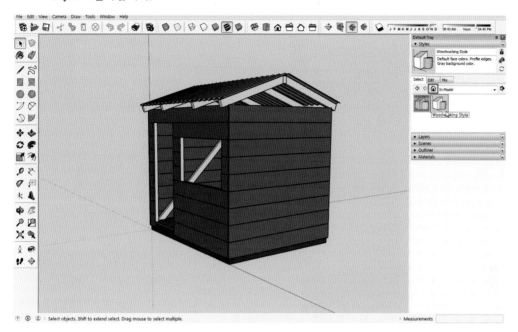

11 장면에서 활용하지 않을 Style들이 In Model List에 남아 있으면, 필요한 Style을 선택하여 적용하는데 방해 가 될 수 있습니다. In Model List에 있는 Style 중에서 SketchUp Scene에 활용하지 않은 Style을 삭제하고 싶은 경우 Option 아이콘을 클릭하고, [Purge Unused]를 선택합니다.

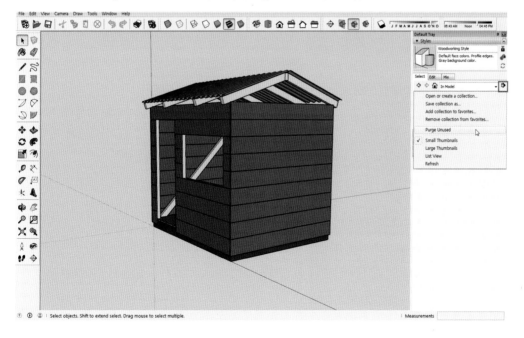

Edges Style 설정하기

이번 장에서는 Styles Tray의 Edit Tab을 활용하여 Edge Style을 설정해 보겠습니다.

01

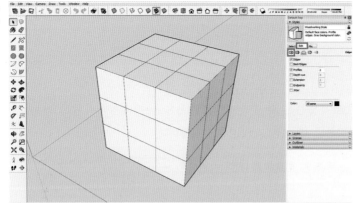

Styles Tray를 펼칩니다. 현재 장면에 있는 SketchUp Model에는 SketchUp을 설치하면 기본적으로 저장되어 있는 [Woodworking Style]이 적용되어 있습니다.

part02/part02_02.skp

02

Styles Tray에서 Edit Tab을 선택하고 Edge 설정 아이콘을 클릭합니다. [Woodworking Style]에 기본적으로 설정되어 있는 Edge Option을 확인할 수 있습니다.

03

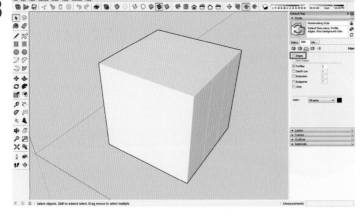

[Edges]

Edges Option을 해제하면 Model의 모든 Edge가 화면에 표시되지 않습니다.

04

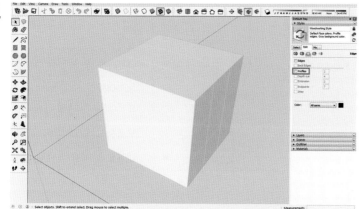

[Profiles]

현재 View에서 보이는 SketchUp Model의 외곽 형태(실루엣)를 Profile이라고 합니다. Profiles Check를 해제하면 SketchUp Model의 Profile이 화면에서 사라집니다.

05

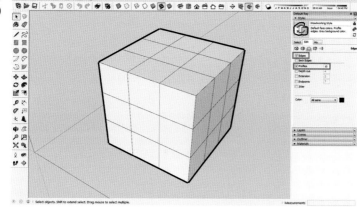

Edges에 Check하고 Profiles Option 수치를 10으로 증가시켜 봅니다. SketchUp Model의 실루엣 선이 더욱 뚜렷하게 강조됩니다. Profiles 수치가 1일 때 다른 Edge와 동일한 두께로 표현되며 수치를 증가시킬 때마다 증가되는 수치에 비례하여 Profile의 두께가 두꺼워 집니다.

06

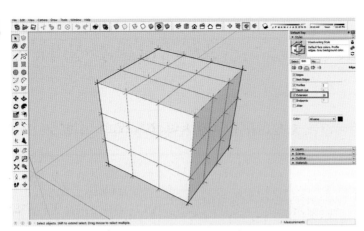

[Extention]

Extention에 Check하고 '20'을 입력합니다. 모든 Edge의 끝부분이 연장되어 나타납니다. (Profile 수치를 기존 수치인 2로 다시 설정하였습니다.)

07

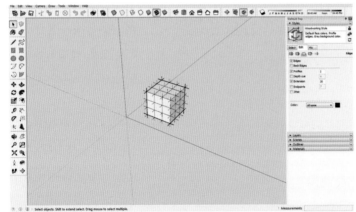

Extention에 입력한 수치에 비례하여 Edge가 연장되어 표현됩니다. 이 수치는 화면에 나타나는 절대 수치로서 그림과 같이 화면을 Zoom하여도 길이가 변하지 않습니다.

08

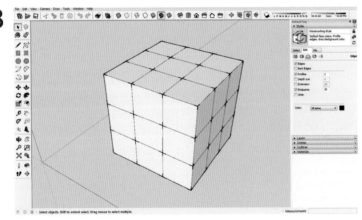

[Endpoints] Extention Check를 해제한 후 Endpoints를 체크하고 20으로 입력 합니다. Edge의 연장선이 사라지고, Edge의 끝부분이 굵게 표현됩니다.

> **TIP**
>
> Extention과 마찬가지로 Endpoints 수치는 화면에서의 절대 수치이며, 수치가 증가할수록 Edge의 끝부분이 더욱 굵게 표현됩니다.

09 [Jitter] Jitter에 Check합니다. Edge의 굵기가 불규칙하게 표현되어 수작업의 느낌이 더해집니다.

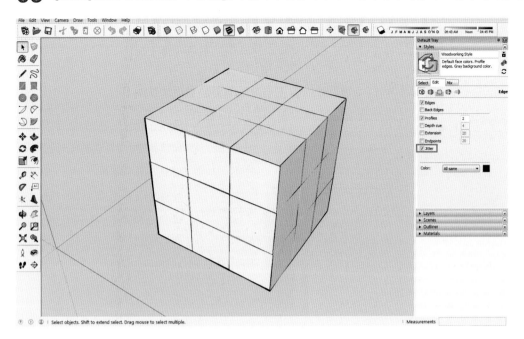

10 [Colors] Edge의 색상을 지정할 수 있습니다. 기본적으로 검정색으로 지정되어 있으며, Drop Down 메뉴를 사용하여 색상을 구분하여 지정할 수 있습니다.

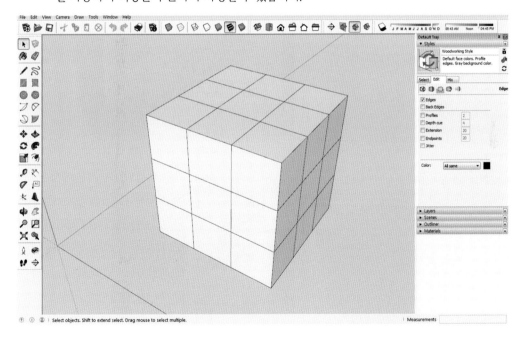

Faces Style 설정하기

이번 장에서는 Styles Tray를 활용하여 Face의 Style을 편집하는 방법을 살펴보겠습니다.

01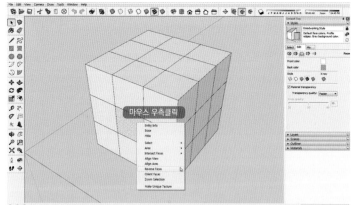

Styles Tray를 펼칩니다. 현재 장면에 적용되어 있는 Woodworking Style의 Face를 편집하기 위해 Edit Tab에서 Face를 선택합니다. Edit Tab의 Face 영역에는 Front Color, Back Color, Style, Material Transparency 설정이 있습니다.

part02/part02_03.skp

02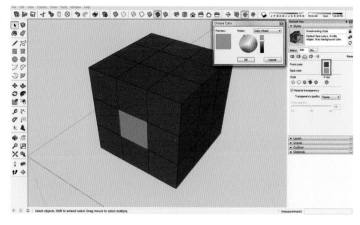

Front Color와 Back Color의 개념을 알아보겠습니다. Select Tool을 선택하고 그림과 같이 장면에 있는 Box 앞면 가운데 있는 Face를 마우스 우측 클릭합니다. Face를 뒤집기 위해 Reverse Faces를 선택합니다.

03

그림과 같이 Edit Tab에서 Front에 지정된 Color와 Back에 지정된 Color를 클릭하여 색상을 변경합니다. Front Color는 Face의 앞면 색상, Back Color는 Face의 뒷면 색상을 말합니다.

04

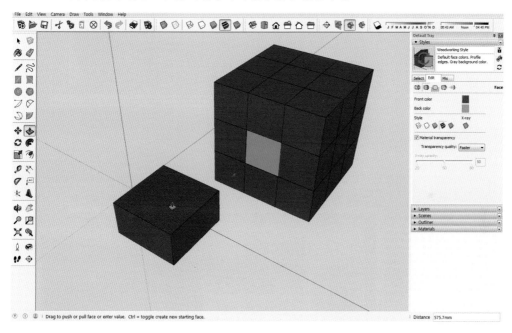

Rectangle Tool을 이용하여 그림과 같이 Box 앞쪽에 Face를 그려 봅니다. 바닥에서 만들어지는 Face는 Face의 뒷면이 위쪽을 향하게 만들어 집니다.

05 Push-Pull Tool을 이용하여 그림과 같이 앞서 만든 Face를 Push-Pull 합니다. Face가 Push-Pull되면서 입체도형이 만들어 집니다. Push-Pull로 만들어진 입체도형은 기본적으로 겉면이 Front Face, 안쪽면이 Back Face 입니다. Front Color와 Back Color는 Face에 적용하는 재질이나 색상과는 별도로 Object의 앞면과 뒷면을 구별하고자 할 때 유용하게 활용할 수 있습니다.

TIP

앞면과 뒷면에 동일한 재질이 적용되어 있어서 SketchUp 상에서는 앞뒷면이 구별되지 않는 경우에도, V-ray와 같이 별도의 Rendering 프로그램을 활용하여 Rendering할 때 앞뒷면의 Rendering 결과가 다르게 나타나는 경우가 있습니다.

06 다른 Option을 살펴보기 전에 조금 전에 만든 Box를 Select Tool로 연속 3번 클릭하여 전체 선택을 한 후 마우스 우측을 클릭하고, Erase를 선택하여 삭제합니다. 기존 Box에서 Back face Option을 확인하기 위해 뒤집어 놓은 Face를 다시 선택하고 그림과 같이 Front Face가 보이도록 Reverse 합니다.

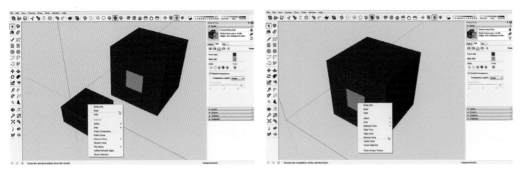

07 장면에 적용된 Style을 기존 상태로 되돌려 보겠습니다. **Styles Tray**에서 Select Tab을 선택하고 In Model 버튼을 클릭한 후 Woodworking Style을 선택합니다. 원래의 Style로 복귀됩니다.

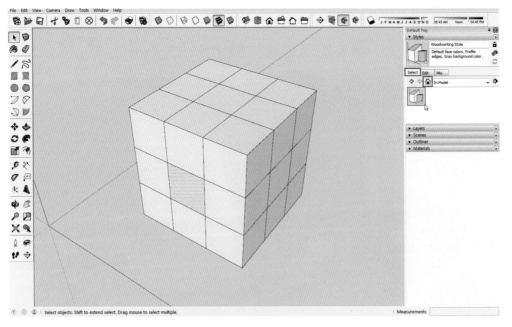

08

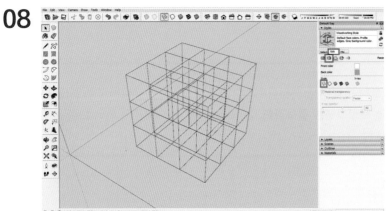

다시 Edit Tab을 선택하고, Face 아이콘을 클릭한 후 Style 설정에서 와이어 프레임 버튼을 클릭합니다. 장면에 있는 모든 Face가 생략되고, Edge만 화면에 표시됩니다.

09

Edge Style Mode가 되면 Edit Edge 설정에서 Edges Option을 끌 수 없습니다. Edge Style Mode에서 Edge를 생략하면 화면에 아무것도 나타나지 않기 때문입니다.

10 다시 Edit Tab의 Face Settings 버튼을 클릭하고 그림에 표시된 Hidden Line Mode를 선택합니다. Hidden Line Mode를 선택하면 원래 흰색(Front Color) 였던 Box가 배경색과 동일한 색상으로 바뀝니다.

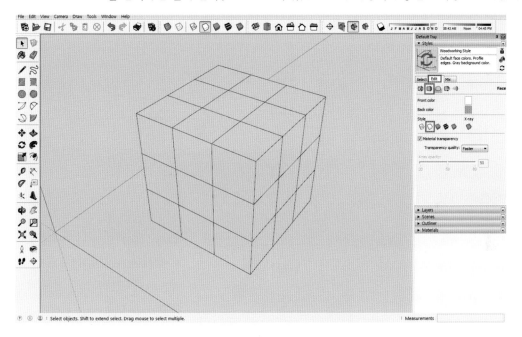

11

Background 색상은 Edit Tab의 Background Settings에서 제어할 수 있습니다. Hidden Line Mode에서는 모든 Face의 색상을 Background Settings의 Background Color로 대체하여 보여줍니다.

12

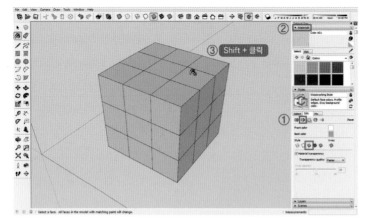

다시 Face Settings를 선택하고, Shaded Mode 버튼을 클릭합니다. Shaded Mode를 확인하기 위해서 먼저 Box 전체에 Material을 지정해 보겠습니다. **Materials Tray**를 펼치고, Colors에서 임의의 색상을 선택한 후 Shift키를 누른 채로 Box 위를 클릭하여 Box 전체에 색상 Material을 적용합니다.

13 이번에는 Texture Material을 적용해 보겠습니다. **Materials Tray**에서 그림과 같이 타일 폴더에 있는 Texture Material을 선택한 후 Box 앞면의 Face에 적용합니다. Texture Material을 적용하는 순간 자동적으로 Style이 Shaded Mode에서 Shaded with Texture로 변경됩니다.

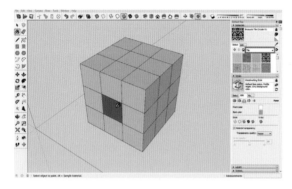
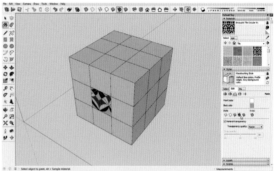

14

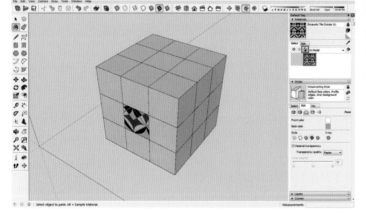

Shaded Mode를 좀 더 이해하기 위해서 **Materials Tray**에서 In Model 버튼을 클릭한 후 조금 전에 적용한 Texture Material을 선택합니다.

15

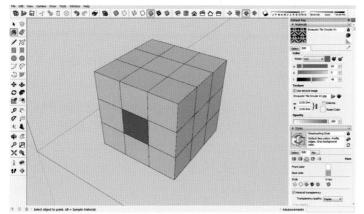

Texture Material이 선택되어 있는 상태에서 Edit Tab을 선택합니다. 그림에 표시된 색상은 현재 선택되어 있는 Texture Material에 지정된 Texture Image의 대표 색상입니다. Styles Tray Edit Tab에서 Style을 Shaded Mode로 변경하면, Box 앞면에 Texture Material을 적용한 부분이 Texture Image의 대표 색상으로 대체되어 나타납니다. Shaded Mode는 Object에 적용된 색상 Material과 Texture Material의 대표 색상으로 표현됩니다.

16

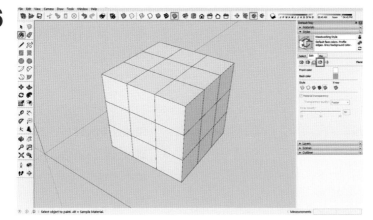

다음으로 Monochrome Mode를 선택합니다. Monochrome Mode는 장면에 있는 모든 Face를 현재 Front Color에 지정된 색상으로 바꾸어 보여 줍니다.

17

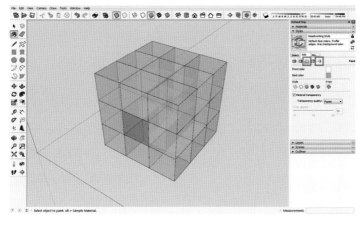

다음으로 Shaded Mode를 선택한 후 X-ray Mode를 추가 선택합니다. 모든 Face가 X-ray처럼 투과되어 나타납니다. Material에 적용된 투명도는 X-ray Mode에 영향을 주지 않습니다.

18

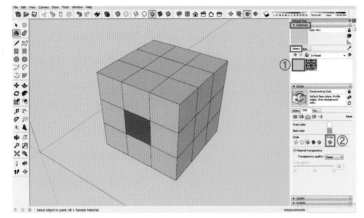

Material의 투명도와 X-ray Mode 와의 관계를 확인해 보겠습니다. **Materials Tray**에서 앞서 적용한 Color Material을 선택하고 X-ray Mode를 해제합니다.

19

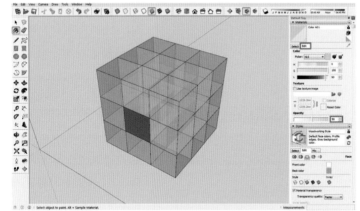

Color Material이 선택되어 있는 상태에서 Edit Tab을 선택합니다. 그림과 같이 Material의 Opacity를 50으로 변경합니다. X-ray Mode 가 아니지만 Color Material이 적 용되어 있는 Face가 50% 투명하 게 나타납니다.

20

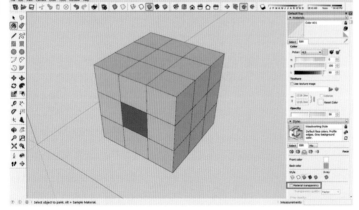

Styles Tray의 Face Settings에서 Material Transparency Option을 해제 합니다. 앞서 50% 투명하게 설정한 Color Material의 투명도 가 완전히 사라집니다.

21

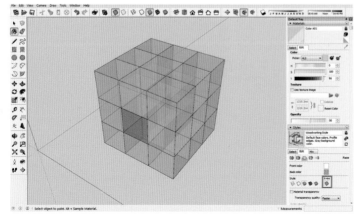

이번에는 **Styles Tray**의 Face Settings 에서 X-ray Mode 버튼을 클릭합니 다. Material Transparency가 해제되 어 있는 상태이지만, X-ray Mode가 적용되면서 모든 Face가 투명하게 나타납니다.

Background Settings 설정하기

이번 장에서는 Style의 Background Setting Option을 알아보겠습니다.

01

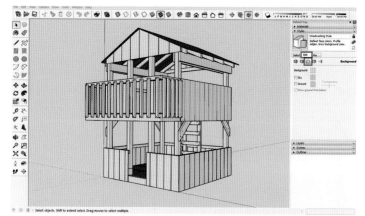

Styles Tray의 Edit Tab을 선택하고, Background Settings 버튼을 클릭합니다. Background Settings의 Option은 Background, Sky, Ground, Show Ground from below로 구성되어 있습니다.

part02/part02_04.skp

02

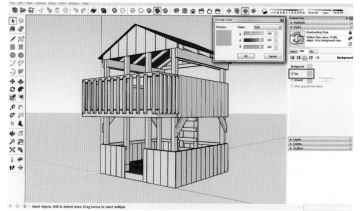

먼저 Sky Option을 Check합니다. 장면에 그라데이션으로 표현되는 하늘이 나타납니다. Sky Color를 클릭하여 자신이 원하는 하늘 색상을 지정할 수 있습니다.

03

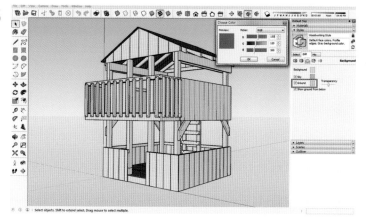

Ground를 Check합니다. 바닥이 Ground Color에 지정된 색상으로 표현됩니다.

04

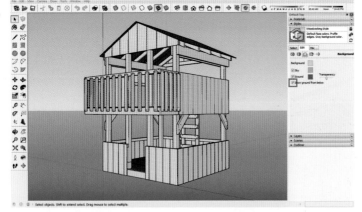

Show ground from below에 체크합니다.

05

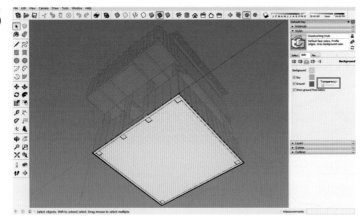

화면을 Orbit하여 그림과 같이 지면 아래에서 위쪽을 바라보는 장면으로 조정합니다. Ground의 Transparency Option을 그림과 같이 조정하면 Ground의 불투명도를 조절할 수 있습니다.

06

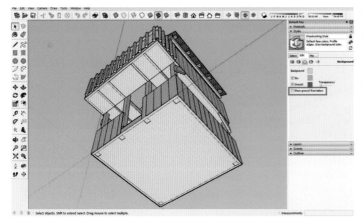

Show ground from below Option Check를 해제하면 지면 아래로 시점이 이동했을 때에는 화면에서 Ground가 사라지게 만들 수 있습니다.

07

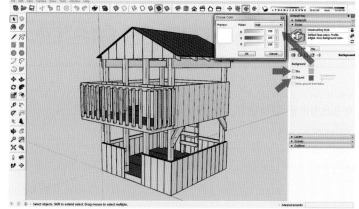

Background 색상을 조정하여 건축 매스 Modeling 시 자주 사용하는 Style을 만들어 보겠습니다. Sky와 Ground Option을 모두 Check 해제하고, Background Color를 클릭한 후 그림과 같이 흰색으로 설정합니다.

08

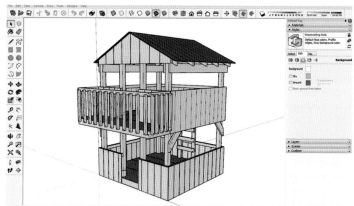

Model 이외의 전체 배경이 Background에 지정한 흰색으로 표현됩니다.

09

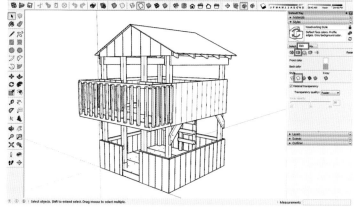

Edit Tab의 Face Setting 버튼을 클릭한 후 Hidden Line Style을 선택합니다. Concepe Modeling이나 Mass Modeling 등 Object의 개략적인 형태를 디자인할 때 이와 같은 Style을 활용하면 효과적입니다.

10

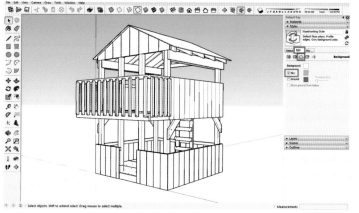

건축물, 공원 등과 같이 외부 공간의 느낌을 더하고 싶은 경우에는 Background Settings의 Sky를 Check하여 하늘을 더 할 수 있습니다.

LESSON 05 Watermark Settings 설정하기

이번 장에서는 Style의 Watermark Setting을 알아보고, Watermark 기능을 통하여 Background에 원하는 배경 Image를 넣어 장면을 연출해 보겠습니다.

01

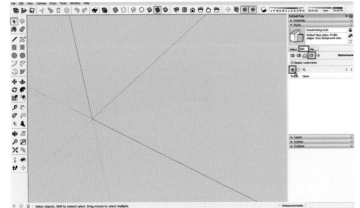

part02/part02_05.skp

장면에 Watermark를 추가해 보겠습니다. **Styles Tray**의 Edit Tab을 선택하고, Watermark Settings 버튼을 클릭한 후 Add 버튼을 클릭합니다.

02

sketch_ground.png File을 선택한 후 열기 버튼을 클릭합니다.

파일 이름(N):	sketch_ground	▾	All Supported Image Types ▾
			열기(O) 취소

part02/sketch_ground.png

03

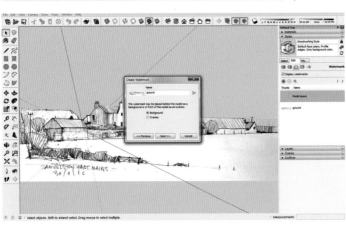

Create Watermark 대화상자가 나타납니다. Watermark의 이름을 ground로 지정한 후 ground가 뒤쪽의 배경이 되도록 Background에 Check하고 Next 버튼을 클릭합니다.

04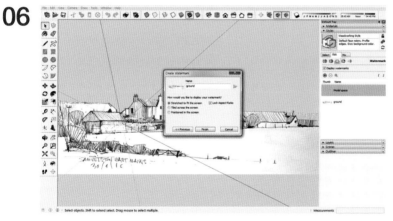

Blend 설정을 활용하여 Background 와 Image를 어느 정도 Blend할 것인지를 조정할 수 있습니다. 그림과 같이 Blend Slider를 왼쪽으로 옮길수록 Background의 영향이 강해지고 Watermark가 희미해 집니다.

05

Watermark Image가 선명하게 나타나도록 그림과 같이 Blend Slider를 오른쪽 끝으로 이동시킨 후 Next 버튼을 클릭합니다.

06

다음 설정에서는 삽입되는 Watermark 의 크기를 조정할 수 있습니다. Stretched to the screen을 선택하면 Watermark가 화면 전체에 가득 차게 크기가 조정됩니다.

TIP

Lock Aspect Ratio Option을 Check하면 준비된 Watermark Image의 가로, 세로 비율 변화 없이 Watermark가 화면의 가로 방향이나 세로 방향으로 가득 차게 크기가 조정됩니다.

07

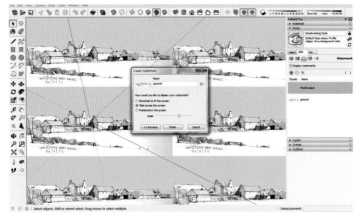

Tiled across the screen을 선택하면 Watermark의 Scale을 조정하여 화면 전체에 반복적으로 나타나도록 만들 수 있습니다.

08

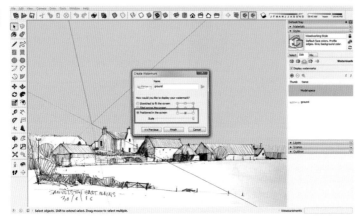

Positioned in the screen을 선택하면 위치와 크기를 조정하여 Watermark를 배치할 수 있습니다. 현재 준비된 Watermark는 Ground 배경이므로, Positioned in the screen Option을 그림과 같이 설정한 후 Finish 버튼을 클릭합니다.

09

Watermark Setting 설정 창을 보면 Model Space 아래쪽으로 앞서 ground로 이름 지은 Watermark가 추가되어 있는 것을 볼 수 있습니다. 이번에는 배경 하늘을 Watermark로 추가해 보겠습니다. Watermark Add 버튼을 클릭하고 photo_sky.png File을 선택한 후 열기 버튼을 클릭합니다.

part02/photo_sky.jpg

10

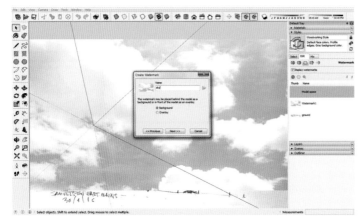

Create Watermark 대화상자가 나타나면 Watermark의 이름을 sky로 지정하고, Background에 Check한 후 Next 버튼을 클릭합니다.

11

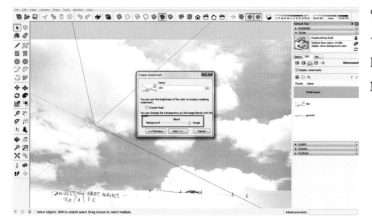

앞서 Ground와 마찬가지로 Blend 설정을 그림과 같이 Watermark Image만 나타나도록 조정한 후 Next 버튼을 클릭합니다.

12

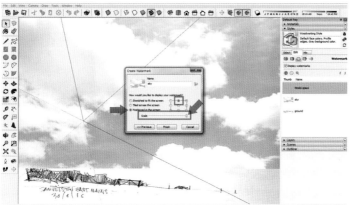

Sky는 화면에 위쪽에 나타나야 하므로 Positioned in the screen Option을 그림과 같이 설정한 후 Finish 버튼을 클릭합니다.

13

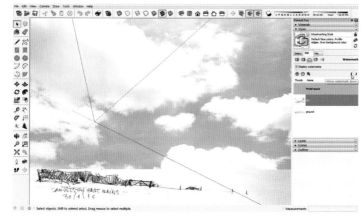

Watermark Setting 설정 창에 sky로 이름 지은 watermark가 추가되었습니다. 화면 상에서 sky watermark가 ground watermark 뒤쪽으로 나타나야 하므로 그림과 같이 watermark 설정 창에서 sky watermark를 선택한 후 Move watermark down 버튼을 클릭하여 ground watermark 아래 쪽으로 이동시킵니다.

14

Watermark 배경의 스케치와 어울리는 Style을 만들어 장면을 연출해 보겠습니다. 먼저 화면에 있는 Model Axes를 숨기기 위해 Edit Tab의 Modeling Settings를 클릭하고, Model Axes Option을 해제 합니다.

15

현재까지의 Style 설정이 저장되도록 Style을 Update 합니다.

16

준비된 SketchUp Model을 Import 하여 배경과 어울리는 Style로 연출된 장면을 만들어 보겠습니다. 메뉴바 File/Import를 선택합니다.

17

cabin.skp를 선택하고 Import 버튼을 클릭합니다.

part02/cabin.skp

18 SketchUp Model이 장면으로 Import됩니다. 앞서 추가한 Watermark를 Model Space 아래쪽에 위치하도록 하였기 때문에 Import된 Model이 Watermark 앞쪽으로 나타납니다. 그림과 같이 화면 아래 부분을 클릭하여 Model의 개략적인 위치를 지정합니다.

19 Orbit, Zoom, Pan Tool을 이용하여 배경의 빈 터에 Import된 Model이 위치하도록 크기와 위치를 조정합니다.

TIP

시점을 이동하는 것이므로 Orbit, Zoom, Pan Tool만을 사용해야 하며, Scale Tool로 Model의 크기를 조정할 필요는 없습니다.

20

SketchUp Model의 Edge와 Face가 배경의 스케치와 비슷한 느낌으로 표현되도록 Style을 Mix 해보겠습니다. **Styles Tray**에서 Mix Tab을 선택한 후 Select 창에서 Sketchy Edges를 선택합니다. Sketchy Edges의 Style 중에서 배경의 스케치와 유사한 느낌의 Edge인 Conte Style을 클릭한 후 Mix Tab의 Edge Settings에 적용합니다.

21

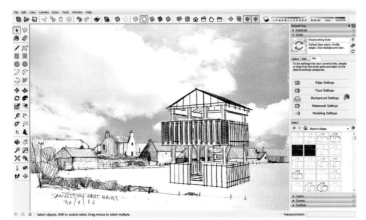

다음으로 하얀 도화지 위에 그린 것과 같이 Face를 설정하기 위해 Background Settings에도 콘테 Style을 적용합니다.

22

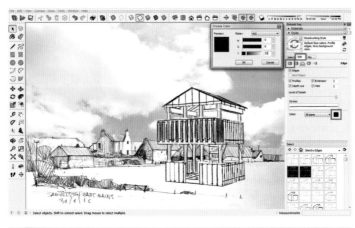

현재 Style의 Edge 설정을 좀 더 조정하기 위해 Edit Tab의 Edge Settings 버튼을 클릭합니다. Edge Settings의 Option을 그림과 같이 설정하여 선두께와 Detail을 수정합니다. 배경의 스케치에 사용된 선색상과 비슷하게 Edge의 색상을 변경하기 위해 Edge Color를 클릭하고 Edge의 명도를 조정합니다.

23

배경 스케치에는 Shadow가 표현되어 있습니다. SketchUp Model에도 Shadow를 표현하기 위해 메뉴 바 View/Shadows에 Check 합니다.

24

배경 Sketch의 태양과 그림자의 방향과 비슷하게 Shadow를 표현하기 위해 그림과 같이 Shadows Toolbar에 있는 날짜와 시간을 변경합니다.

25

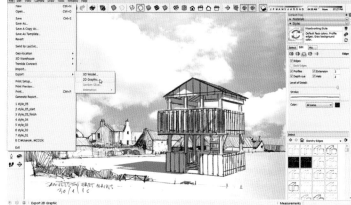

완성된 장면을 그림 File로 저장하기 위해 메뉴 바 File/Export/2D Graphic을 선택합니다.

26 원하는 File 형식과 이름을 지정한 후 Image의 해상도를 지정하기 위해 Option 버튼을 클릭합니다. 대화상자가 나타나면 Image 사이즈를 알맞게 지정합니다. 해상도가 높을수록 Edge가 가는 선으로 나타납니다. Rendering 에 많은 시간이 소요되지 않으므로, 여러 가지 해상도로 Export 해 본 후 가장 알맞은 해상도를 선택하면 됩니다. OK 버튼을 클릭하여 Export options 대화상자를 닫고 Export 버튼을 클릭하여 Image를 저장합니다.

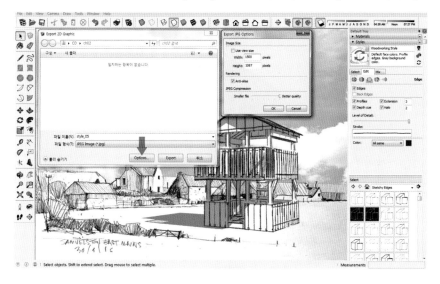

< Export 사이즈 : 1500*1087 >

< Export 사이즈 : 3000*2175 >

LESSON 06 Modeling Settings 설정하기

이번 장에서는 Style의 Modeling Setting Option을 살펴보겠습니다. Modeling Setting에는 Modeling 작업과 관련된 Option이 포함되어 있습니다.

01

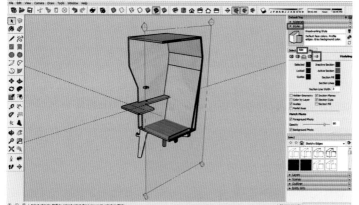

준비된 File에는 Section Plane이 적용되어 횡단면이 보이는 개인 사무용 가구가 준비되어 있습니다. 장면에는 현재 Woodworking Style이 적용되어 있습니다. Modeling Settings Option을 살펴보기 위해 **Styles Tray**의 Edit Tab에서 Modeling Settings 버튼을 클릭합니다.

part02/part02_06.skp

02

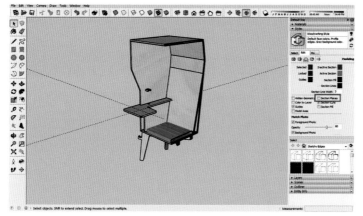

Section Planes Option을 해제합니다. 장면에 있던 Section이 화면에서 사라지고, Section Cut은 그대로 유지됩니다. 이 Option은 Display Section Planes Tool을 활용하는 것과 동일한 결과가 나타납니다. 메뉴 바 View/Section Planes 메뉴를 활용할 수도 있습니다.

03

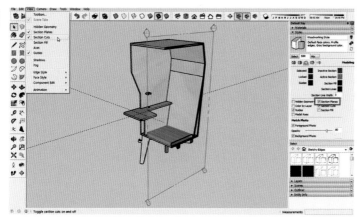

다시 Section Planes Option을 Check하고, 메뉴 바 View/Section Cuts의 Check를 해제 합니다.

04

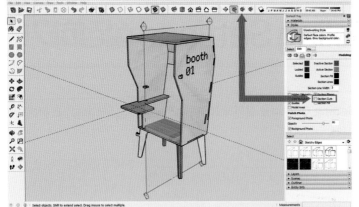

Section Plane이 Inactive 상태로 변하면서 Modeling Option의 Section Cuts Option도 Check 해제됩니다. 개별적으로 Section Plane을 Inactive 상태로 만들 수도 있지만, 이 Option을 사용하면 장면 전체의 Section Plane을 Inactive 상태로 만들 수 있습니다.

05

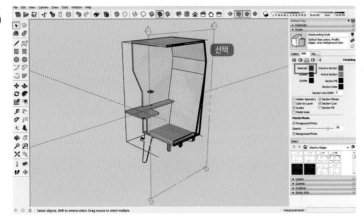

Select Tool로 사무용 가구를 선택합니다. 선택된 Object는 [Selected Color]에 지정되어 있는 색상으로 표시됩니다.

06 앞서 선택한 가구를 다시 마우스 우측 클릭한 후 Lock을 선택합니다. Lock 상태인 Object를 선택하면 [Locked Color]에 지정된 색상으로 표시됩니다.

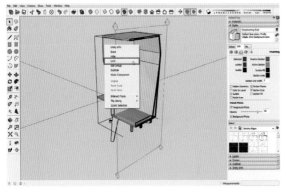
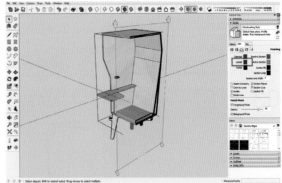

07

장면에는 현재 Tape Measure Tool 을 사용하여 만든 두 개의 Guide가 있습니다. Guides Color를 변경하면 장면에 있는 모든 Guide의 색상을 변경할 수 있습니다.

08

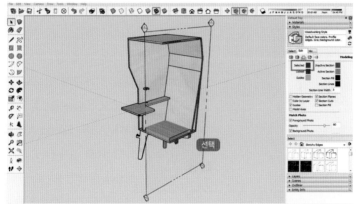

Select Tool로 장면에 있는 Section Plane을 선택합니다. Section Plane과 Section Plane으로 만들어지는 단면 선이 Selected에 지정한 색상으로 나타납니다.

09

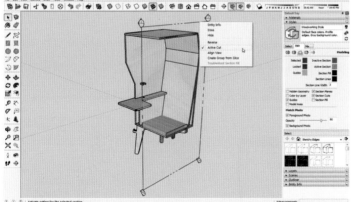

Section Plane을 마우스 우측으로 클릭하고, Active Cut을 선택하여, Inactive 상태로 만듭니다.

10

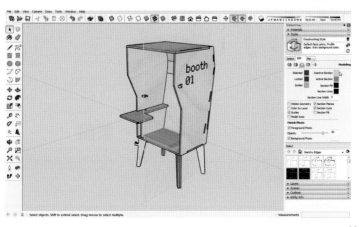

Section Plane이 Inactive 상태로 변하면서 사무용가구 전체가 나타납니다. (Section Plane을 개별적으로 Inactive 상태로 만들었기 때문에 Section Cuts Option에는 변화가 없습니다.) Inactive Section Color를 변경하면 장면에 있는 모든 Inactive 상태인 Section Plane 기호의 색상을 변경할 수 있습니다.

11

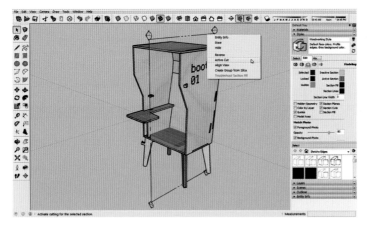

Select Tool로 다시 Section Plane을 마우스 우측으로 클릭한 후 Active Cut을 선택하여 다시 Active 상태로 만듭니다.

12

Select Tool이 선택되어 있는 상태에서 화면의 빈 곳을 클릭하여, 선택을 해제 합니다. 선택된 상태에서 파란색 선으로 표시되던 Section Plane이 주황색으로 바뀝니다. Active Section Color를 변경하면 현재 선택되어 있지 않지만 Active 상태인 Section Plane 기호의 색상을 지정할 수 있습니다.

13 Section Fill Option을 Check하고 Section Fill Color를 변경해 봅니다. Section Fill은 SketchUp 2018 버전부터 새롭게 추가된 기능으로 Section Plane으로 만들어진 단면의 빈 공간이 채워져 있는 것처럼 화면에 표시해 주는 기능입니다. Section Fill Color를 변경하여 자신이 원하는 단면 색상을 지정할 수 있습니다.

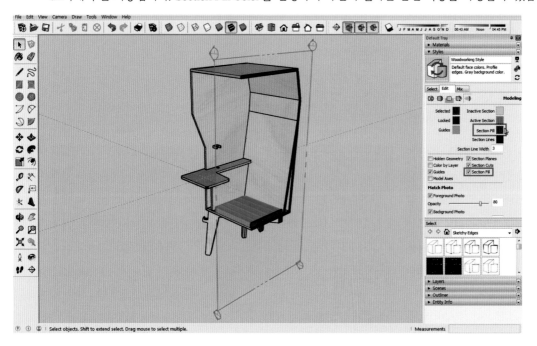

14

다음으로 Section Lines 색상을 변경해 봅니다. Section Plane으로 만들어진 단면선의 색상이 변경됩니다. Section Line Width를 조정하여 단면선의 두께를 지정할 수도 있습니다.

15

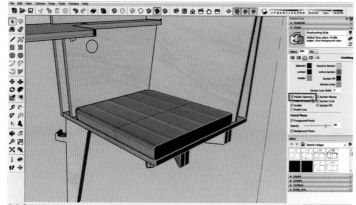

좌석 부분을 확대한 후 Hidden Geometry Option을 Check합니다. 화면에 나타나지 않던 숨겨진 Edge 들이 나타납니다. (메뉴 바 View/ Hidden Geometry를 선택해도 동일한 결과가 나타납니다.)

16 Hidden Geometry Option과 Section Cuts Option을 해제하고 Color by Layer Option을 Check합니다. **Layers Tray**를 펼쳐보면 각각의 Layer에 지정된 색상을 확인할 수 있는데 장면에 있는 Object가 포함되어 있는 Layer의 색상에 따라 Object에 색상이 적용되어 나타납니다.

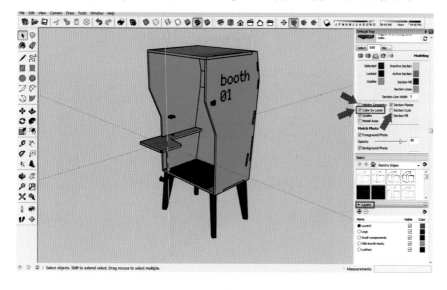

17

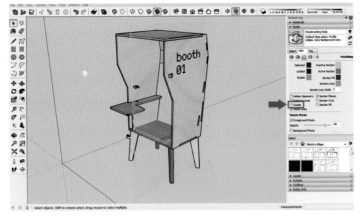

Color by Layer 체크를 해제한 후 Guides Option을 Check 해제 합니다. 장면에 있던 모든 Guide Line이 사라집니다. Guides Option을 사용하면 장면에 있는 모든 Guide Line을 삭제하지 않고 필요에 따라 숨길 수 있습니다.

18

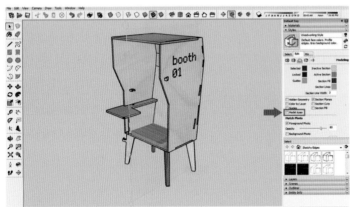

Model Axes Option을 Check 해제 합니다. 장면에 있던 Model Axes가 사라집니다. Model Axes가 작업에 방해가 되는 경우 이 Option을 활용하여 Model Axes를 장면에서 사라지게 할 수 있습니다.

Style을 Mix하여
새로운 Style 만들기

이번 장에서는 Styles Tray의 Mix Tab을 이용하여 여러 가지 Style을 Mix해서 새로운 Style을 만드는 방법을 알아보겠습니다.

01

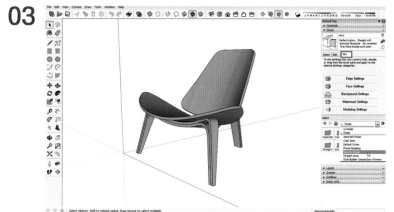

Styles Tray를 열고, In Model 버튼을 클릭합니다. 현재 장면에 적용되어 있는 Style을 마우스 우측으로 클릭한 후 Make a Copy를 선택합니다. 기존 Style을 기반으로 새로운 Style을 만들고자하는 경우에는 기존 Style을 Copy하여 사용하는 것이 편리합니다.

part02/part02_07.skp

02

복사된 Style의 이름을 Mix 1으로 지정한 후 새로 만들어진 이름이 적용되도록 Style Thumbnail을 클릭하여 Style을 Update 합니다.

03

새로 만들어진 Mix 1 Style에 저장되어 있는 Style의 몇 가지 특성을 Mix하여 새로운 Style을 만들어 보겠습니다. Mix Tab을 선택하고, 아래 Select 창이 나타나면 그림과 같이 Sketchy Edges를 선택합니다.

04

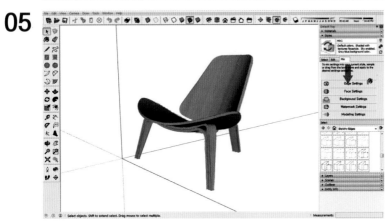

Sketch Edges에 저장되어 있는 Style 중에서 Pencil Style의 Edge Option을 현재 Mix 1 Style로 가져오기 위해 먼저 Pencil Style을 클릭합니다.

05

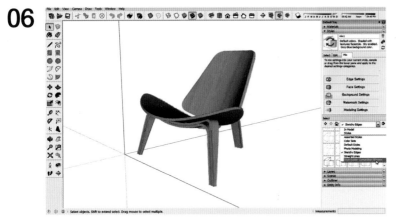

마우스 커서를 Mix Tab 쪽으로 이동하면 커서가 페인트 버킷 Tool 형태로 바뀝니다. Pencil Style의 Edge Option만을 가져오기 위해 그림과 같이 Mix Tab의 Edge Settings를 클릭하여 적용합니다. 화면을 보면 앞선 Style에서 Edge Style만 변경되는 것을 볼 수 있습니다.

06

다음으로 Background와 Watermark Setting을 Mix하여 새로운 Style을 만들어 보겠습니다. Select 창에서 Style builder Competition Winners를 선택합니다.

07 Stain Edges with Frame Style은 Background의 Sky와 Ground 색상이 잘 어울리는 Style입니다. Stain Edges with Frame Style의 Background를 현재 Mix 1 Style에 Mix하기 위해 그림과 같이 Stain Edges with Frame Style을 클릭한 후 Background Settings에 적용합니다. Edge Option은 유지된 상태에서 Background 설정만 Stain Edges with Frame Style와 동일하게 적용됩니다.

08 마지막으로 수작업 느낌을 더할 질감과 흰색 테두리를 Watermark로 Mix해 보겠습니다. Style builder Competition Winners의 Style 중에서 Pencil Edges with White border를 클릭한 후 Watermark Settings에 적용합니다. Pencil Edges with White border Style의 Watermark만 Mix 1 Style과 혼합되어 나타납니다. Mix된 Option들을 최종적으로 Mix 1 Style에 저장하기 위해 Mix 1 Style을 Update 합니다.

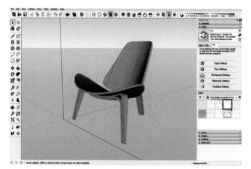 

09

다음으로 Mix 1 Style을 기반으로 Face Setting과 Graph Paper Watermark를 추가하여, 또 다른 느낌의 수작업 Style 을 만들어 보겠습니다. 앞과 동일한 방 법으로 Mix 1 Style을 복제합니다.

10

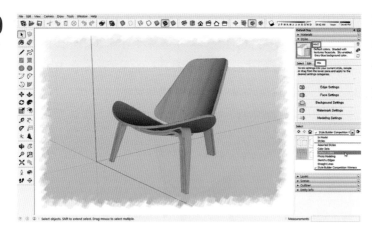

복제된 Style의 이름을 Mix 2로 지정하고 Style을 Update 합니다. Mix Tab을 선택하고, Select 창에서 Default Styles를 선택합니다.

11 Face를 흰색으로 표현하기 위해 그림과 같이 Hidden Line Style을 선택하여 Face Setting에 적용합니다.

12 작업 화면 전반에 Graph Paper를 Mix하기 위해 Style builder Competition Winners에서 Pencil on Graph Paper를 선택하여 Watermark Settings에 적용합니다.

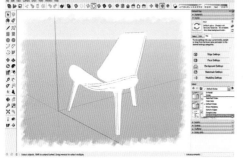 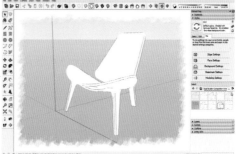

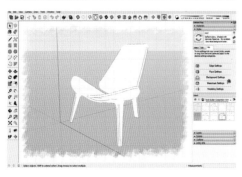

13 최종적으로 Graph Paper의 느낌과 수작업 선의 Detail이 강조되도록 Edit Tab에서 Background Settings와 Edge Settings Option을 그림과 같이 조정한 후 Style을 Update 합니다.

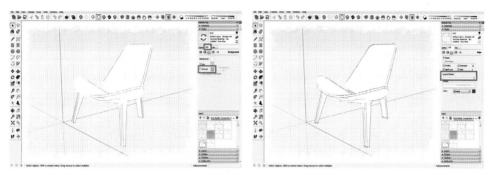

14 완성된 Style을 적용한 Rendering 결과를 확인하기 위해, 메뉴 바 File/Export/2D Graphic을 선택합니다. SketchUp 작업을 Image File로 Export할 경우 Export Image Option에서 설정하는 해상도가 높을수록 Edge의 굵기가 더 가늘어 집니다. 다양한 해상도로 테스트를 해본 후 적당한 Edge 두께를 갖는 해상도를 찾아 Image를 Export 하는 것이 좋습니다.

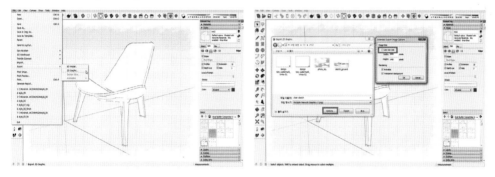

15

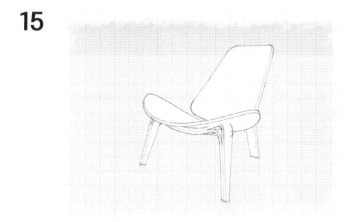

총 5가지 Style이 Mix된 Style을 적용하여 Rendering 된 Image입니다. 새로운 Style을 만들어 적용하고 싶을 때 기존의 Style을 Mix하는 방법을 사용하면 작업 시간을 절약할 수 있습니다.

Style을 저장하여 활용하기

이번 장에서는 Styles Tray를 이용하여 새롭게 만든 Style들을 저장하고, 저장된 Style을 다른 작업에 활용하는 방법을 살펴보겠습니다.

01 준비된 장면의 **Styles Tray**를 펼쳐보면, 3개의 Style이 준비되어 있습니다. **Styles Tray**의 In Model에 나타나는 Style들은 SketchUp File과 함께 저장되지만 다른 작업에서 활용할 수는 없습니다. 자신이 만들어 놓은 Style을 다른 작업에서 활용하기 위해서는 Style을 별도로 저장해야 합니다.

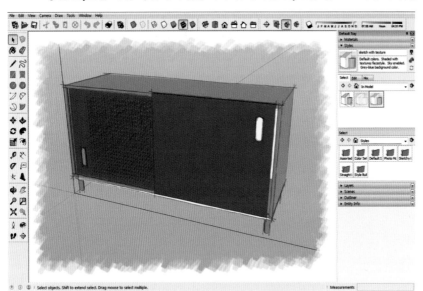

part02/part02_08.skp

 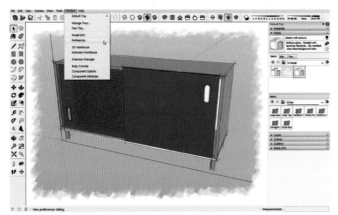

먼저, Style File이 저장되는 경로를 확인해 보겠습니다. 메뉴 바 Window/ Preferences를 선택합니다.

03 Preferences 대화상자의 Files 설정을 보면 SketchUp File이 저장될 때 함께 저장되는 여러가지 요소들의 저장 경로를 확인할 수 있습니다. Style이 저장되는 경로를 확인하기 위해 Styles Location 폴더 버튼을 클릭합니다. Default로 설정된 저장경로가 나타납니다. 새로운 Style 저장 폴더를 만들기 위해 그림과 같이 폴더를 추가하고, 폴더의 이름을 my styles로 지정합니다. OK 버튼을 클릭하여 Preferences 창을 닫습니다.

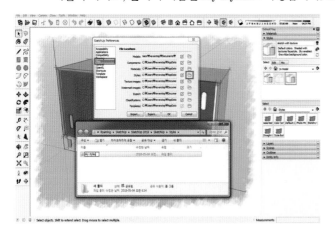

04

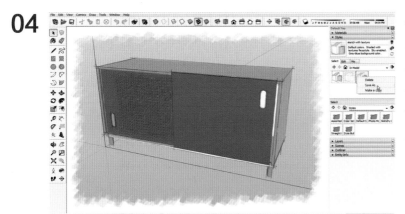

Styles Tray의 In Model에 있는 3개의 Style 중 sketch with texture Style을 별도의 File로 저장해 보겠습니다. sketch with texture Style을 마우스 우측으로 클릭하고, Save As 를 선택합니다.

05

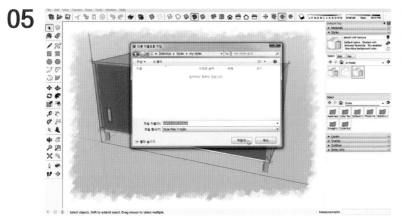

앞서 만든 my styles 폴더를 저장 경로로 지정한 후 저장 버튼을 클릭합니다.

06 조금 전에 저장한 Style을 확인해 보겠습니다. **Styles Tray**의 Select Tab에서 Style List를 펼치면 앞서 만든 my styles가 List에 포함되어 있는 것을 확인할 수 있습니다. my styles를 선택하면, 앞서 폴더에 저장한 sketch with texture Style이 Select 창에 나타납니다. 이러한 방식으로 특정한 Style을 저장한 후 다른 작업에서 해당 Style을 불러와 활용할 수 있습니다.

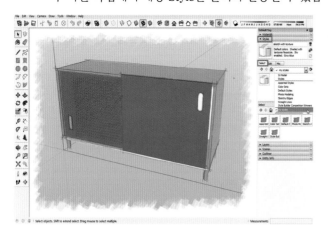

07

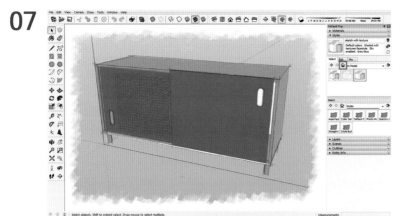

In Model 버튼을 클릭하여 다시 현재 File에 포함된 Style 목록을 확인합니다. 이번에는 현재 File에 포함된 3개 Style 모두를 Collection으로 저장하는 방법을 알아보겠습니다.

08

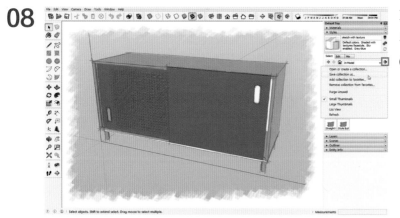

In Model 상태에서 **Styles Tray**의 Detail 버튼을 클릭하고, Save Collection as를 선택합니다.

09

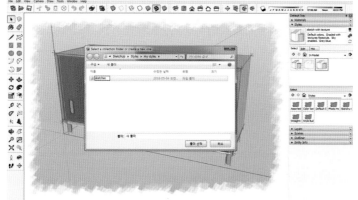

저장 경로를 묻는 대화상자가 나타
나면 my styles 폴더 안에 새로운 폴
더를 추가하고 폴더 이름을 sketches
으로 지정합니다. sketches 폴더에 In
model에 포함되어 있던 3개의 Style
모두가 Collection으로 저장됩니다.

10

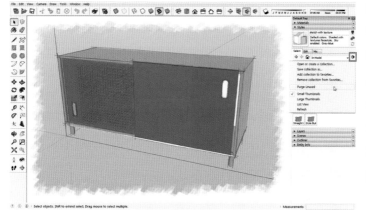

Style Collection을 활용하는 방법을
알아보겠습니다. 먼저, In Model에 있
는 Style 중에서 Scene에 적용되지 않
은 Style을 제거해 보겠습니다. Detail
버튼을 클릭하고, Purge Unuced를 선
택합니다. 현재 Scene에 적용되어 있
는 sketch with texture 이외의 나머지
2개 Style이 In Model에서 제거됩니다.

11

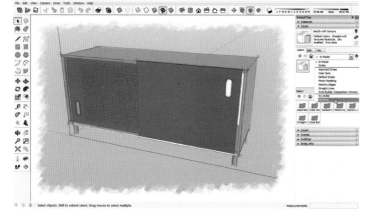

이제 앞서 저장한 Collection을 불러
오기 위해 Style List를 열고 sketches
를 선택합니다.

12

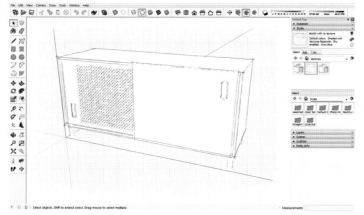

앞서 In Model에 포함되어 있던
3가지 Style이 모두 저장되어 있습
니다. 각각의 Style을 적용해 보면
앞선 작업에서 설정해 놓은 Style
Option 그대로 적용되는 것을 확인
할 수 있습니다.

13 Style Collection에 새로운 Collection을 추가하거나, 불필요한 Collection을 삭제하고 싶은 경우에는 Detail 메뉴의 Add collection to favorites(Collection 추가), Remove collection from favorites(Collection 삭제)를 사용합니다.

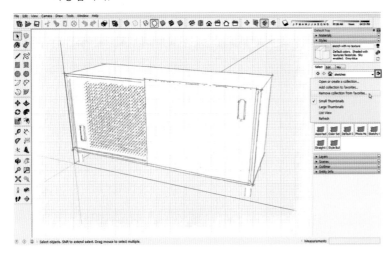

MEMO

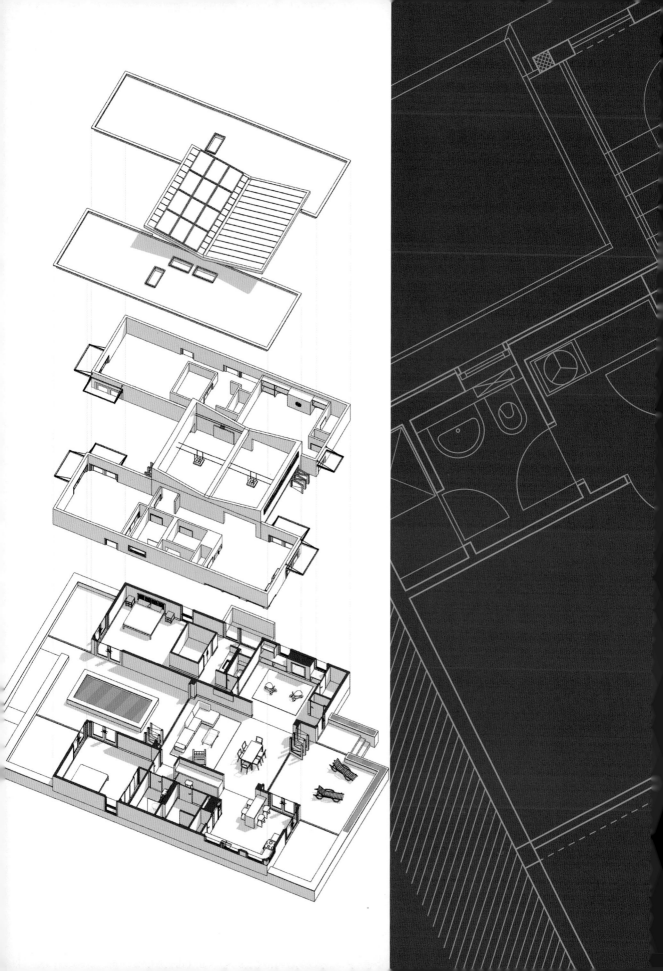

SketchUp Scene
알아보기

PART
03

SketchUp Scene의 개념

이번 장에서는 Scene의 개념에 대해서 알아보겠습니다.

01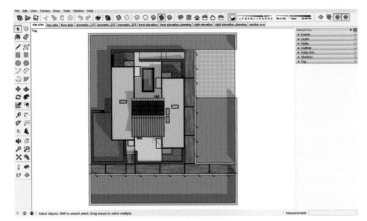

준비된 File을 불러 옵니다. Layout 에서 평면도, 입면도, 단면도 등을 만들기 위해서 SketchUp의 Scene 을 활용하게 됩니다. 준비된 File에 는 다양한 Scene이 추가되어 있는 데, 화면의 상단에 있는 Tab들은 각 Scene을 전환할 때 사용할 수 있습니다. Scene을 차례로 클릭해 봅니다. part03/part03_01.skp

02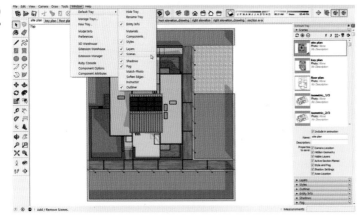

Scenes Tray를 펼칩니다. **Scenes Tray**는 메뉴바>Window>Default Tray>Scenes를 Check하면 불러 올 수 있습니다. **Scenes Tray**에 서는 Scene의 전체 List를 작은 Thumbnail과 함께 볼 수 있습니다.

03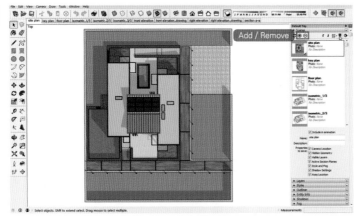

Show/Hide Details 버튼을 클릭하 면 각 Scene의 이름과 간단한 설명, Camera의 위치, 숨겨진 Object, Layer 의 Visible 여부 등의 Scene과 함께 저 장될 요소에 대하여 설정할 수 있습 니다. Add/Remove Scene(s) 버튼을 활용하여 Scene을 추가하거나, 삭제 할 수 있으며, 추가할 수 있는 Scene 의 수에는 제한이 없습니다.

04

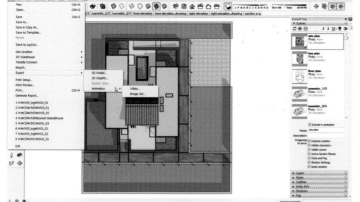

각 Scene과 Scene 사이를 이동하며 만들어 지는 장면을 Animation으로 만들 수도 있는데, 이 Animation을 Video나 Image File로 내보낼 수도 있습니다.

05

SketchUp Scene을 활용하여 Layout 에서 치수를 기입할 도면의 기초 작업을 할 수 있습니다. 화면 상단의 floor Plan Scene Tab을 클릭합니다. 앞서 생성해 놓은 Section Plane이 활성화되면서 평면도 작업에 필요한 주택의 평단면이 나타납니다.

06

다음으로 key plan Scene을 선택합니다. 동일한 평단면의 Style이 바뀌어 나타납니다. 이처럼 각 Scene 에는 별도의 Style을 지정하여 저장할 수 있는데, Layout에서 활용할 용도를 고려하여 Style을 지정하게 됩니다. 다음 장부터 Scene을 만들고, Update하고, Scene을 활용해 Animation을 만드는데 필요한 내용들을 살펴보겠습니다.

LESSON 02

Scene 추가하기

이번 장에서는 장면에 별도의 View와 Style이 적용된 Scene을 추가하는 방법을 살펴보겠습니다.

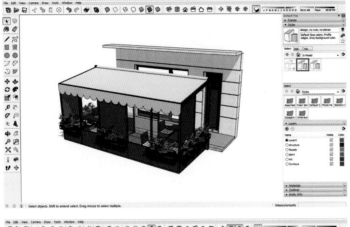

준비된 장면에는 3개의 Style과 총 6개의 Layer가 준비되어 있습니다. [design, no cuts, no planes] Style은 Face Style이 Texture로 설정되어 있으며, Section Plane과 Section Cut이 비활성화되어 있습니다.

part03/part03_02.skp

[no cuts, section planes] Style은 [design, no cuts, no planes] Style의 다른 설정들은 동일하게 유지하고 Section Plane만 활성화 시킨 Style 입니다.

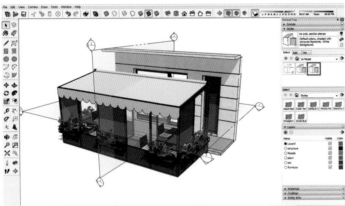

[no section planes, active cuts] Style은 Face Style을 Hidden Line으로 설정하고, Section Cut 은 활성화, Section Plane은 비활성화 시킨 Style 입니다.

01

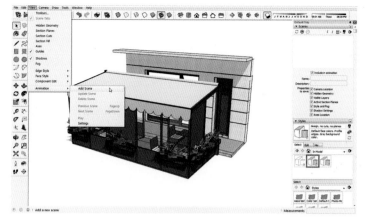

먼저 Perspective Scene을 추가해 보겠습니다. Style을 [design, no cuts, no planes] Style로 지정한 후 메뉴 바 View/Animation/Add Scene을 선택합니다.

02

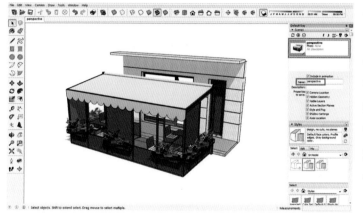

Scenes Tray에서 추가된 Scene을 선택하고 Scene의 이름을 perspective 로 지정한 후 Enter키를 누릅니다. **Scenes Tray**를 펼쳐보면 새로운 Scene이 추가된 것을 확인할 수 있습니다. 화면 상단에도 새로운 Scene Tab이 추가된 것을 볼 수 있습니다.

03

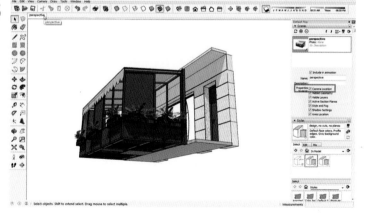

Orbit Tool을 이용하여 View를 그림과 같이 조정한 후 perspective Scene Tab을 클릭하면, perspective Scene을 추가한 시점의 View로 다시 전환됩니다. 이는 Scene이 생성될 때 Camera Location Option에 따라 View가 함께 저장되었기 때문입니다.

04

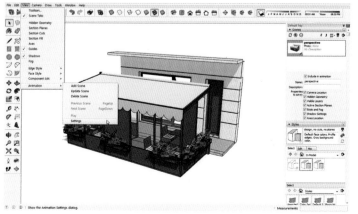

Scene을 전환하는데 소요되는 시간을 조정할 수 있습니다. 메뉴 바 View/Animation/Settings를 선택합니다.

05

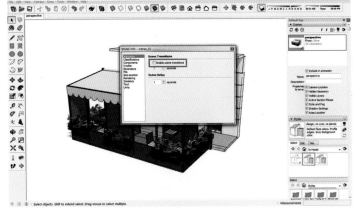

대화상자가 나타나면 Scene Transitions 설정에서 Enable Scene Transitions Option Check를 해제 합니다. Enable Scene Transitions Option을 활용하면, 시간을 지정하여 Scene과 Scene 사이의 변환 속도를 제어할 수 있으며, 이 Option을 해제하면 Scene 전환에 시간이 소요되지 않습니다.

06

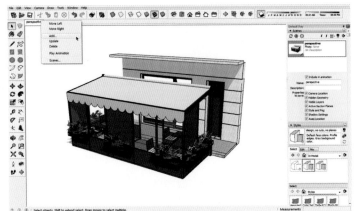

새로운 Scene을 추가하는 또 다른 방법을 알아보겠습니다. perspective Scene Tab을 마우스 우측으로 클릭하여 Add을 선택합니다. perspective Scene Tab 바로 다음에 새로운 Scene이 추가됩니다. **Scenes Tray**에서도 새롭게 추가된 Scene을 확인할 수 있습니다.

07

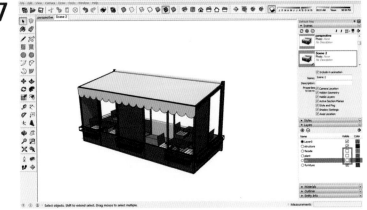

새로운 추가된 Scene을 카페 테라스의 외관 정면도로 구성해 보겠습니다. **Layers Tray**에서 입면도에 불필요한 일부 요소를 숨기기 위해 그림과 같이 3개의 Layer를 Invisible 상태로 만듭니다.

08

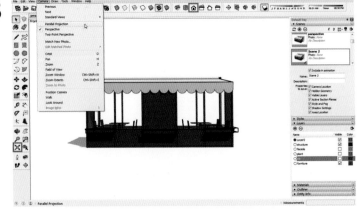

Front View로 장면을 전환하고, Camera를 소실점이 없는 Parallel Projection으로 변경한 후 Zoom Extents Tool로 입면을 화면 가득 채웁니다.

09 **Scenes Tray**에서 새로 추가된 Scene의 이름을 front elevation으로 지정한 후 Enter키를 누릅니다. 처음 Scene을 생성했을 때의 상태에서 Layer의 Visible 상태와 View가 변경되었기 때문에 변경된 사항을 현재 Scene에 반영하기 위해서는 반드시 Scene을 Update 해야 합니다. 그림과 같이 front elevation Tab을 마우스 우측으로 클릭하고 Update를 선택합니다.

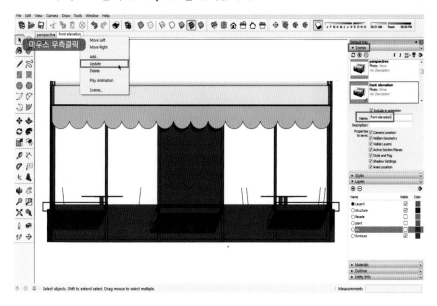

10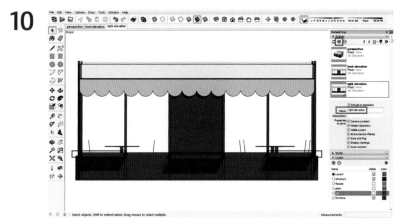

다음으로 카페 테라스의 우측면도 Scene을 추가해 보겠습니다. 이번 에는 **Scenes Tray**의 Scene 추가 버튼을 클릭합니다. 새로운 Scene 이 추가되면 Scene의 이름을 right elevation으로 지정한 후 Enter 키 를 누릅니다. 화면 상단에도 right elevation Scene Tab이 추가된 것 을 확인할 수 있습니다.

11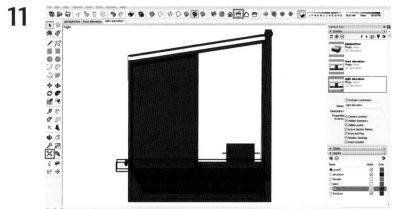

Right View를 선택하고 Zoom Extents 합니다.

12

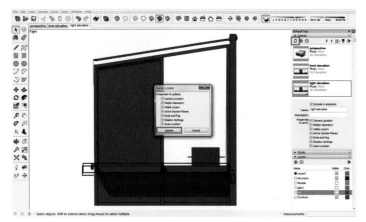

이번에는 **Scenes Tray**를 활용하여 Scene을 Update 해 보겠습니다. **Scenes Tray**의 Update 버튼을 클릭합니다. Scene Tab을 활용하여 Scene을 Update할 때와는 달리 Scene Update 대화상자가 나타나며, 이 대화상자를 활용하여 Update에 반영할 요소를 선택적으로 Update할 수 있습니다.

13 이번에는 Section Plane을 이용한 평면도와 단면도를 Scene으로 만들어 보겠습니다. Perspective View를 선택하고 Zoom Extents 합니다. **Styles Tray**를 펼치고 In Model Style에서 [no cut, section plane] Style을 선택합니다. 화면에 Section Plane 아이콘이 나타납니다. 평면도와 단면도를 위해 2개의 Section Plane이 준비되어 있으며, 모두 Inactive 상태 입니다.

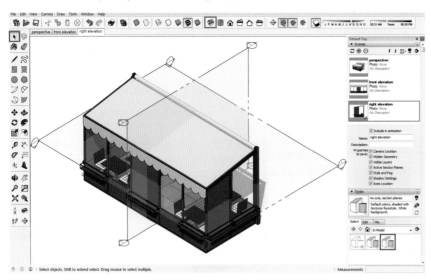

14

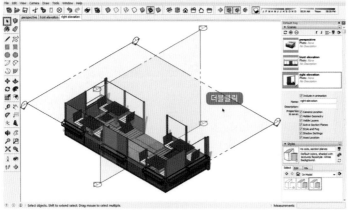

Select Tool로 그림에 보이는 Section Plane1을 더블 클릭하여 Active 상태로 전환합니다.

15

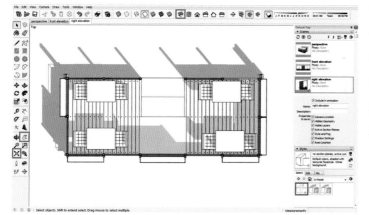

Top View로 전환하고 Zoom Extents Tool, Zoom Tool, Pan Tool을 이용하여 그림과 같이 View를 조정합니다. 평면도의 형식으로 표현하기 위해 Style을 [no section plane, active cut] Style로 변경합니다.

16

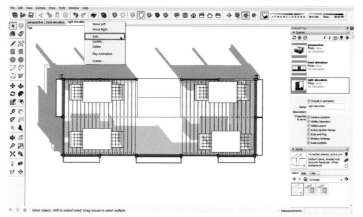

현재 상태에서 Scene을 Update하게 되면, right elevation Scene이 Update됩니다. 현재 상태를 새로운 Scene으로 저장하기 위해 right elevation Scene Tab을 마우스 우측으로 클릭하고 Add를 선택합니다.

17

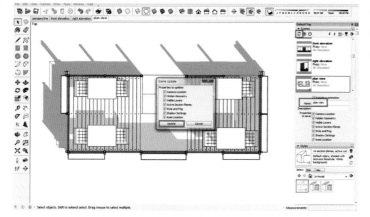

새로운 Scene이 추가되면 Scene의 이름을 plan view로 지정하고 Update 합니다.

18

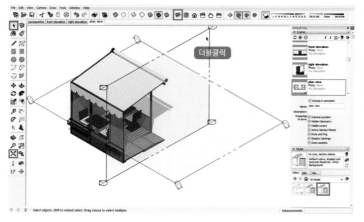

다시 Perspective View로 전환하고, Zoom Extents 합니다. [no cuts, section planes] Style로 변경한 후 Select Tool로 SectionPlane2를 더블클릭하여 Active 상태로 만듭니다.

19

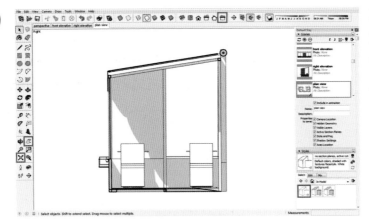

Right View로 전환한 후 Zoom Extents, Zoom, Pan Tool을 사용하여 그림과 같이 View를 조정하고, [no section planes, active cut] Style을 적용합니다.

20

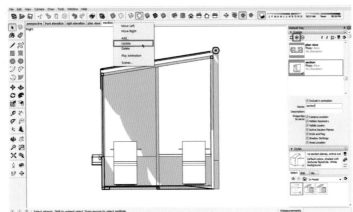

Scenes Tray에서 Scene 추가 버튼을 눌러 새로운 Scene을 추가하고, Scene의 이름을 section으로 지정한 후 section Scene Tab을 이용하여 Scene을 Update 합니다.

21 다섯 개의 Scene이 만들어졌습니다. 화면 위의 Scene Tab을 클릭하거나, **Scenes Tray**에서 원하는 Scene을 더블 클릭하여 빠르게 원하는 View와 Style을 가진 장면으로 전환하여 작업을 진행하거나, Presentation에 활용할 수 있습니다.

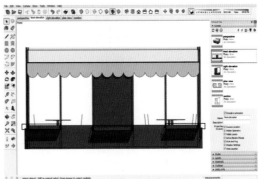

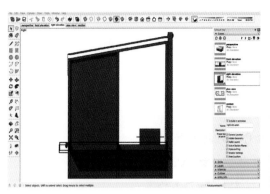

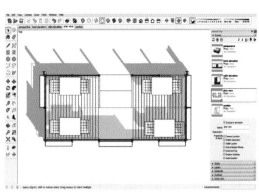

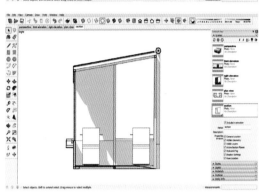

LESSON 03

Scene Update하기

이번 장에서는 Scenes Update의 개념과 활용, Layout과의 연계에 대하여 알아보겠습니다.

01

준비된 File을 열고, **Styles Tray**의 In Model 아이콘을 클릭합니다. Model과 함께 3가지 Style이 저장되어 있습니다. 3가지 Style을 각각 적용한 3개의 Scene을 만들고, Update의 개념에 대하여 좀 더 알아보겠습니다.

part03/part03_03.skp

02

Scenes Tray를 열고 새로운 Scene을 추가한 후 Scene의 이름을 hidden line으로 지정합니다. **Styles Tray**에서 [hidden line] Style을 선택하여 Model에 적용합니다.

TIP

Model에는 [Hidden Line] Style이 적용되어 있지만, Scene의 Thumbnail에는 [Hidden Line] Style이 적용되지 않은 것으로 나타납니다. 그 이유는 Scene을 생성한 이후에 Model에 새로운 Style을 적용하였기 때문입니다. Scene이 처음 생성된 이후의 Camera 위치, Layer Visible 여부, Style 등의 변화는 Scene Thumbnail에 자동적으로 반영되지 않습니다.

03 변경된 요소가 Scene에 반영되도록 하기 위해서는 Scene을 Update 해야 합니다. **Scenes Tray**에서 Update 아이콘을 클릭합니다. Scene Update 대화상자가 나타납니다. 이 대화상자에서 처음 Scene이 생성된 이후 변화된 요소 중에서 어떤 요소들을 선택하여 Update할 것인지를 선택할 수 있습니다. 특별한 요소를 제외하고 싶은 경우가 아니라면, 일반적으로 모든 요소에 Check하고 Update 버튼을 클릭합니다. Update 버튼을 클릭하면 hidden line Scene의 Thumbnail이 화면과 동일한 상태로 Update됩니다.

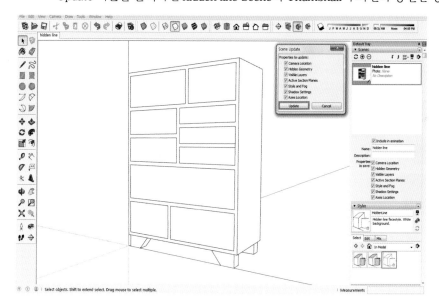

04 다시 **Scenes Tray**에서 Scene 추가 아이콘을 클릭하여 새로운 Scene을 추가한 후 Scene이 이름을 shaded로 지정합니다. Orbit Tool을 이용하여 Camera의 위치를 그림과 같이 수정하고 [design_shaded] Style을 적용합니다. 마찬가지로, shaded Scene의 Thumbnail을 보면 Camera의 위치 변화와 Style의 변화가 적용되어 있지 않습니다. 변화된 사항을 Update 하기 위해서 다시 Scene Update 아이콘을 클릭한 후 모든 요소가 선택되어 있는 상태에서 Update 버튼을 클릭합니다. 변화된 상태가 shaded Scene에 반영됩니다.

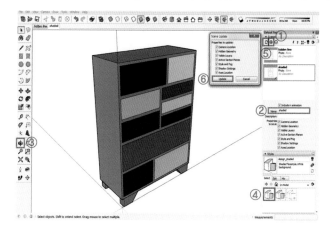

05 다시 Scene을 추가하고 Scene의 이름을 textures로 지정합니다. 이번에는 Scene의 Properties to save에서 Camera Location Check를 해제 합니다. 이 Option을 해제하면, Scene을 Update할 때 Camera 위치 변화 요소는 Update 사항에 포함되지 않고, 처음 생성된 시점의 정보를 유지합니다. 그림과 같이 Orbit Tool을 이용하여 Camera의 위치를 수정한 후 Model에 [design_textures] Style을 적용하고 Scene Update 아이콘을 클릭합니다. Scene Update 대화상자에 Camera Location이 Check 해제된 상태인지를 확인하고 Update 버튼을 클릭합니다. textures Scene이 Update되면서 Thumbnail에는 Camera의 위치도 함께 Update된 것처럼 나타납니다.

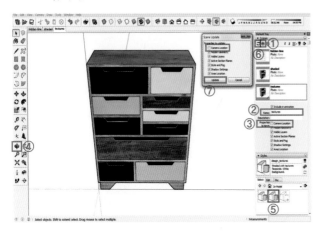

06 지금까지 만들어진 Scene을 차례로 전환해 보면, shaded Scene에서 textures Scene으로 전환할 때 Camera의 위치가 변하지 않는 것을 볼 수 있습니다. 앞서 textures Scene을 Update하면서 Camera Location을 Check하지 않아서 Camera Location에 대한 정보가 사라졌기 때문입니다.

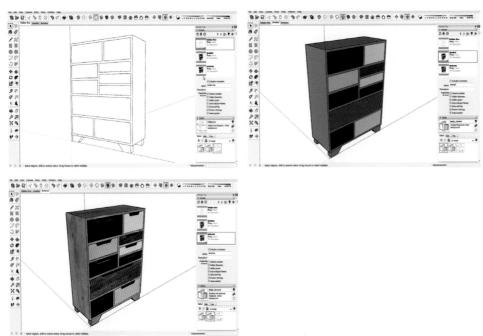

07 Scene의 Update 개념을 이용하여 특정 Scene의 Camera 위치를 다른 Scene과 동일하게 맞추는 방법을 알아보겠습니다. 현재 hidden line Scene과 Shaded Scene은 Camera의 위치가 서로 다릅니다. shaded Scene의 Camera 위치를 hidden line Scene의 Camera 위치와 동일하게 조정하기 위해 먼저 hidden line Scene으로 전환 합니다.

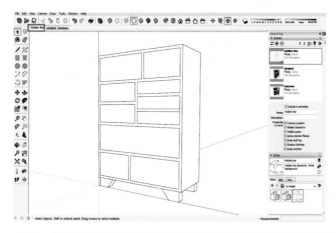

08 이어서 shaded Scene으로 전환합니다. Camera의 위치가 변경됩니다. Camera를 앞선 Scene에서의 위치로 되돌리기 위해 메뉴 바 Camera/Previous를 선택합니다.

09 화면에서의 shaded Scene의 Camera 위치가 앞서 선택했던 hidden line Scene의 Camera 위치와 동일하게 변경되었습니다. 이 상태를 shaded Scene에 Update하기 위해 shaded Tab을 마우스 우측으로 클릭하고 Update를 선택합니다.

TIP

Scene Tab을 이용하여 Update 하는 경우에는 Scene Update 대화상자가 나타나지 않습니다. 때문에 필요한 요소만을 Update 하기 위해서는 먼저 Scenes Tray 하단에 있는 Properties to Save에서 불필요한 Update 요소를 Check 해제한 후 Scene Tab을 이용하여 Update 해야 합니다.

10 hidden line Scene과 shaded Scene을 번갈아가며 전환해 보면, Camera의 위치는 유지된 채로 Style만 변경되는 것을 볼 수 있습니다.

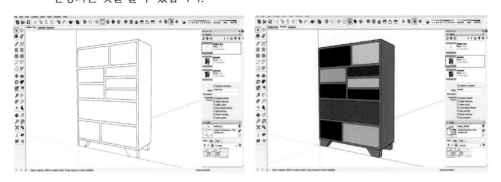

11 이번에는 Scene Update를 이용하여 Shadow Animation을 연출해 보겠습니다. hidden line Scene으로 전환한 후 Shadow 아이콘을 클릭하고 시간을 조정하여 그림과 같이 Shadow가 표현되도록 조정합니다. 변경된 사항을 Update 합니다. 이때, **Scenes Tray** 하단에 있는 Properties to Save에 Shadow Settings가 Check되어 있어야 합니다.

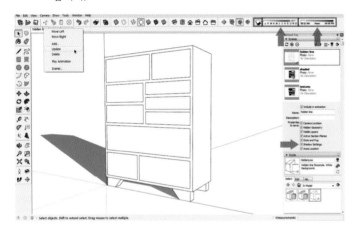

12 동일한 방법으로 shaded Scene의 Shadow를 그림과 같이 조정하고 Scene을 Update 합니다.

13

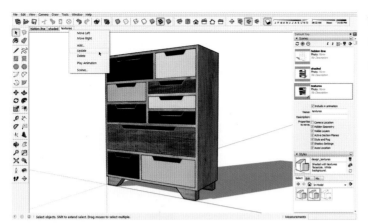

textures Scene에서도 동일한 방법으로 Shadow를 그림과 같이 조정하고 Scene을 Update 합니다.

14 Scene을 차례로 전환해보면 Camera의 위치는 변화하지 않고, Style이 변경되면서 Shadow가 시간의 흐름에 따라 변화되는 모습이 연출됩니다.

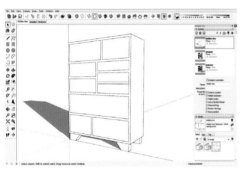

15 이번에는 SketchUp의 Scene과 Scene의 Update가 Layout과 어떻게 연계되는지 간단히 알아보겠습니다. Layout으로 연동하기 전에 먼저 SketchUp File을 저장합니다. 현재 Model을 Layout으로 보내기 위해 메뉴 바 File/Send To Layout을 선택합니다.

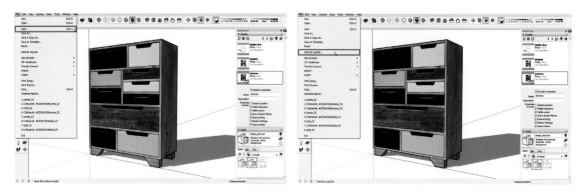

16

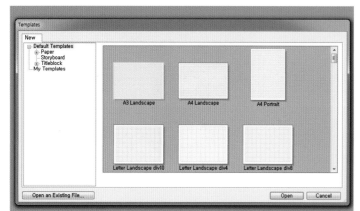

Layout이 실행되면서 Template 선택 창이 나타납니다. Default Template의 A3 Landscape를 선택하고 Open 버튼을 클릭합니다.

17

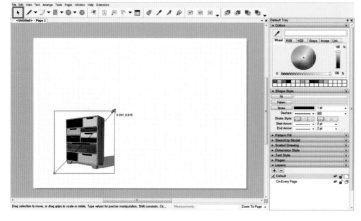

Layout Document Page 위에 SketchUp Model이 나타납니다. Select Tool을 선택하고, 그림과 같이 SketchUp Model의 파란색 Grip을 클릭 드래그하여 그림과 같이 크기를 줄입니다.

18

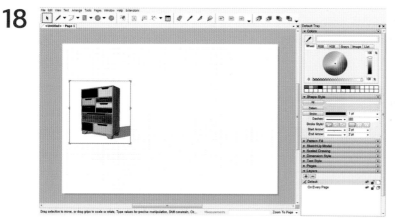

Select Tool이 선택된 상태에서 SketchUp Model을 클릭 드래그하여, 그림과 같이 Page의 왼쪽 중간 부분으로 이동합니다.

19 Layout에서의 Object 복제는 SketchUp에서의 방법과 동일합니다. Select Tool이 선택된 상태에서 Ctrl 키를 누른 채로 SketchUp Model을 클릭 드래그하여 그림과 같이 오른쪽으로 복사하여 총 3개의 SketchUp Model을 만듭니다.

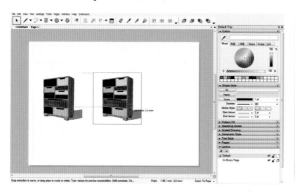 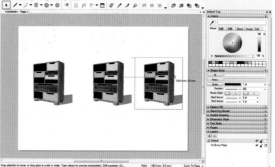

20 가장 오른쪽에 위치한 SketchUp Model을 선택하고 화면 오른쪽의 **SketchUp Model Tray**를 펼칩니다. View Tab의 Scene 설정을 보면 SketchUp에서 지정한 Scene의 이름을 확인할 수 있습니다. Scenes List 에는 SketchUp에서 만든 Scene의 목록이 나타납니다.

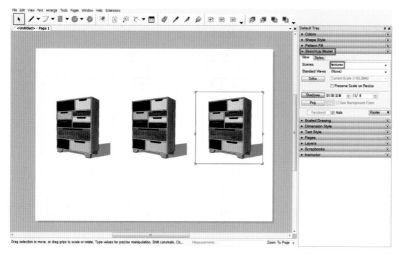

21

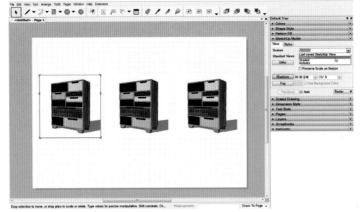

가장 왼쪽의 SketchUp Model을 선택하고, 그림과 같이 **SketchUp Model Tray**에서 Scene을 hidden line으로 변경합 니다. SketchUp에서 만든 Scene의 Style과 Camera 위치 등 모든 요소가 그대로 적용되어 나타납니다.

22

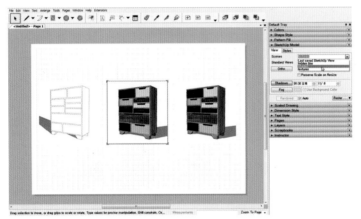

가운데 위치한 SketchUp Model 을 선택하고, 그림과 같이 shaded Scene을 선택합니다. SketchUp 에서 저장한 shaded Scene의 설정이 적용됩니다.

23

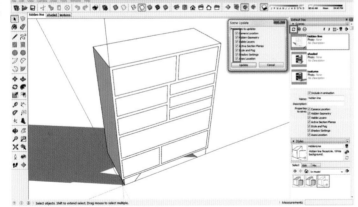

이번에는 SketchUp의 Scene이 Update 될 경우 Layout 작업에 어떻게 반영할 수 있는지 알아보 겠습니다. SketchUp으로 돌아와서 hidden line Scene을 선택하고 Camera의 위치를 그림과 같이 변경한 후 Scene을 Update 합니다.

24

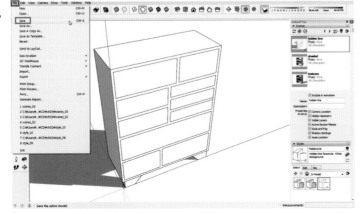

SketchUp Scene의 변경 사항을 Layout에 반영하기 위해서는 먼저 SketchUp File을 저장해야 합니다. 메뉴 바 File>Save를 선택하여 현재까지의 작업을 저장합니다.

25

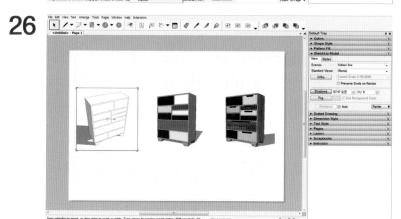

다시 Layout으로 작업으로 돌아와 보면 hidden line Scene의 SketchUp Model에 SketchUp Scene의 변경 사항이 적용되어 있지 않은 것을 볼 수 있습니다. SketchUp Scene의 변경 사항을 Layout에 작업에 반영 하려면 SketchUp Model을 마우스 우측으로 클릭하고, Update Model Reference를 선택합니다.

26

SketchUp에서 Update한 hidden line Scene이 Layout SketchUp Model에 반영됩니다.

27 다시 SketchUp File에서 shaded Scene으로 전환합니다. shaded Scene의 Camera 위치를 그림과 같이 조정하고 Shadow를 해제한 후 Scene을 Update 합니다. Layout에 변경된 사항을 반영하기 위해 먼저 현재까지의 SketchUp 작업을 Save 합니다.

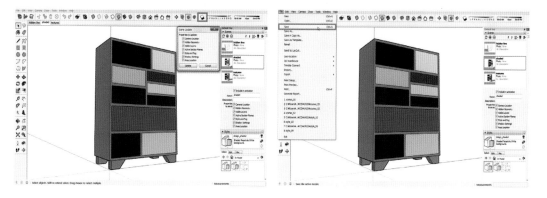

28

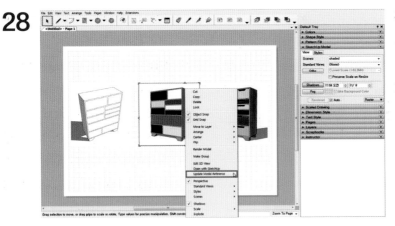

Layout 작업으로 돌아와서 Page 의 가운데 있는 SketchUp Model을 선택하고 동일한 방법으로 Model Reference를 Update 합니다. Shadow 와 Camera 위치 변경 사항이 반영되 어 나타납니다.

29 Layout에서 SketchUp Model의 View를 변경해 보겠습니다. Select Tool을 선택하고 Page의 가운데 있는 SketchUp Model을 더블 클릭합니다. SketchUp에서와 같이 View를 편집할 수 있는 상태로 바뀝니다. Orbit(마우스 휠 클릭-드래그), Zoom(마우스 휠 스크롤), Pan(Shift키＋마우스 휠 클릭-드래그)을 활용하여 자신이 원하는 View로 조정해 봅니다. 조정이 끝나면 SketchUp Model의 바깥쪽을 클릭하여 View 편집 상태 를 닫습니다.

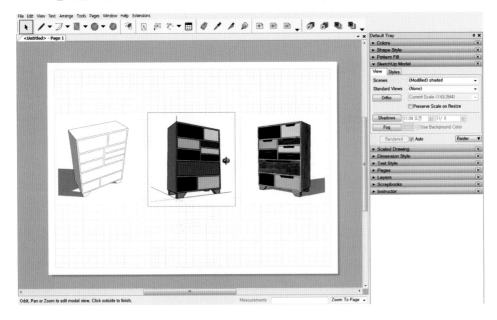

> **TIP**
>
> SketchUp Model의 View를 변경하면, 기존 Scene에 더해 Modified된 Scene이 추가됩니다. Modified된 Scene은 SketchUp의 변경사항을 반영하지 않습니다.

30 마지막으로 SketchUp File에서 textures Scene으로 전환합니다. textures Scene의 Camera 위치를 그림과 같이 조정한 후 Properties to save 중 Camera Location Check를 해제하고 Scene을 Update 합니다. Layout 에 변경된 사항을 반영하기 위해 먼저 현재까지의 SketchUp 작업을 Save 합니다.

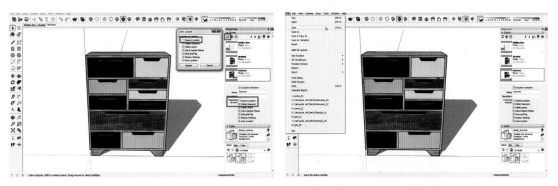

31 Layout으로 돌아와서 textures Scene으로 설정되어 있는 SketchUp Model을 마우스 우측으로 클릭하고, Update Model Reference를 선택합니다. textures Scene의 경우 Camera Location을 Check하지 않은 상태 로 Scene을 Update했기 때문에 Layout에서도 SketchUp에서 변경된 Camera 위치가 반영되지 않습니다. 앞 서 설명한 것과 같이 Layout에서도 SketchUp Model의 View를 조정할 수 있기 때문에 SketchUp Scene을 Update할 때 Camera Position을 Update에서 제외시키는 것이 Layout 작업에 도움이 되는 경우가 있습니다.

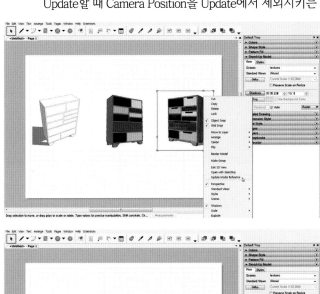

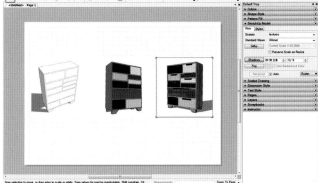

LESSON 04

Scene을 이용하여 Camera가 이동하는 Animation 만들기

이번 장에서는 지정한 경로를 따라 카메라가 이동하여 만들어지는 Scene을 애니메이션으로 만들어보겠습니다.

01

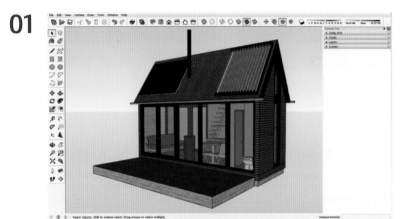

준비된 File을 불러 옵니다. 이 주택을 중심으로 Camera가 큰 원을 그리며 장면을 연출하는 Turn around animation과 Steel cut을 만들어 보겠습니다.

part03/part03_04.skp

02

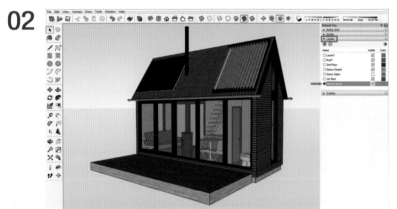

Turn around animation을 만들기 위해서는 Camera의 Target을 주택에 고정하고, Target을 중심으로 일정한 거리가 떨어진 지점에 Camera의 위치를 지정해야 합니다. 이 작업을 위해서 먼저 주택의 중심부에 Camera Target 위치를 지정해 보겠습니다. **Layers Tray**를 펼치고, 미리 만들어 놓은 Camera Guide Layer를 현재 Layer로 지정합니다.

03

주택 전면부의 가운데 위치한 Fix 창 상단을 Camera의 Target 지점으로 지정하기 위해 그림과 같이 주택의 앞부분을 Zoom하고, 창의 크기에 따라 Rectangle을 그립니다. 대략적인 위치를 설정하기 위한 것이므로 정확하게 그릴 필요는 없습니다.

04

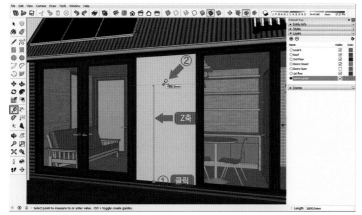

Tape measure Tool을 이용하여 그림과 같이 Rectangle의 하단부에서부터 Z축 방향으로 1800mm되는 지점에 Guide Line을 만듭니다. Target 지점의 높이를 지정하기 위한 작업 입니다.

05

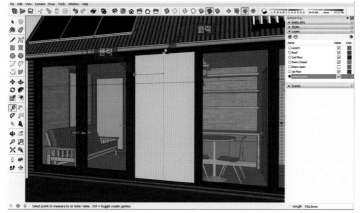

Fix 창의 가운데 지점을 찾기 위해 그림과 같이 다시 Guide Line을 추가 합니다. Guide Line의 교차지점을 Camera의 Target Point로 지정하겠습니다.

06

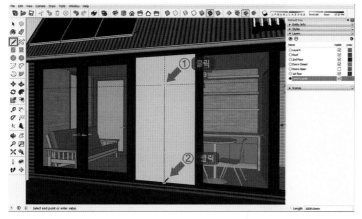

Camera의 Target Point를 정확하게 확인하기 위해 그림과 같이 Guide Line의 교차지점을 시작점으로 하는 Line을 그립니다.

07

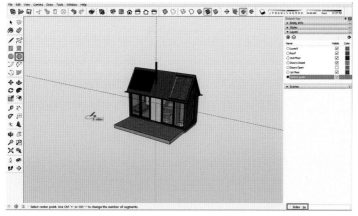

이제 Camera의 위치를 설정할 차례입니다. 주택을 중심으로 일정한 거리를 두고 회전하는 Camera의 Path를 만들어 보겠습니다. 그림과 같이 Zoom Out하고 Polygon Tool을 선택한 후 키보드로 8s를 입력하고 Enter키를 누릅니다. 앞으로 그릴 다각형의 꼭지점이 Camera의 위치로 지정될 것입니다.

Animation의 흐름을 더 부드럽게 만들고 싶거나, 더 다양한 각도의 스틸 Cut이 필요하다면 꼭지점의 개수를 늘릴 수 있습니다.

08 그림과 같이 Guideline의 교차지점을 Polygon의 중심점으로 지정한 후 커서를 주택 정면의 맞은편(Y축 방향)으로 이동합니다. Camera의 Target과 Camera의 위치 사이의 거리를 12미터로 지정하기 위해 키보드로 12000을 입력한 후 Enter키를 누릅니다. 반지름이 12,000mm인 8각형이 그려집니다.

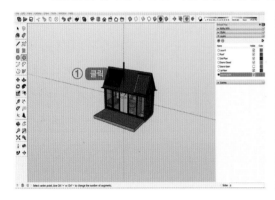
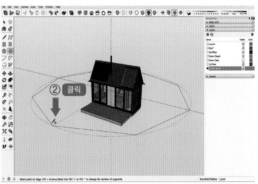

09

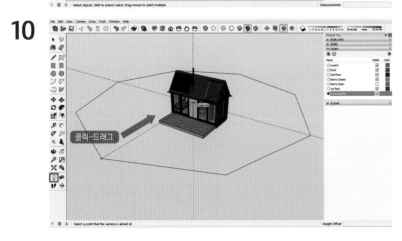

그려진 Polygon의 Face를 삭제하기 위해 Select Tool로 그림과 같이 Face를 선택한 후 Delete 키를 눌러 삭제합니다.

10

먼저 주택의 정면을 바라보는 Scene을 만들어 보겠습니다. Camera Position Tool을 선택하고, 그림과 같이 Polygon의 한 꼭지점을 클릭-드래그하여 Grid의 교차지점에서 마우스를 놓습니다.

11

주택을 바라보는 장면이 연출됩니다. Camera의 화각을 조정하여 주택 전체가 화면에 들어오도록 조정해 보겠습니다. Zoom Tool을 선택하고, 키보드로 35를 입력한 후 Enter 키를 누릅니다. 화면 오른쪽 하단을 보면 Field of View가 35도로 지정된 것을 확인할 수 있습니다. (화각이 넓어질수록 더 많은 부분이 화면에 들어오게 됩니다.)

12

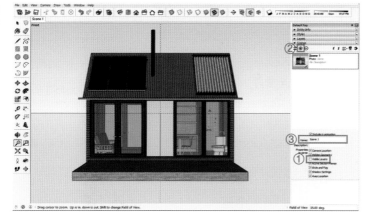

이 장면을 Scene으로 저장하겠습니다. **Scenes Tray**를 펼칩니다. Layer의 Visible 여부가 Scene에 함께 저장되지 않도록 Properties to save에서 Visible Layers Check를 해제 합니다. Scene 추가 버튼을 클릭하여 현재 장면을 새로운 Scene으로 만듭니다. Scene의 이름은 Scene 1로 지정하겠습니다.

13 이제 Polygon의 모든 꼭지점에서서 Target을 바라보는 장면을 각각의 Scene으로 만들어 보겠습니다. 먼저 Camera의 위치를 지정하는데 불필요한 Layer를 Invisible 상태로 만들고 작업을 진행하기 위해 **Layers Tray**를 펼치고 그림과 camera guide Layer만 visible 상태로 만듭니다. 그림과 같이 화면을 화면을 조정한 후 Camera Position Tool을 이용하여 Polygon의 다른 꼭지점에서 Camera의 Target을 바라보는 장면을 만듭니다.

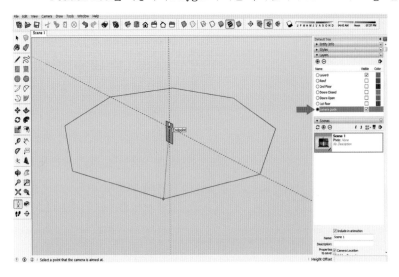

14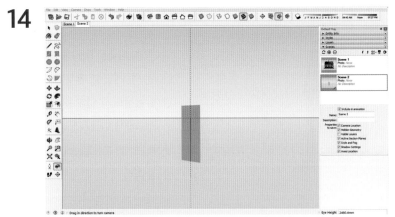

Scenes Tray에서 새로운 Scene을 추가합니다.(Properties to save: Visible Layers는 해제한 상태를 유지합니다.) Scene의 이름은 Scene 2로 지정합니다.

15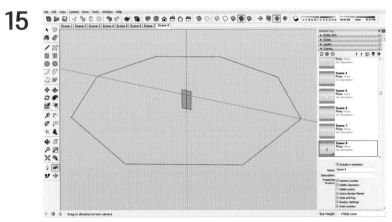

동일한 방법으로 Polygon의 모든 꼭지점을 Camera의 위치로 지정하여 그림과 같이 꼭지점의 수만큼 Scene을 만듭니다. Scene의 이름은 Scene 1~Scene 8로 지정하였습니다.

16

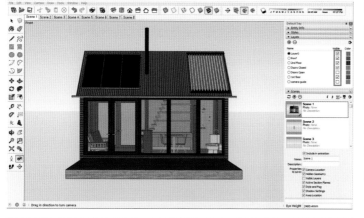

화면 상단을 보면 Scene 1~Scene 8까지 새로운 Scene Tab이 생성된 것을 볼 수 있습니다. Scene 1 Tab을 클릭하여 처음 지정한 장면을 불러 옵니다. **Layers Tray**를 펼치고 그림과 같이 Doors Open Layer와 Camera Guide Layer를 제외한 모든 Layer를 Visible 합니다.

17

Animation의 시간을 설정하기 위해서 메뉴 바 View > Animation > Settings를 선택합니다.

18

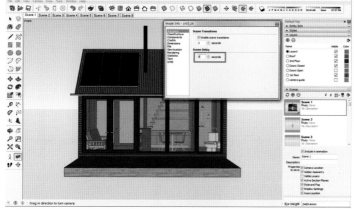

앞서 지정한 8개의 Camera 위치에서 Camera가 멈추지 않고, 흐름이 이어지는 Animation을 만들기 위해 Scene Delay를 0 seconds로 지정한 후 창을 닫습니다.

19

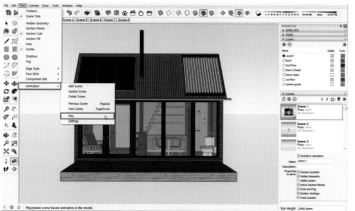

Animation을 Play 하면서 흐름이 어색한 부분을 확인해 보겠습니다. 메뉴 바 View>Animation>Play를 선택합니다.

20 저장된 Scene이 순서에 따라 연속적으로 바뀌면서 주택을 중심으로 Camera가 회전하면서 이동하는 Animation이 Play됩니다. Play가 되는 중에 수정 보완이 필요한 Scene을 Check합니다.

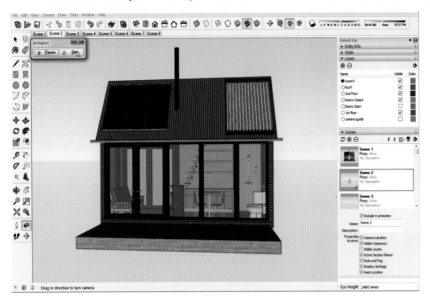

21 Camera가 주택의 뒷부분으로 이동할 때 유리문이 열리는 Animation으로 수정해 보겠습니다. 주택의 뒷부분에서 주택을 바라보는 장면인 Scene 5 Tab을 클릭하여 이동합니다. **Layers Tray**에서 Doors Closed Layer를 Invisible하고, Doors Open Layer는 Visible 상태로 만듭니다. **Scenes Tray**에서 Properties to save의 Visible Layers에 Check한 후 Update 버튼을 클릭하여 Scene 5의 현재 Layer 상태를 저장하여 Update 합니다.

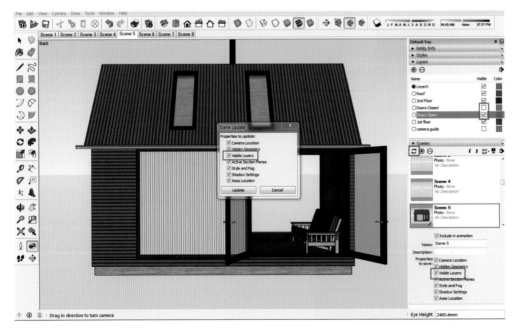

22 Camera가 정면으로 돌아올 때에는 다시 유리문이 닫힌 상태를 만들어 보겠습니다. Scene 1 Tab을 클릭하여 Scene 1 장면으로 전환합니다. **Layers Tray**에서 Doors Closed Layer를 Visible하고, Doors Open Layer는 Invisible 합니다. **Scenes Tray**에서 Properties to save의 Visible Layers에 Check한 후 Update 버튼을 클릭하여 Scene 1의 현재 Layer 상태를 저장하여 Update 합니다.

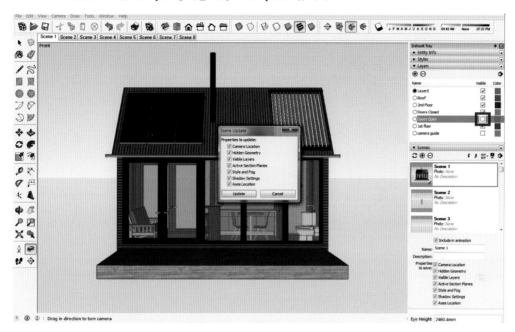

23 Layer 상태를 Update한 결과를 확인하기 위해 다시 Animation을 Play 해 봅니다. Camera가 주택의 뒷부분으로 이동할 때 유리문이 열리고, 앞부분으로 이동할 때 유리문이 닫히는 Animation이 만들어졌습니다.

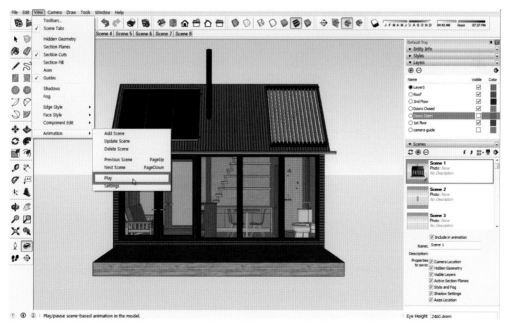

24 Animation을 확인해 보면 일부 Scene에서 주택의 전체가 Camera에 모두 들어오지 않는 Scene이 있는 것을 확인할 수 있습니다. 이러한 문제를 해결하기 위해 Scene 3 Tab을 클릭합니다. Camera의 화각을 넓혀 주택의 모든 부분이 Camera에 들어오도록 조정하겠습니다. Zoom Tool을 선택하고, 키보드에서 38을 입력한 후 Enter키를 누릅니다. Camera의 화각이 38로 넓어지면서, 주택의 모든 부분이 Camera 안으로 들어옵니다.

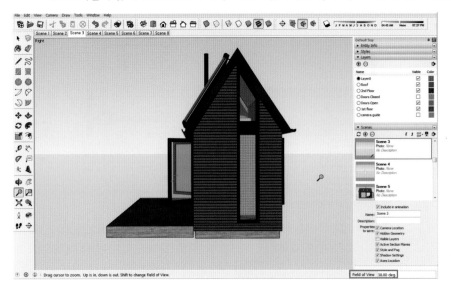

25 이 상태가 저장되도록 Scene 3 Tab을 마우스 우측으로 클릭한 후 Update를 선택합니다.

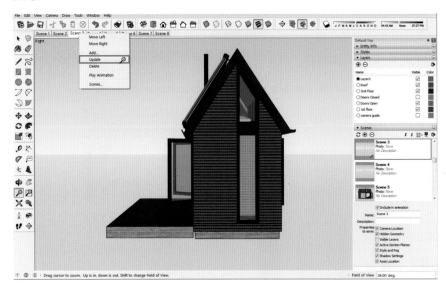

26 나머지 Scene도 동일한 방법으로 Camera의 화각을 알맞게 조정합니다. 조정한 상태가 Scene에 저장되도록 반드시 Scene을 Update하는 것을 잊지 마세요.

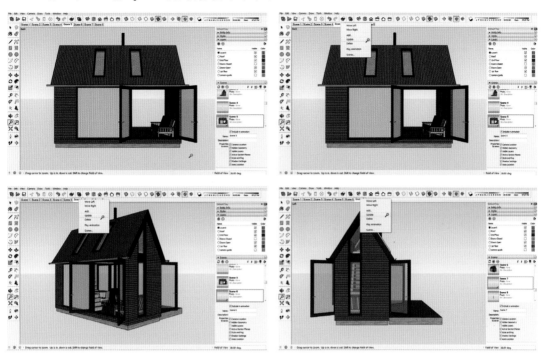

27 Animation을 동영상 File로 저장해 보겠습니다. 메뉴 바 File>Export>Animation>Video를 선택합니다.

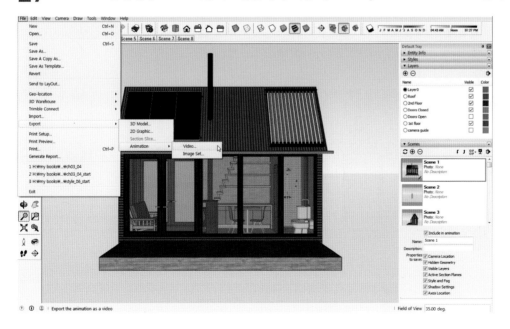

28 Export Animation 대화상자가 나타납니다. 저장될 경로와 File명을 지정하기 전에 Options... 버튼을 클릭하여 Animation Export Options 대화상자를 불러 옵니다. 이 대화상자에서 영상의 크기와 품질을 설정한 후 OK 버튼을 클릭합니다. Animation File이 저장될 경로와 File명을 지정한 후 Export 버튼을 클릭합니다.

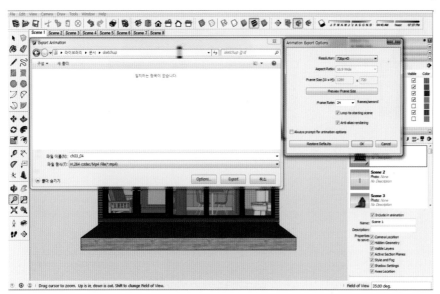

29 이번에는 Animation을 연속된 Image(Sequence) File 형태로 저장해 보겠습니다. 현재 화면에 보이는 그대로의 비율로 Image File을 만들기 위해서는 현재 Scene의 크기를 확인해야 합니다.(Toolbar, Tray 등이 차지하는 면적에 따라 Scene의 크기가 달라질 수 있습니다.) 메뉴 바 File>Export>2D Graphic을 선택합니다.

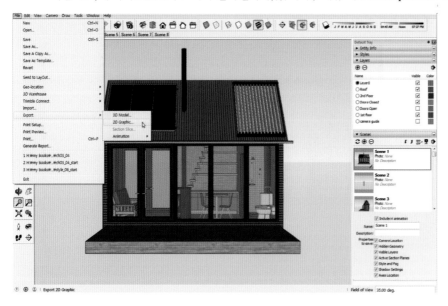

30

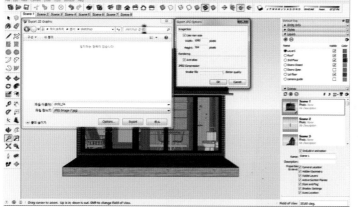

Export 2D Graphic 대화상자가 나타나면 Options 버튼을 클릭합니다. Export Option 대화상자가 나타나면 Image Size에서 Use view size에 Check하고, Width와 Height의 Pixels 크기를 메모합니다. 이 크기가 현재 화면에 나타난 Scene의 가로와 세로 크기 입니다. Cancel 버튼을 클릭하고, 다시 취소 버튼을 클릭하여 대화상자를 모두 닫습니다.

31

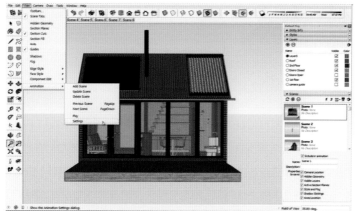

Animation을 Sequence Image File로 내보낼 때 생성되는 Sequence File의 숫자를 가늠하기 위해서는 전체 Animation의 길이를 확인할 필요가 있습니다. 메뉴 바 View>Animation>Settings를 선택합니다.

32

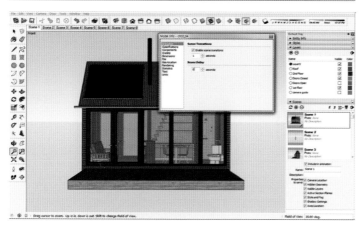

현재 만들어진 8개의 Scene 마다 1개의 Sequence Image File을 만들기 위해 Scene Transitions를 그림과 같이 1초로 지정합니다. Scene Transitions는 각 Scene을 이동하는 데 소요되는 시간을 의미합니다.

33 이제 Animation을 연속된 Image(Sequence) File 형태로 저장해 보겠습니다.
메뉴 바 File〉Export〉Animation〉Image Set을 선택합니다.

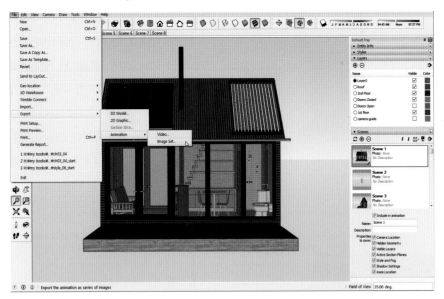

34 Export Animation 대화상자가 나타나면 먼저 Options버튼을 클릭합니다. 8개의 Scene 마다 각 1장의
Sequence Image를 만들기 위해 그림과 같이 Frame Rate를 1 frames/second로 지정합니다.(앞서 Scene
Transitions를 1초로 지정하였기 때문에 각 Scene 마다 1개의 프레임이 만들어 지게 됩니다.) Frame Size는
앞서 메모해 놓은 현재 화면의 가로와 세로 사이즈 비율에 따라 알맞은 크기를 지정합니다.(현재 가로와 세
로 Pixel 수의 두 배(1080*2, 764*2)를 지정하였습니다.) OK 버튼을 클릭하고, Sequence Image가 저장될
경로와 File명을 지정한 후 Export 버튼을 클릭하여 Sequence Image File을 만듭니다. 저장된 Scene에 따라
총 8장의 Sequence Image File이 만들어 집니다.

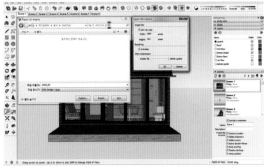

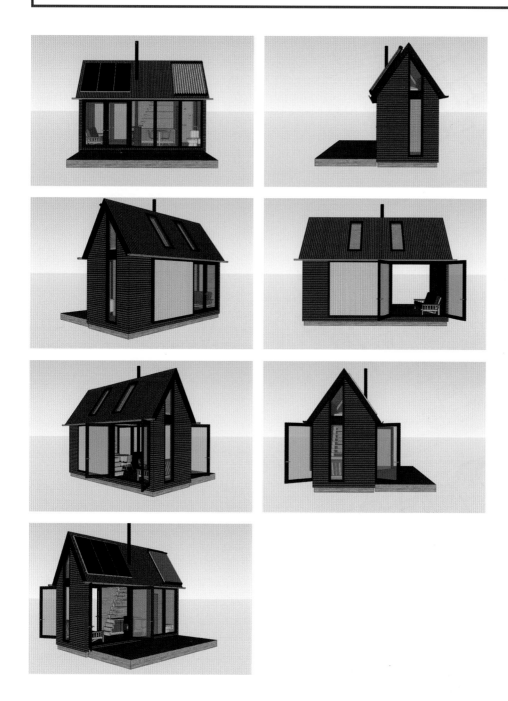

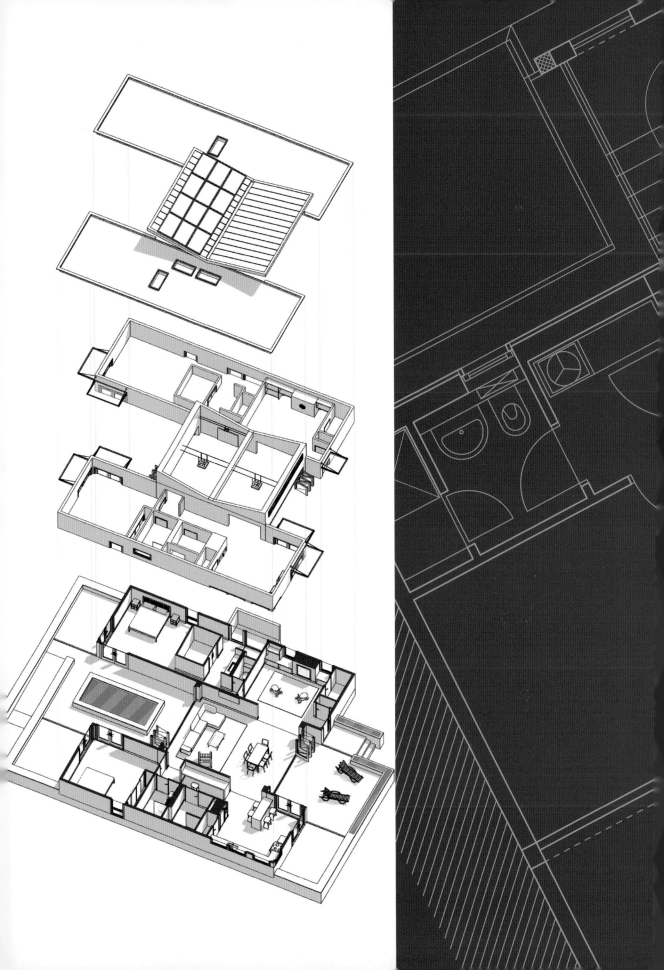

SketchUp Section
알아보기

PART
04

Section 추가하기

LESSON 01

이번 장에서는 Model에 다양한 방향의 Section Plane을 추가하는 방법을 살펴보겠습니다.

01

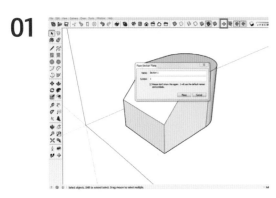

part04/part04_01.skp

Section Plane을 만들어 보겠습니다. Sections Toolbar에서 Section Plane Tool을 선택합니다. Place Section Plane 대화상 자가 나타납니다.(2018버젼 이상) 2017 이하 버전과는 달리 2018 버전부터는 각각의 Section Plane에 이름을 지정하고, 화 면에 표시되는 아이콘에 Symbol 기호를 지정할 수 있습니다. Section Plane의 이름과 기호는 Section 생성 이후 **Entity Info Tray**를 활용하여 재지정할 수 있으므로, 별도 지정하지 않고 Place 버튼을 클릭합니다. 이후 이 대화상자를 표시하지 않기 위해서는 Please don't show this again에 Check합니다.

02 Section Plane Symbol이 나타납니다. 커서의 위치를 Face 위로 이동할 때마다 그림과 같이 Face의 노멀 방향에 따라 Section Plane 기호가 다양하게 변하는 것을 확인할 수 있습니다.

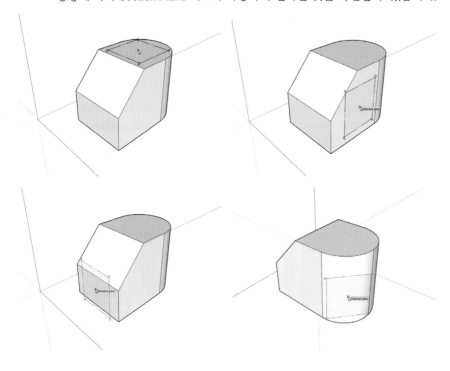

03

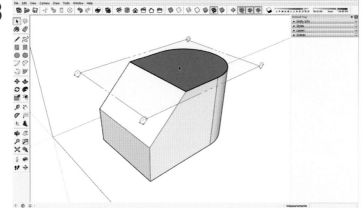

입체 도형의 윗면을 클릭하여 Section Plane을 만듭니다. Section Plane의 기호를 보면 Default 값으로 입력한 Symbol 기호 '1'이 나타나 있으며, 클릭한 지점부터 Section Plane의 기호가 향하는 방향으로 입체도형이 잘려져 나타나는 것을 확인할 수 있습니다.

TIP

2018 버전부터는 Default 설정으로 Section Plane에 의한 단면 부분이 Fill되어 나타납니다.

04

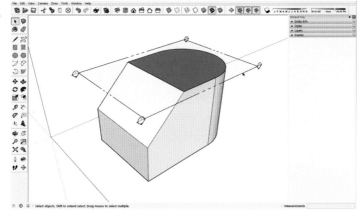

Select Tool로 조금 전에 만든 Section Plane을 선택합니다. Section Plane이 선택되면 처음 만들어졌을 때와 다른 색상으로 바뀝니다.

05

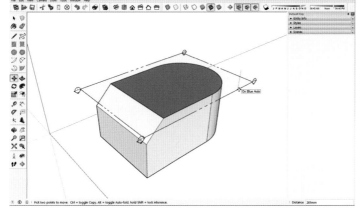

Move Tool을 선택하고, 조금 전에 선택한 Section Plane을 그림과 같이 이동합니다. Section Plane은 처음 클릭한 지점의 Face 노멀 방향으로만 이동할 수 있습니다. 입체도형이 Section Plane의 위치에 따라 잘려져 나타나고, 잘린 부분의 단면이 Fill 처리된 상태로 나타납니다.

06

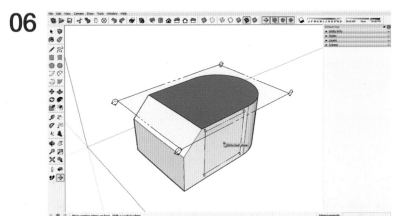

Section Plane Tool을 다시 클릭하고 그림과 같이 입체도형의 오른쪽 면에 새로운 Section Plane을 만듭니다.

07

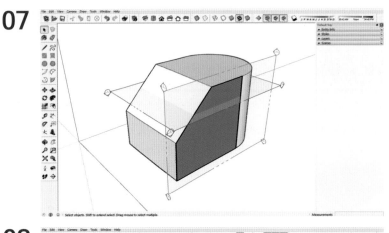

앞서 만든 Section Plane이 Inactive 상태로 바뀌면서 잘려 보이던 부분은 원상태로 바뀌고, 새로 만들어진 Section Plane(Symbol 2)이 Active 상태로 나타나면서 입체도형을 잘라 보여 줍니다.

08

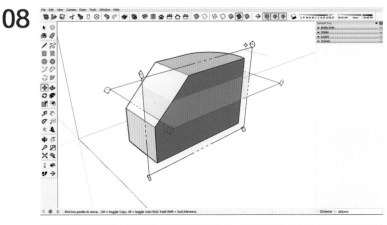

Section 2 Plane을 선택하고, 그림과 같이 Move Tool을 이용하여 X축의 방향으로 이동합니다. 앞서 Section 1 Plane과 마찬가지로 입체도형이 Section 2 Plane의 위치에 따라 잘려져 나타나고, 잘린 부분의 단면이 Fill 처리된 상태로 나타납니다.

09

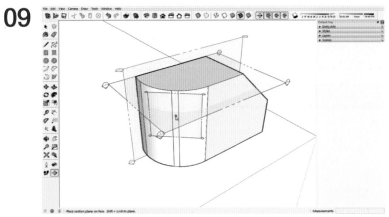

곡면 위에도 Section Plane을 만들 수 있습니다. Section Plane Tool을 선택하고 그림과 같이 입체도형의 곡면 위를 클릭하여 Section Plane을 만듭니다. 클릭을 한 지점의 노멀 방향에 따라 Section 3 Plane이 만들어 집니다.

10

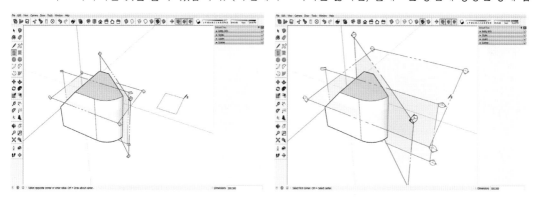

Section 3 Plane을 선택하고 그림과 같이 Move Tool을 선택하여 이동하면, 처음 Section Plane을 만든 지점의 노멀 방향으로 Section 3 Plane이 이동하는 것을 볼 수 있습니다.

11 Section Plane이 향하는 방향의 반대편에 만들어지는 Object는 Section Plane의 영향으로 화면에서 사라지게 됩니다. 그림과 같이 현재 선택되어 있는 Section 3 Plane 반대편에 Rectangle을 그리면, 그리는 순간 바로 사라지는 것을 볼 수 있습니다. (화면에서 보이지는 않지만, 실제로는 공간에 생성된 상태 입니다.)

12

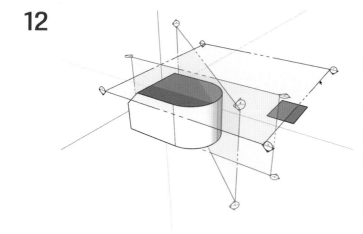

조금 전에 만든 Rectangle을 확인해 보려면, Section3 Plane을 Inactive상태로 만들거나, Rectangle을 확인할 수 있는 Section Plane을 Active상태로 만들면 됩니다. 현재 장면에 만들어진 Section Plane들을 보면 Section1 Plane과 Section 2 Plane의 방향이 조금 전에 그린 Rectangle을 확인할 수 있는 방향입니다. Select Tool로 Section1 Plane을 더블클릭하여 Active 상태로 만들면, 입체도형이 Section1 Plane에 따라 잘려져 나타나고 Rectangle도 나타나는 것을 볼 수 있습니다.

Section Plane_Active, Inactive, Selected

이번 장에서는 Section Plane을 Active 혹은 Inactive 상태로 만드는 방법을 살펴보겠습니다.

01

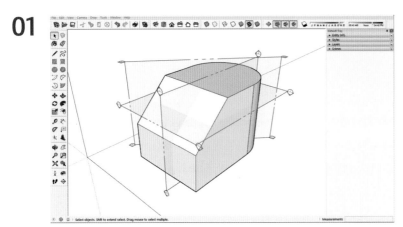

준비된 장면에는 총 3개의 Section Plane이 입체도형과 교차되어 있으며, 모두 Inactive 상태 입니다. Inactive 상태의 Section Plane은 기본적으로 회색으로 표시됩니다.

part04/part04_02.skp

02 Inactive되어 있는 Section Plane을 Active 상태로 변환하는 방법을 살펴보겠습니다. 한 가지 방법은 Active 상태로 만들고 싶은 Section Plane을 선택하고, 마우스 우측 클릭한 후 Active Cut을 선택하는 방법입니다. 또 다른 방법은 Active 상태로 만들고 싶은 Section Plane을 Select Tool로 더블 클릭하는 방법입니다.

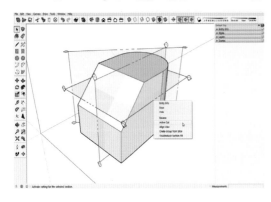
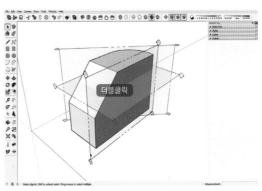

03

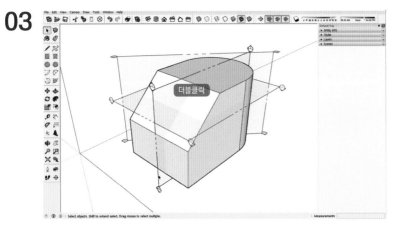

Active 상태인 Section Plane을 다시 Select Tool로 더블 클릭하면 Inactive 상태로 전환됩니다.

04

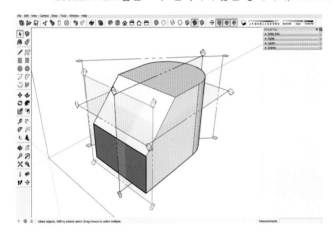

Section 2 Plane을 선택한 상태에서 Section Plane Tool을 선택한 후 그림과 같이 입체도형의 앞면에 Section 4 Plane을 생성합니다.

05 Section 4 Plane이 생성되면서, 동시에 Active 상태가 됩니다. 새로 만들어지는 Section Plane은 기본적으로 Active 상태로 만들어지게 되지만, 자동적으로 선택 상태가 되지는 않습니다. 현재 화면에서는 Section 2 Plane은 선택되어진 상태이지만 Inactive 상태, Section 4 Plane은 선택은 되지 않았지만 Active 상태, 나머지 Section Plane들은 모두 선택되지 않은 상태이며, Inactive 상태입니다.

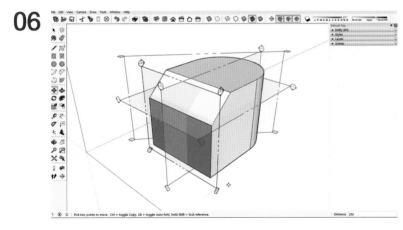

06

Section Plane도 다른 Object와 마찬가지로 정확한 거리를 이동시킬 수 있습니다. 조금 전에 만든 Section 4 Plane을 Y축 방향으로 250mm 이동시켜 보겠습니다. 먼저 Select Tool로 Section 4 Plane을 선택한합니다. Move Tool을 사용하여 그림과 같이 Y축의 방향으로 조금 이동한 후 키보드로 250을 입력하고 Enter키를 누릅니다.

08

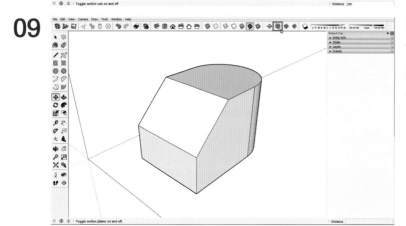

Section Toolbar의 Section Cuts Tool을 사용하면, Active 상태인 모든 Section Plane을 inactive 상태로 만들 수 있습니다.

09

Section Toolbar의 Section Planes Tool을 사용하면 장면에 있는 모든 Section Plane 기호의 Hide/Unhide 여부를 선택할 수 있습니다.

10

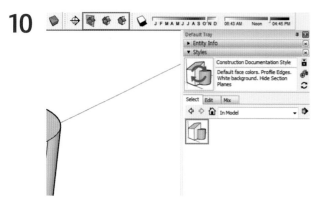

Section Planes, Section Cuts, Section Fills는 Style 의 일부분 입니다. 그림과 같이 Section Toolbar에 있는 Section Plane, Section Cut, Section Fill Tool 을 모두 비활성 상태로 만듭니다. **Styles Tray**를 펼쳐보면 현재 Style Thumbnail에 Update 아이콘이 나타나 있는 것을 볼 수 있습니다. 이 Update 아이콘은 기존에 저장되어 있는 Style에 변경 사항이 생겼음을 알려주는 것입니다.

11

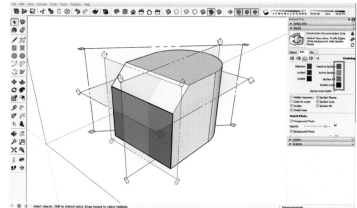

Styles Tray에서 현재 지정된 Style 의 Edit Tab을 클릭하여 펼칩니다. 그림과 같이 Section Planes, Section Cuts, Section Fills를 별도로 지정하 여 Style의 일부분으로 저장할 수 있 습니다.

12

또한 Styles Tray의 Edit Tab을 활용하여 Section Plane과 관련된 색상을 지정하여 사용할 수 있습 니다.

13 Section Plane을 효과적으로 관리하기 위해 **Entity Info Tray**를 활용할 수 있습니다. 원하는 Section Plane을 선택하고 **Entity Info Tray**를 펼치면 그림과 같이 Layer, Name, Symbol, Hide/Unhide 등을 제어 할 수 있습니다.

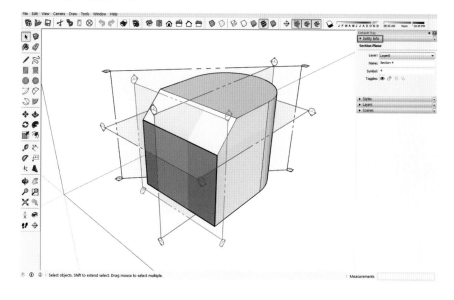

Section Plane_Align, Flip, Export

이번 장에서는 Section Plane을 회전하고, 방향을 뒤집고, 단면선을 AutoCAD File로 내보내는 방법을 알아보겠습니다.

01

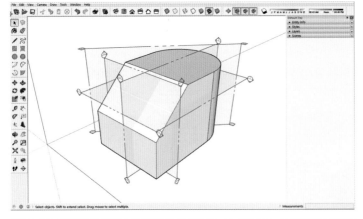

준비된 장면에는 입체도형과 4개의 Section Plane이 준비되어 있습니다.

part04/part04_03.skp

02

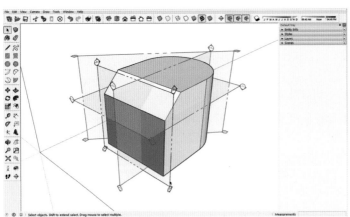

Select Tool로 Section 4 Plane의 가장자리를 더블 클릭하여 Active 상태로 전환합니다.

03

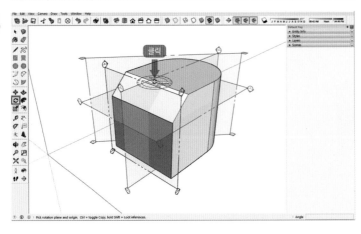

그림에 표시된 지점을 중심으로 현재 선택되어 있는 Section 4 Plane을 회전시켜 보겠습니다. Rotate Tool을 선택하고, 중심점을 지정하기 위해 그림에 표시된 지점을 클릭합니다.

04 그림과 같이 기준이 될 방향을 클릭하여 지정한 후 마우스 커서를 시계 반대 방향으로 움직여 Section4 Plane을 회전 시킵니다. Section Plane이 회전하면서 입체도형의 단면이 함께 변합니다.

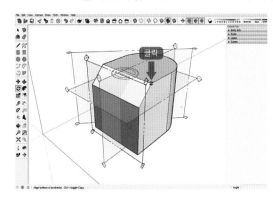 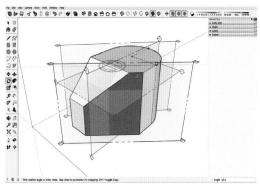

05

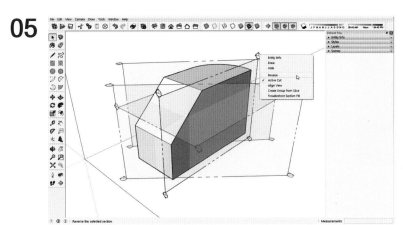

이번에는 Section Plane의 방향을 뒤집어 보겠습니다. 그림과 같이 Select Tool로 Section 2 Plane을 더블 클릭하여 Active 상태로 전환 합니다. Section 2 Plane을 마우스 우측으로 클릭하고, Reverse를 선택 합니다.

06

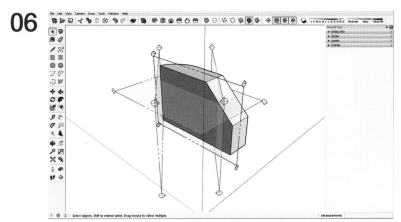

Section 2 Plane의 방향이 뒤집히면서 입체도형의 반대쪽 단면이 나타납니다.

07 다음으로 Section Plane의 방향에 View를 정렬하는 기능을 알아보겠습니다. 이 기능은 Section Plane이 월드 좌표계에 평행하지 않은 방향일 때 유용하게 사용할 수 있습니다. Section 4 Plane의 방향에 View를 정렬해 보겠습니다. Select Tool로 Section 4 Plane을 더블 클릭하여 Active 상태로 전환합니다. Section 4 Plane을 마우스 우측으로 클릭하고, Align View를 선택합니다.

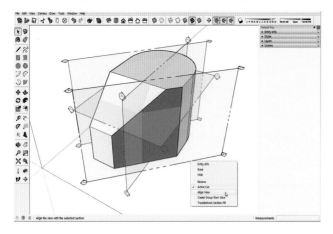

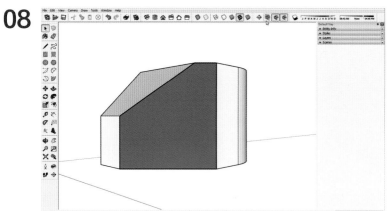

08 Section 4 Plane으로 만들어진 단면에 View가 정렬되어 나타납니다. Layout에서 단면 부분에 대한 상세도를 표현하고자 할 때, SketchUp에서 Section Plane의 Align View를 활용하여 별도의 Scene을 만들어 Layout으로 보내면 편리합니다.

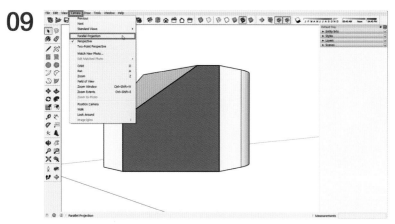

09 Layout에서 단면도를 표현할 때에는 Perspective View가 아닌 Parallel Projection View가 필요합니다. 그림과 같이 Align View를 사용하여 필요한 단면에 View를 정렬한 후 메뉴 바 Camera>Parallel Projection을 선택합니다.

10

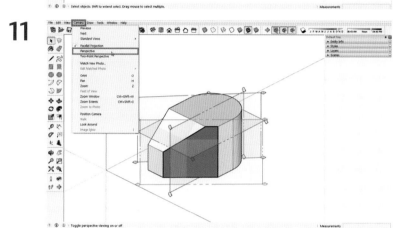

입체도형의 단면에 View가 정렬된 상태로 소실점이 없는 Parallel Projection View가 만들어 집니다.

11

Section Plane으로 만들어지는 단면 형태를 AutoCAD File 형태로 만들어 도면 작업에 활용할 수도 있습니다. 이어지는 작업을 위해 그림과 같이 Perspective View로 전환합니다.

12 Section 1 Plane으로 만들어지는 단면을 AutoCAD File로 내보내기 해보겠습니다. 먼저 그림과 같이 Select Tool로 Section 1 Plane을 더블 클릭하여 선택하고, Active 상태로 만듭니다. 메뉴 바 File>Export>Section Slice을 선택합니다.

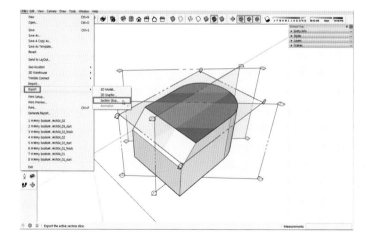

13 Export 2D Section Slice 대화상자가 나타나면 파일 형식을 AutoCAD DWG File로 선택한 후 CAD File의 세부 설정을 조정하기 위해 Options버튼을 클릭합니다. 2D Section Slice Options 대화상자에서 내보내기 형태, AutoCAD 버전, Scale, 선두께, Layer 분리 등을 설정한 후 OK 버튼을 클릭합니다. 마지막으로 Export 버튼을 클릭하면 Section Plane으로 만들어진 단면선이 AutoCAD File로 저장됩니다.

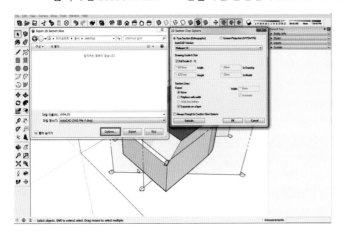

14 Section Plane으로 만들어지는 단면선을 Object Group으로 만들어 SketchUp Modeling과 Layout 작업에 활용할 수도 있습니다. 먼저, 단면선을 Object로 만들고 싶은 Section Plane을 선택합니다. (Section Plane이 Active 상태일 필요는 없습니다.) 선택된 Section Plane을 마우스 우측 클릭하고, Create Group from Slice를 선택합니다.

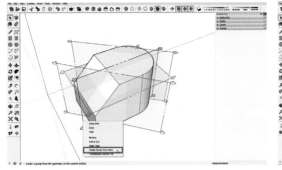 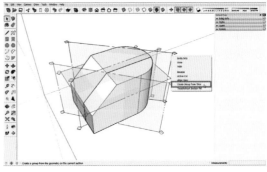

15

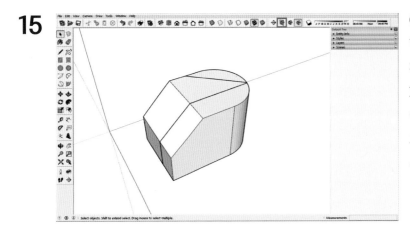

Create Group from Slice를 통해 만들어진 단면선 Group을 쉽게 확인할 수 있도록 Display Section Planes를 해제 합니다. 그림과 같이 Section Plane이 입체도형과 교차하던 지점에 굵은색 Line이 생성된 것을 볼 수 있습니다.

16 Select Tool과 Move Tool을 이용하여 그림과 같이 이동해보면, 각각의 Section Plane이 입체도형과 교차하던 부분의 단면 형태가 선으로 구성된 별도의 Group으로 묶여 생성된 것을 확인할 수 있습니다.

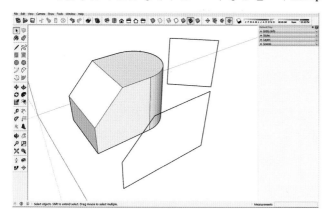

17 그림과 같이 **Outliner Tray**를 펼쳐 현재 장면에 있는 Group 목록을 확인해 보면, 두 개의 단면선이 Group Object로 추가되어 있는 것을 확인할 수 있습니다.

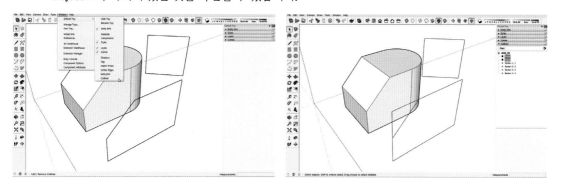

LESSON 04
Section의 Visibility 제어하기

이번 장에서는 Section Plane의 기능에 대해서 살펴보겠습니다.

01

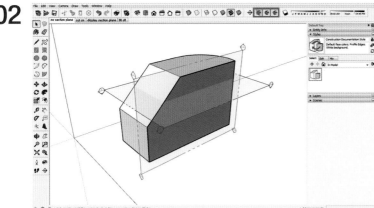

준비된 장면에 현재 적용되어 있는 Style은 Section Plane과 Section Cut이 Hide되어 있고, Section Fill만 Display되어 있는 Style 입니다. 장면에는 4개의 Scene이 만들어져 있는데, [no section plane] 이외의 Scene은 [no section plane] Scene을 복사해 놓은 Scene입니다.

part04/part04_04.skp

02

Section Plane과 Section Cut을 Display 해보면 그림과 같이 2개의 Section Plane이 있고, Section 2 Plane이 Active된 상태인 것을 확인할 수 있습니다. Section Plane과 Section Cut을 Display하면서 Style에 변화가 생겨 **Styles Tray**의 Style Thumbnail에 Update 아이콘이 나타납니다. 일단, Update 하지 않고 다음 단계로 진행하겠습니다.

03

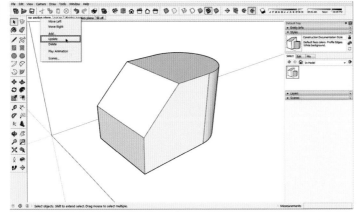

앞서 Display 상태로 만들었던 Section Plane과 Section Cut을 다시 Hide 상태로 되돌립니다. Styles Tray의 Style Thumbnail에 Update 아이콘이 사라집니다. 이 상태로 그림과 같이 [no section plane] scene을 Update 합니다. [no section plane] scene은 Section Plane과 Section Cut이 Hide 된 상태로 Update됩니다.

04 [cut on] Scene을 선택합니다. 이 Scene은 Section Plane 없이 Section Cut을 보여주는 Scene으로 만들어 보겠습니다. 그림과 같이 Section Plane은 Hide하고, Section Cut을 Display합니다. Section에 대한 Display 설정이 변경되면서, Style Thumbnail에 Update 아이콘이 나타난 것을 볼 수 있습니다.

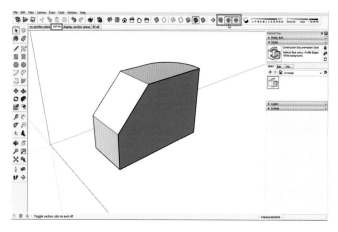

05

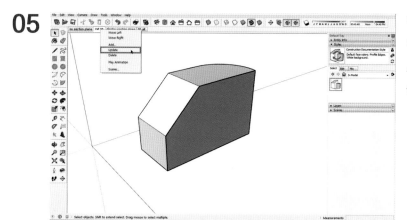

변경된 상황을 Scene에 반영하기 위해 [cut on] Scene Tab을 마우스 우측 클릭하고, Update를 선택합니다.

06

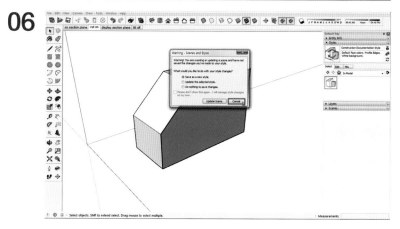

경고창이 나타납니다. 이 경고 창은 Update를 할 때 Scene과 Style의 변경사항을 어떻게 처리할 것인지를 묻는 경고 창입니다. 이 경고 창의 의미를 실례를 통해서 이해하기 위해 우선은 Cancel 버튼을 클릭하여 창을 닫습니다.

07 다음으로 [display section plane] Scene을 선택합니다. 그림과 같이 Section Plane을 Display하고, Section Cut 은 Hide합니다. Style Thumbnail에 Update 아이콘이 나타납니다.

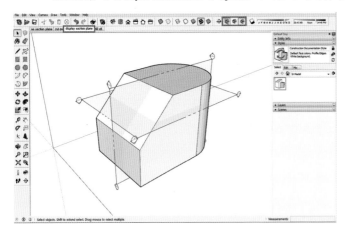

08

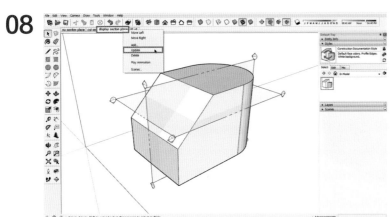

변경된 Section 설정을 현재 Scene 에 반영하기 위해 [display section plane] Scene Tab을 마우스 우측 클릭하고 Update를 선택합니다.

09

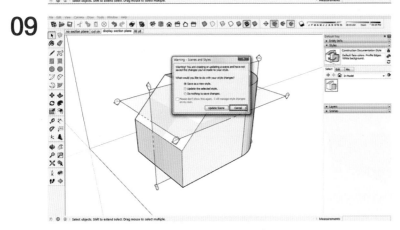

다시 Scene과 Style 설정과 관련 된 경고 창이 나타납니다. 이번에도 Cancel 버튼을 클릭하여 창을 닫습 니다.

10 마지막으로 [fill off] Scene을 선택합니다. 이번에는 Section Plane 없이 단면을 표현하되, 단면에 Fill을 하지 않은 Scene으로 만들어 보겠습니다. 그림과 같이 Section Plane을 Hide하고, Section Cut은 Display한 후 Section Fill을 Hide 합니다. Section과 관련된 설정이 변경되면서 Style Thumbnail에 Update 아이콘이 나타납니다.

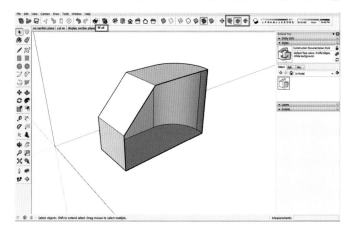

11

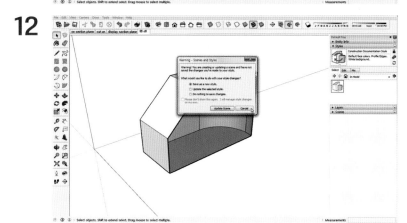

앞선 Scene과 마찬가지로 변경된 설정을 Update 합니다.

12

이번에도 앞선 Scene들과 마찬가지로 경고 창이 나타납니다. 일단 Cancel 버튼을 클릭하여 창을 닫습니다.

13 그림과 같이 앞선 Scene Tab을 클릭하여 Scene을 이동해 봅니다. 앞선 Section 설정들이 반영되지 않고, 처음 상태 그대로인 것을 확인할 수 있습니다. 이러한 현상이 발생하는 이유는 하나의 Scene에는 반드시 하나의 Style만 지정할 수 있기 때문입니다. 다시 말해 현재 장면의 4개의 Scene에 각각 다른 Section 설정을 표현하기 위해서는 **Styles Tray**에서 총 4개의 Style을 만들어야 한다는 의미입니다. 하지만 현재 **Styles Tray**에는 처음 Scene에 적용한 Style 하나만 저장되어 있습니다.

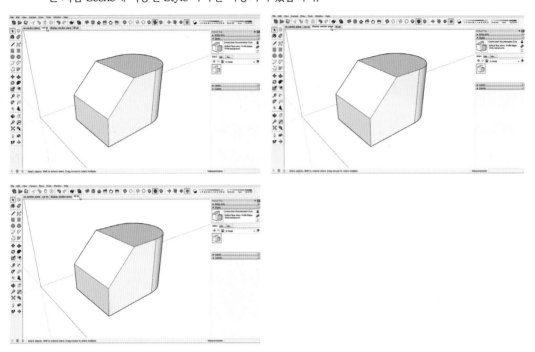

14

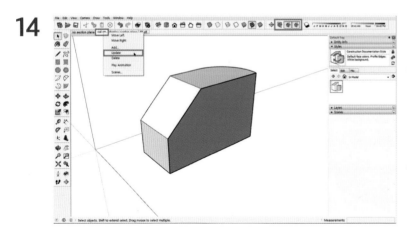

이제 각 Scene마다 별도의 Section 설정을 갖는 Scene으로 변경해 보겠습니다. 먼저 Cut on Scene을 선택합니다. 그림과 같이 Section Plane을 Hide, Section Cut을 Display, Section Fill을 Display한 후에 [cut on] Scene을 Update 합니다.

15

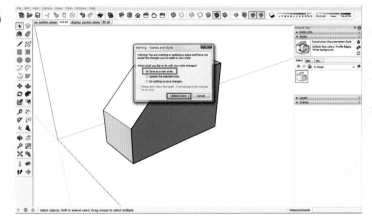

경고 창이 나타납니다. 이 경고 창은
변경된 Style 설정을 저장하지 않은
상태에서, Scene을 Update할 때 나타
납니다. 그림과 같이 Save as a new
style을 Check하고 Update Scene
버튼을 클릭합니다.

16

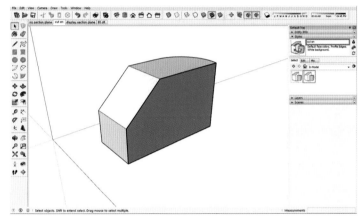

Styles Tray에 새로운 Style이 추
가된 것을 확인할 수 있습니다. 새
로 추가된 Style을 쉽게 구분할 수
있도록 그림과 같이 Style의 이
름을 변경한 후 Style Thumbnail
을 클릭하여 변경된 Style 이름을
Update 합니다.

17 변경된 설정이 Scene에 잘 저장되었는지를 확인하기 위해 [no section plane] Scene Tab과 [cut on] Scene
Tab을 차례로 선택해 봅니다. 변경된 Section 설정이 Scene에 잘 적용되어 있는 것을 확인할 수 있습니다.

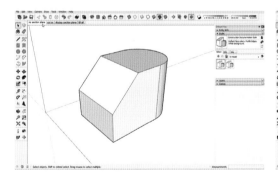
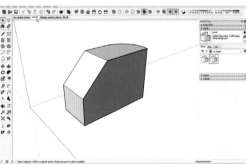

18 다음으로 [display section plane] Scene Tab을 클릭하여 장면을 전환합니다. 이번에는 먼저 새로운 Style을 만들어 입체도형에 적용해 보겠습니다. 그림과 같이 **Styles Tray**에 처음 저장되어 있던 Style을 마우스 우측 클릭한 후 Make a Copy를 선택합니다. 앞서 저장된 Style이 복제되어 나타납니다.

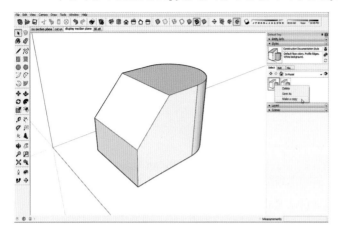

19

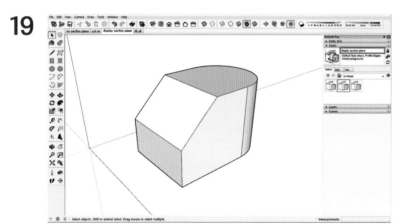

Styles Tray에 1개의 Style이 새로 만들어 졌습니다. 앞서 만들어놓은 Style과 구분하기 위해 새로운 Style 이름을 Display Section Plane 으로 지정한 후 Style Thumbnail을 클릭하여 이름을 Update 합니다.

20

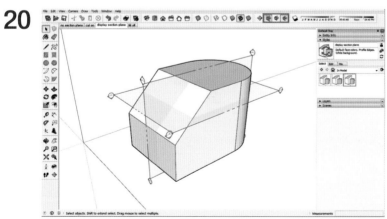

[Display Section Plane] Scene을 그림과 같이 표현하기 위해 Section Plane을 Display하고, Section Cut은 Hide 합니다. 변경된 Section 설정이 조금 전에 만든 Style에 반영되도록 Style Thumbnail을 클릭하여 Style을 Update 합니다.

21

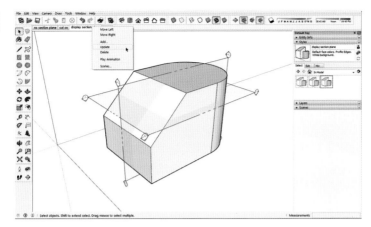

이제 변경될 Section 설정을 Scene에 반영하기 위해 그림과 같이 [display section plane] Scene Tab을 마우스 우측으로 클릭하고 Update를 선택합니다. 이번에는 경고 창이 나타나지 않습니다.

22 마지막으로 [fill off] Scene도 동일한 방법으로 Update 해 보겠습니다. [fill off] Scene으로 전환하고, 그림과 같이 Section Plane을 Hide, Section Cut은 Display, Section Fill은 Hide상태를 만듭니다. 현재 상태를 별도의 Style로 만들기 위해 원래 지정되어 있던 Construction Documentation Style을 마우스 우측 클릭한 후 Make a Copy를 선택합니다.

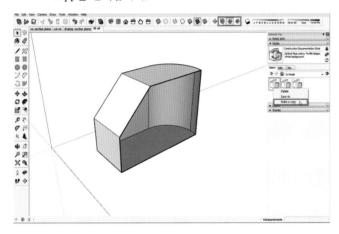

23

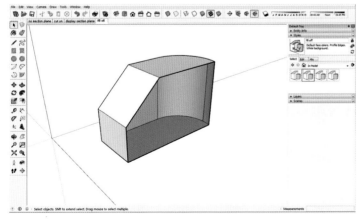

현재 Section 설정 상태가 반영된 새로운 Style이 만들어 집니다. 다른 Style과 구분하기 위해서 그림과 같이 fill off로 Style 이름을 지정한 후 Style Thumbnail을 클릭하여 이름을 Update 합니다.

24

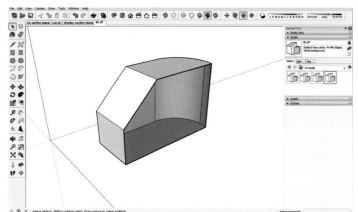

변경된 Section 설정을 Scene에 저장하기 위해 그림과 같이 [fill off] Scene을 Update 합니다.

25 앞서 Update한 Scene Tab들을 선택하여 장면을 전환해 봅니다. **Styles Tray**를 보면 Scene을 전환할 때마다 적용된 Style이 바뀌는 것을 볼 수 있습니다. 각 Scene에 지정된 Style이 변경됨에 따라 각각의 Scene의 Section 설정도 변경됩니다.

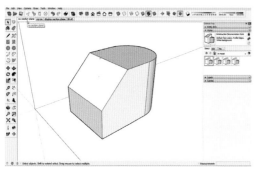
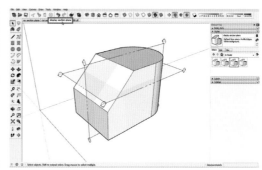

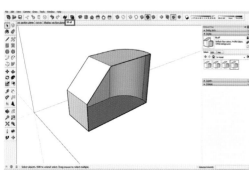

Section을 활용한 Animation 기초

이번 장에서는 Section Plane으로 Animation을 만드는 방법을 살펴보겠습니다.

01

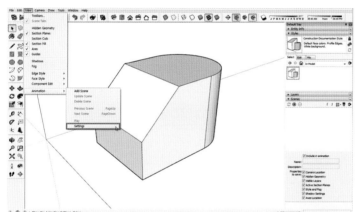

준비된 장면은 [Section Plane]이 Display되어 있고, Section Cut은 Hide되어 있는 Style이 적용된 장면입니다.

part04/part04_05.skp

02

Section Plane을 이용한 Animation을 만들기 전에 먼저 Animation의 속도를 설정하겠습니다. 메뉴 바 View>Animation>Settings를 선택합니다.

03

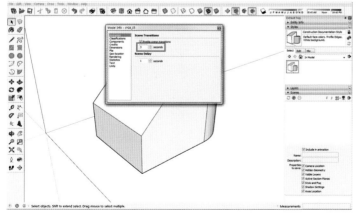

그림과 같이 Enable scene transitions에 Check하고, 3초로 설정합니다. Scene Transitions는 현재 Scene에서 다음 Scene으로 이동할 때까지 소요되는 시간이며, 이 시간을 늘릴수록 Animation의 속도가 느려지고, 시간이 길어집니다.

04

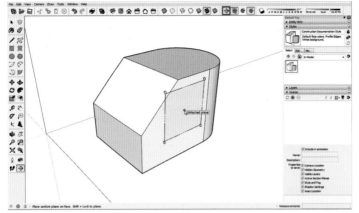

이제 Animation에 활용할 Section Plane을 만들어 보겠습니다. 그림과 같이 입체도형의 오른쪽 면에 Section Plane을 만듭니다.

05

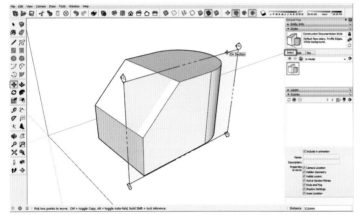

앞서 만들어진 Section 1 Plane을 선택한 후 Move Tool을 이용하여 그림과 같이 입체도형과 교차하도록 이동합니다.

06

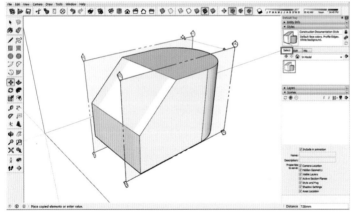

조금 전에 만든 Section 1 Plane을 Move Tool과 Ctrl키를 사용하여 그림과 같이 Copy 합니다.

07

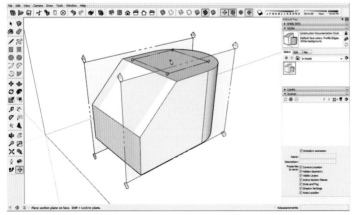

Z축 방향의 단면을 추가하기 위해 그림과 같이 입체도형의 윗면에 Section Plane을 추가합니다.

08

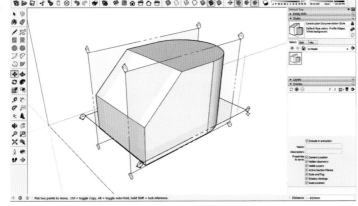

조금 전에 만든 Section 3 Plane을 그림과 같이 이동합니다.

09 현재 장면에 적용된 Style은 Section Plane의 위치를 지정하는데 유용하지만, Section Animation에는 적당하지 않습니다. Section Animation에 적용할 Style을 새로 만들어 보겠습니다. **Styles Tray**에서 현재 장면에 적용되어 있는 Style을 마우스 우측으로 클릭하고 Make a Copy를 선택하여 복사합니다.

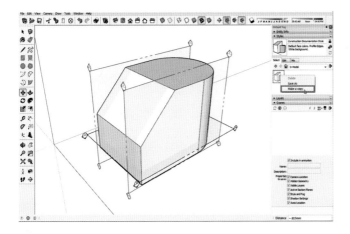

10 앞서 만든 Section 3 Plane을 Select Tool로 더블 클릭하여 Active 상태로 만듭니다. Section Plane을 Hide하고, Section Cut은 Display합니다. Section 설정이 변경되면서 Style Thumbnail에 Update 아이콘이 나타납니다. 새로운 Style의 이름을 'no plane, cut on'으로 지정하고, Style Thumbnail을 클릭하여 Update 합니다.

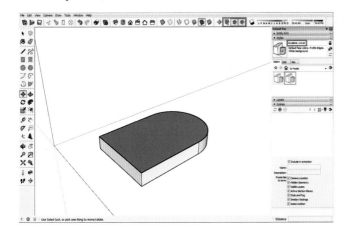

11

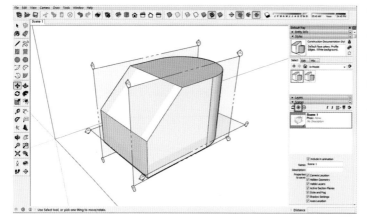

이제 Scene을 추가하여 Animation을 만들어 보겠습니다. 장면에 원래 적용되어 있던 Style을 선택하여 적용하고, **Scenes Tray**를 펼쳐 새로운 Scene을 추가합니다.

12

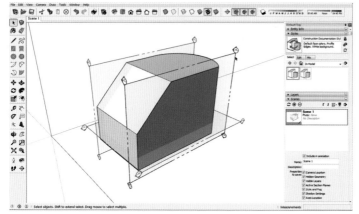

Section1 Plane을 더블 클릭하여 Active 상태로 만듭니다.

13

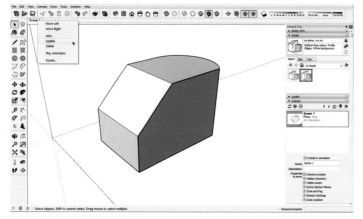

앞서 만든 [no plane, cut on] Style을 적용한 후 Scene 1을 Update 합니다.

14

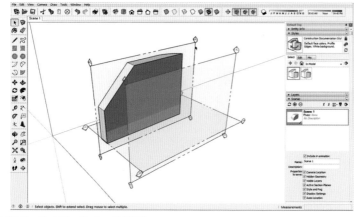

다음으로 다시 장면에 원래 적용되어 있던 Style을 적용합니다. Select Tool로 Section 2 Plane을 더블클릭하여 Active 상태로 만듭니다.

15

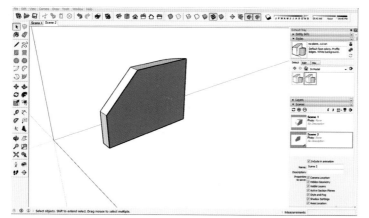

다시 앞서 만든 'no plane, cut on' Style을 적용한 후 새로운 Scene을 추가합니다. 현재 장면이 [Scene 2]로 만들어 집니다.

16

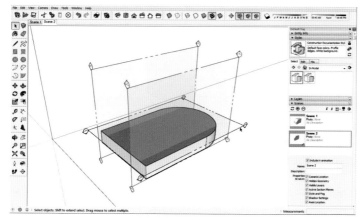

다시 원래 적용되어 있던 Style을 적용한 후 Section 3 Plane을 Active 상태로 만듭니다.

17

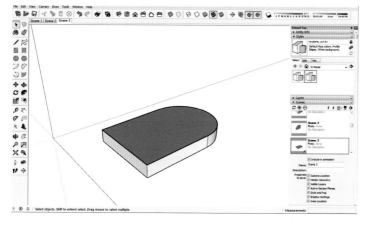

[no plane, cut on] Style을 적용한 후 새로운 Scene을 추가합니다. 현재 장면이 [Scene 3]으로 만들어 집니다.

18 [Scene 1], [Scene 2], [Scene 3] Scene Tab을 차례로 선택해보면, Scene과 Scene 사이에 3초가 소요되는 Section Animation이 나타납니다.

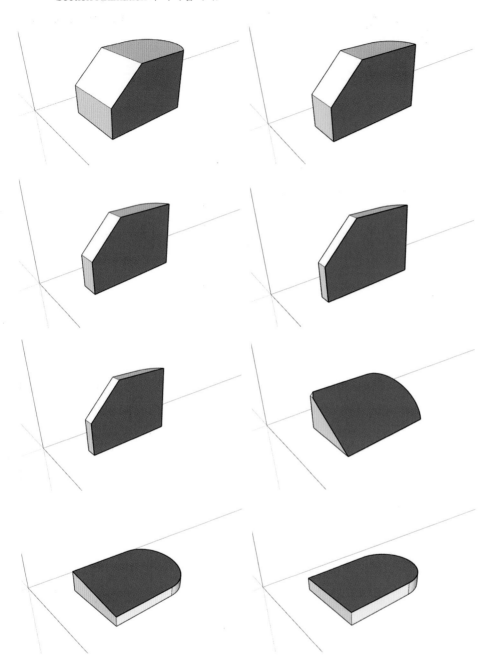

19

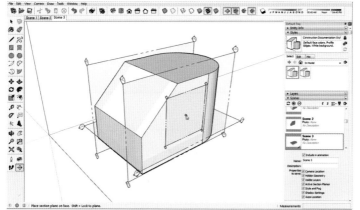

이번에는 동일한 방법을 사용하여 입체도형이 서서히 사라지는 Animation을 만들어 보겠습니다. 장면에 원래 적용되어 있던 Style을 다시 적용합니다. 그림과 같이 입체도형의 오른쪽에 새로운 Section Plane을 만듭니다.

20

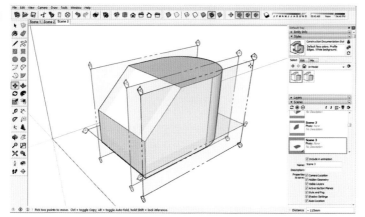

조금 전에 만든 Section 4 Plane을 선택한 후 그림과 같이 입체도형의 오른쪽으로 조금 이동하여 입체도형과 교차하지 않게 만듭니다.

21

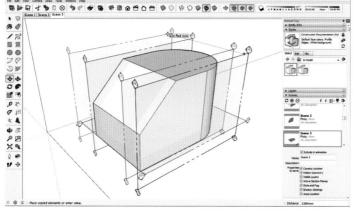

조금 전에 만든 Section 4 Plane을 복사해 그림과 같이 입체도형의 왼쪽으로 이동하여 입체도형과 교차하지 않게 만듭니다.

22

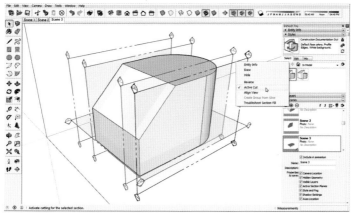

그림과 같이 앞서 만든 Section Plane을 Select Tool로 더블 클릭하여 Active 상태로 만듭니다.

TIP

Active 상태로 변경되었는지 확인하려면 Section Plane을 마우스 우측 클릭한 후 Active Cut에 Check
되어 있는지를 확인합니다.

23

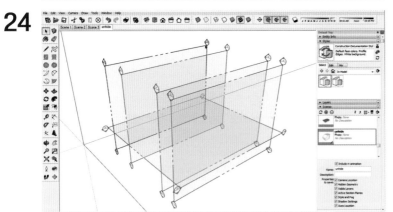

[no plane, cut on] Style을 적용한
후 새로운 Scene을 추가합니다. 새로
추가된 Scene의 이름을 'unhide'
로 지정합니다.

24

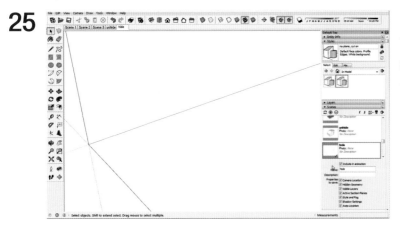

장면에 원래 적용되어 있던 Style
을 적용합니다. Select Tool로
그림에 표시된 Section Plane을
Active 상태로 만듭니다. Section
Plane의 위치로 인해 입체도형이
장면에서 사라집니다.

25

[no plane, cut on] Style을 적용
한 후 새로운 Scene을 추가하고,
Scene의 이름을 [hide]로 지정합
니다.

26 [unhide] Scene과 [hide] Scene을 차례로 선택해보면, 입체도형이 나타났다가 3초에 걸쳐 사라지는 Section Animation이 나타납니다.

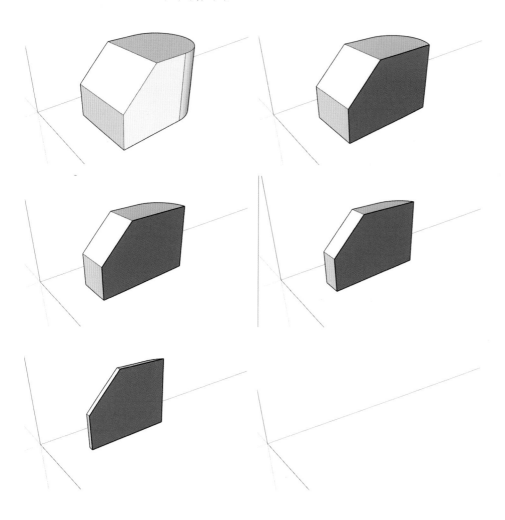

Section을 활용하여 구성 Animation 만들기

이번 장에서는 Section Plane을 이용한 Composition Animation을 만드는 방법을 알아보겠습니다.

01 준비된 Model은 팔걸이와 등받이가 있는 의자 입니다. 이 장면을 연출하기 위해 **Styles Tray**에는 두 개의 Style이 준비되어 있는데, 두 Style에는 Display Section Plane Option 설정만 차이가 있습니다. **Layers Tray**를 펼쳐보면 의자를 구성하는 각 부분을 별도의 Layer로 구분해 놓은 것을 볼 수 있습니다. Layer Visible을 Check/Uncheck 하면서 각 Layer에 지정된 의자의 요소를 확인해 봅니다.

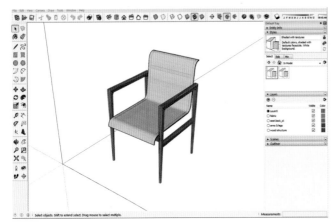

part04/part04_06.skp

02 **Outliner Tray**를 펼쳐보면 총 5개의 Group Object가 있는 것을 볼 수 있습니다. 이해를 돕기 위해 각 Group Object를 분리해 보면 그림과 같습니다. Animation 될 단위별로 별도의 Group을 만들어 놓았습니다. (준비된 File은 Scene Transitions가 2초, Scene Delay가 0초로 설정되어 있습니다.)

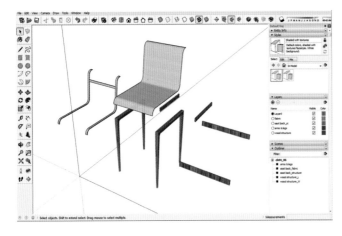

03 그림과 같이 의자 위에 Section Plane을 만들고, Section Plane을 위-아래로 이동해 보면 Section Plane의 위치에 따라 의자 전체가 잘려져 나타납니다. 의자의 각 부분이 점진적으로 나타나는 Animation을 만들기 위해서는 의자 전체가 아닌 각 부분별 Animation을 만들어야 합니다. 앞서 만든 Section Plane은 삭제합니다.

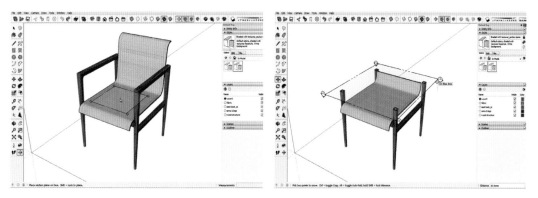

04 먼저, 의자의 다리와 팔걸이 부분이 나타나는 Animation을 만들어 보겠습니다. 그림과 같이 arms & legs Layer만 Visible 합니다. 화면에 arms & legs Group Object만 보입니다. arms & legs Group을 Select Tool로 더블 클릭하여 펼친 후 Section Plane을 선택하고 ↑키를 눌러 Section Plane의 방향을 Z축으로 고정 시킨 후 그림과 같이 Section Plane을 만듭니다.

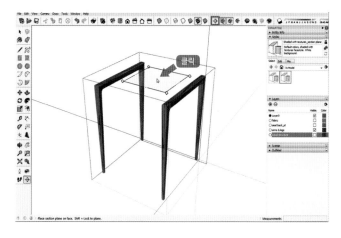

05

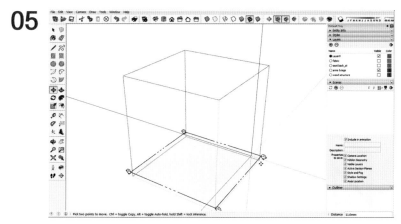

조금 전에 만든 Section Plane을 선택하고, Move Tool을 이용하여 의자의 팔걸이와 다리가 모두 사라지는 위치까지 Section Plane을 아래로 이동합니다.

06

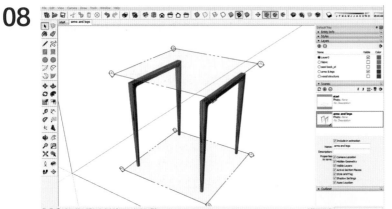

Select Tool로 Group 바깥쪽을 더블 클릭하여 Group을 닫습니다. 새로운 Scene을 만들고 Scene의 이름을 'start' 로 지정 합니다.

07

다시 arms & legs Group을 펼치고 앞서 만든 Section Plane을 선택한 후 그림과 같이 Z축방향으로 복사 합니다. 복사된 Section Plane을 위쪽으로 움직여 의자의 팔걸이와 다리가 모두 나타나도록 합니다.

08

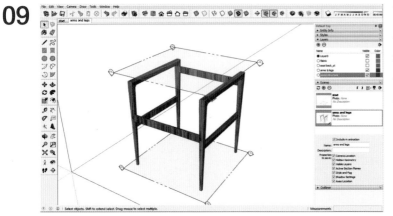

arrms & legs Group을 닫고, 새로운 Scene을 만든 후 이름을 arms & legs로 지정합니다.

09

다음 장면에서는 의자의 다리와 팔걸이를 연결하는 목재 구조가 나타나도록 만들어 보겠습니다. 먼저 wood structure Layer를 Visible 합니다.

10

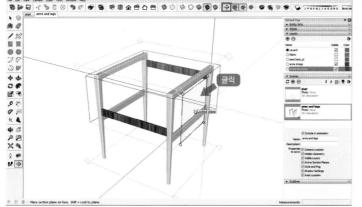

그림과 같이 Select Tool로 wood structure_W Group을 더블 클릭하여 펼칩니다. Section Plane을 선택하고, → 방향키를 눌러 방향을 X축에 고정시킨 후 그림과 같이 Section Plane을 만듭니다.

11

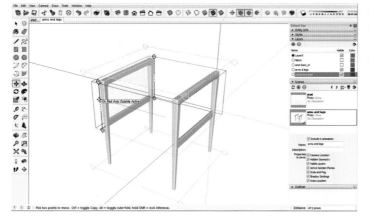

조금 전에 만든 Section Plane을 그림과 같이 이동하여 목재 연결 부재가 화면에서 사라지도록 만듭니다.

12

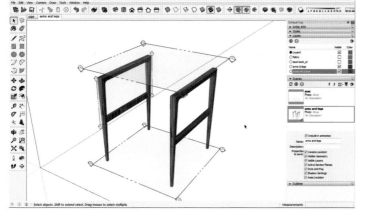

wood structure_W Group을 닫습니다.

13

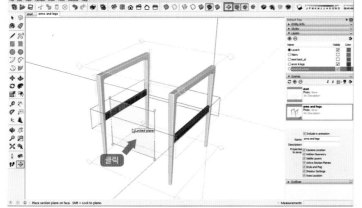

wood structure_L Group을 펼치고, Section Plane을 선택한 후 ← 방향키를 눌러 Y축으로 방향을 고정한 후 그림과 같이 Section Plane을 만듭니다.

14

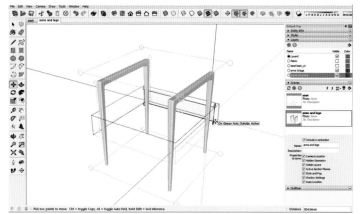

조금 전에 만든 Section Plane을 이동하여 그림과 같이 목재 연결 부재가 화면에서 사라지도록 만듭니다.

15

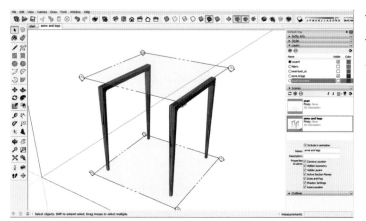

wood structure_L Group을 닫고, wood structure Layer를 Invisible 상태로 만듭니다.

16

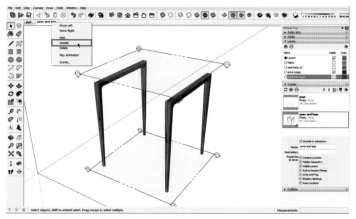

현재의 Section Plane 위치와 Layer Visible 상태를 [arms and legs] Scene에 기록하기 위해 그림과 같이 [arms and legs] Scene Tab을 마우스 우측으로 클릭하고 Update를 선택합니다.

17

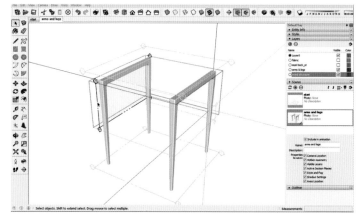

이제 목재 연결 부재가 나타나는 Scene을 추가해 보겠습니다. 먼저 wood structure Layer를 Visible 상태로 만듭니다. 그림과 같이 Select Tool로 wood structure_W Group 안에 만들어 놓은 Section Plane을 더블 클릭하여 wood structure_W Group을 펼친 후 Section Plane을 선택합니다.

18

조금 전에 선택한 Section Plane을 복사하고, 그림과 같이 목재 연결 부재가 모두 화면에 나타나도록 이동합니다.

19

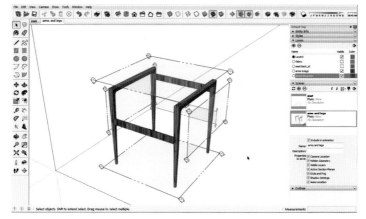

wood structure_W Group을 닫습니다.

20

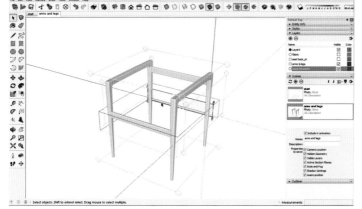

다음으로 그림과 같이 Select Tool 로 wood structure_L Group 안에 만들어 놓은 Section Plane을 더블 클릭하여 wood structure_L Group 을 펼친 후 Section Plane을 선택 합니다.

21

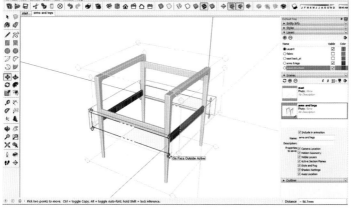

조금 전에 선택한 Section Plane을 복사한 후, 그림과 같이 목재 연결 부재가 모두 나타나도록 이동합니다.

22

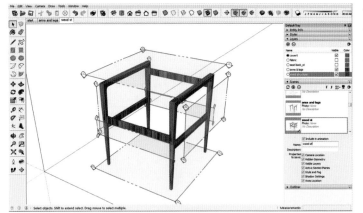

wood structure_W Group을 닫습니다. 현재 상태를 새로운 Scene으로 추가하고, Scene의 이름을 'wood st'로 지정합니다.

23

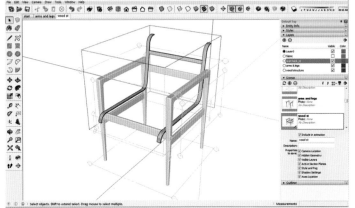

다음으로 등받이 틀이 나타나는 장면을 연출해 보겠습니다. seat back_st Layer를 Visible 상태로 만든 후 그림과 같이 seat back_structure Group을 펼칩니다.

24

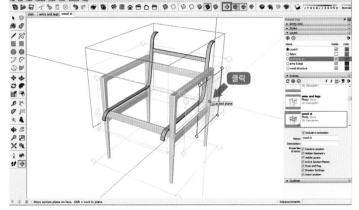

Section Plane을 선택하고 → 방향 키를 눌러 방향을 X축에 고정시킨 후 그림과 같이 Section Plane을 만듭니다.

25

조금 전에 만든 Section Plane을 이동하여 그림과 같이 등받이 틀이 화면에서 사라지도록 만듭니다.

26

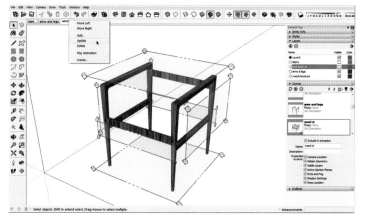

seat back_structure Group을 닫고, seat back_st Layer를 Invisible 상태로 만든 후 [wood st] Scene을 Update 합니다.

27

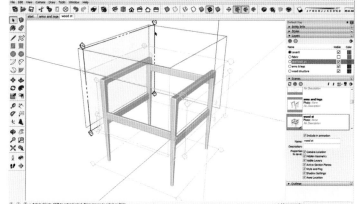

다음으로 seat back_st Layer를 Visible 상태로 만듭니다. 그림과 같이 Select Tool로 seat back_structure Group 안에 만들어 놓은 Section Plane을 더블 클릭하여 seat back_structure Group을 펼친 후 Section Plane을 선택합니다.

28

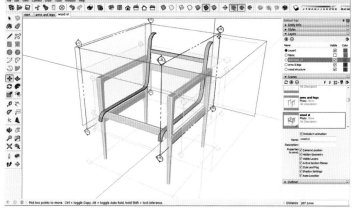

조금 전에 선택한 Section Plane을 복사한 후, 그림과 같이 등받이 틀이 모두 나타나도록 이동합니다.

29

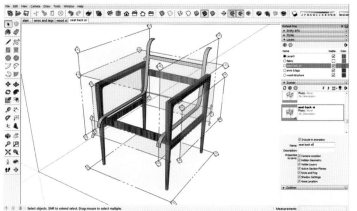

seat back_structure Group을 닫습니다. 현재 상태를 새로운 Scene으로 추가하고, 추가된 Scene의 이름을 'seat back st'로 지정합니다.

30

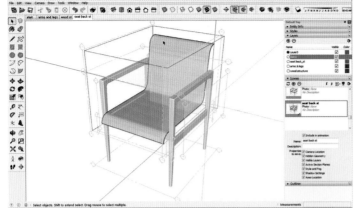

이번에는 Section Plane을 Rotate하여 등받이 틀의 형태에 따라 Fabric이 생성되는 장면을 연출해 보겠습니다. Fabric Layer를 Visible 상태로 만들고, seat back_fabric Group을 펼칩니다.

31

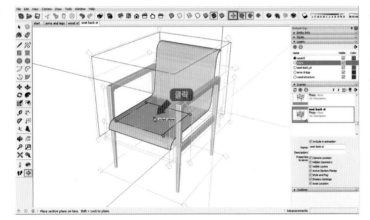

Section Plane Tool을 선택하고, ↑ 방향키를 눌러 Z축으로 방향을 고정한 후 그림과 같이 Section Plane을 만듭니다.

32

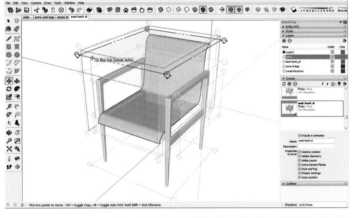

등받이 Fabric이 화면에 모두 나타나도록 조금 전에 만든 Section Plane을 그림과 같이 이동합니다.

33

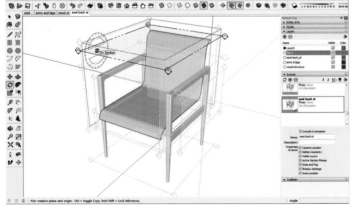

Rotate Tool을 선택하고 → 방향키를 눌러 X축으로 방향을 고정한 후 그림과 비슷한 위치를 클릭하여 회전의 중심을 지정합니다.

34 그림과 같이 회전의 기준 방향과 회전 방향을 차례로 클릭하고 Section Plane을 회전해 등받이 Fabric이 화면에서 사라지게 만듭니다.

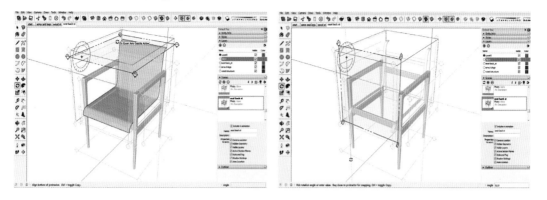

35

seat back_fabric Group을 닫고, Fabric Layer를 Invisible 상태로 만든 후 [seat back st] Scene을 Update 합니다.

36 다음으로 Fabric Layer를 Visible 상태로 만듭니다. 그림과 같이 seat back st Group 안에 만들어 놓은 Section Plane을 더블 클릭하여 seat back st Group을 펼친 후 Section Plane을 선택합니다. Rotate Tool을 선택하고 Ctrl키를 눌러 Section Plane을 회전 복사할 준비를 한 후 그림과 비슷한 위치를 클릭하여 회전 복사의 중심을 지정합니다.

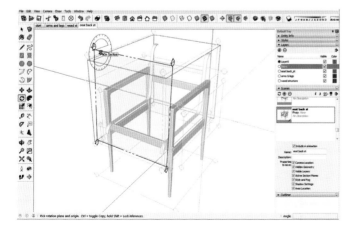

37 그림과 같이 회전의 기준 방향과 회전 방향을 차례로 클릭하여 Section Plane을 회전해 등받이 Fabric이
화면에서 나타나게 만듭니다. (회전 복사한 Section Plane이 Active Cut 상태가 아닌 경우, 그림과 같이
복사된 Section Plane 아이콘을 더블 클릭하여 Active Cut 상태로 만듭니다.)

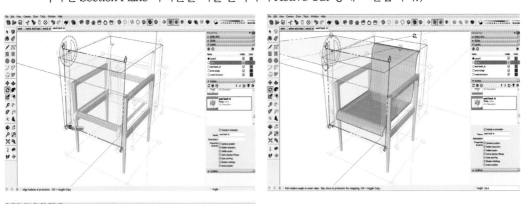

38 Group을 닫고 새로운 Scene을 추가한 후 Scene의 이름을 'fabric'으로 지정합니다. 의자의 모든 부분이 순차
적으로 나타나는 Scene Animation이 만들어졌습니다. 이제 각 Scene에 Style을 다시 지정하여, Section Plane
이 숨겨진 Animation으로 완성해 보겠습니다.

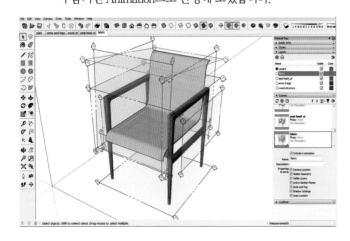

39

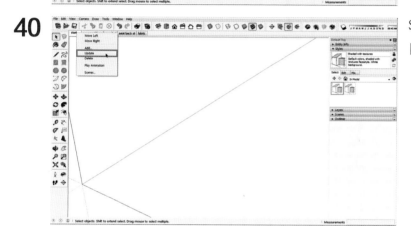

[Start] Tab을 클릭하여 [Start] Scene으로 이동합니다. 화면에서 모든 Object가 사라집니다. 장면에 미리 만들어 놓은 Shaded with textures Style을 적용합니다. (Shaded with textures Style은 앞선 Style에 Section Plane을 Hide한 상태로 저장해 놓은 Style입니다.)

40

Section Plane이 사라진 상태로 [start] Scene을 Update 합니다.

41 모든 Scene에서 Section Plane을 숨기기 위해 각 Scene에 Shaded with textures Style을 적용한 후 그림과 같이 Scene을 Update 합니다. Scene의 전환에 따라 의자의 각 부분이 서서히 나타나는 Animation이 만들어졌습니다.

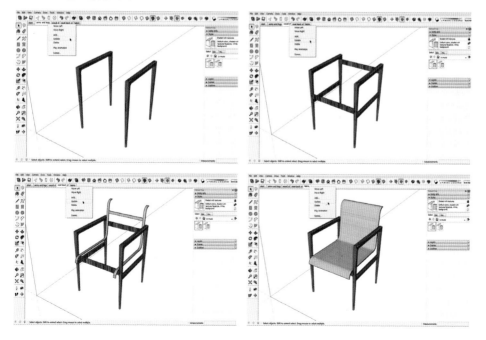

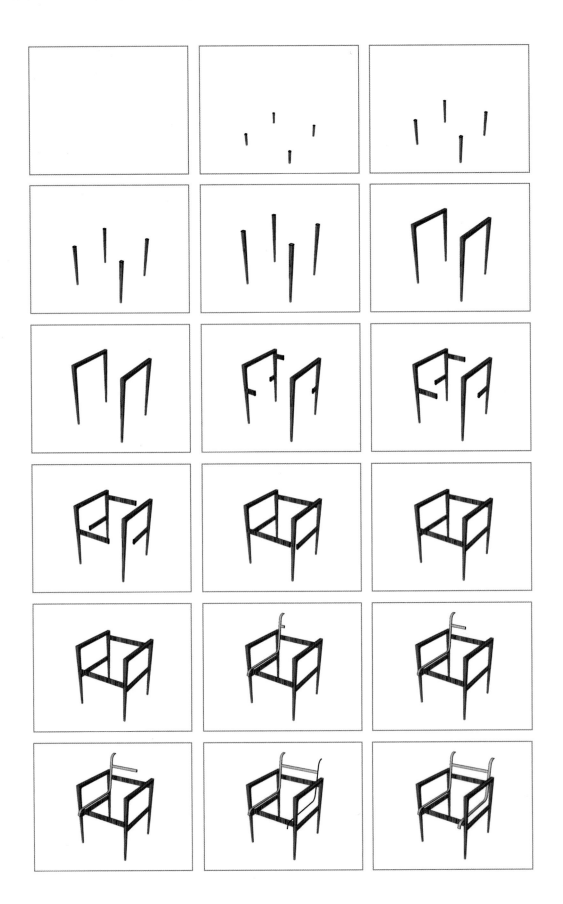

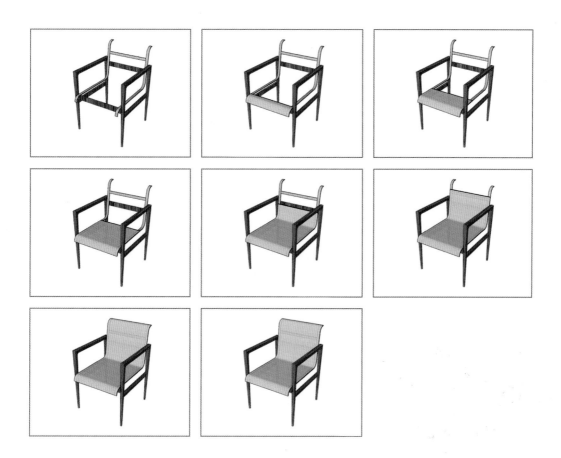

Section을 활용하여
건축물 구축 Animation 만들기

이번 장에서는 Section Plane을 이용하여 건물이 만들어지는 Animation을 만들어 보겠습니다.

01 준비된 장면에는 두 개의 Style이 준비되어 있는데, 두 Style은 Section Plane과 관련된 설정 이외의 모든 설정이 동일하며, [Shaded with textures_section Plane] Style은 Section Plane이 Display되고, [Shaded with textures] Style은 Section Plane을 Hide 하는 것으로 설정되어 있습니다. 전체 건물은 주요 부분별로 Layer가 별도로 지정되어 있으며, 각 부분은 Group으로 묶여 있습니다. **Layers Tray**에서 각 Layer를 Visible/Invisible 해보면 각 Layer에 포함된 개체를 확인할 수 있습니다.

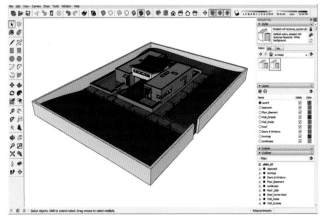

part04/part04_07.skp

02 구축의 과정을 다이나믹하게 표현하기 위해서는 Scene 사이를 전환하는데 적당한 시간을 지정할 필요가 있습니다. Scene 전환 시간을 지정하기 위해 메뉴 바 View>Animation>Settings를 선택하고 자신이 원하는 Scene Transitions 시간을 지정합니다.

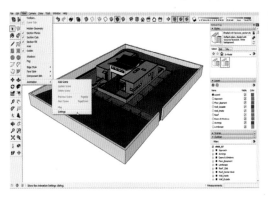
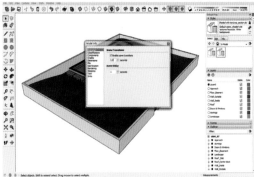

03 먼저 주택으로 진입하는 진입로가 만들어지는 Scene을 연출해 보겠습니다. **Layers Tray**에서 Approach Layer를 제외한 나머지 Layer를 invisible 상태로 만듭니다. **Outliner Tray**를 보면 Approach Group만 남아 있는 것을 볼 수 있습니다. Select Tool로 Approach Group을 더블 클릭하여 Group을 펼칩니다.(**Outliner Tray**에서 Approach Group 이름을 클릭하여 Group을 펼칠 수도 있습니다.)

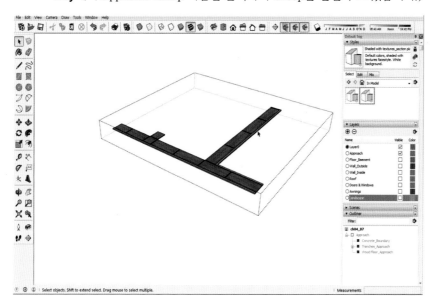

04 Section Plane Tool을 선택하고 → 방향키를 눌러 방향을 고정한 후 그림과 같이 Section Plane을 만듭니다.

05

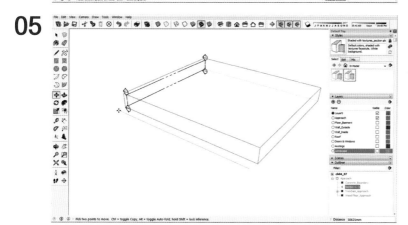

조금 전에 만든 Section Plane을 선택하고, 그림과 같이 이동하여 진입로가 화면에서 사라지게 만듭니다.

06

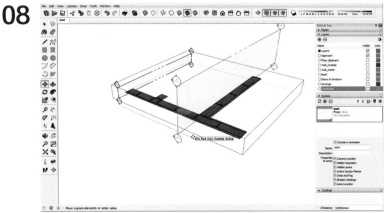

Select Tool을 선택하고 Group의 바깥쪽을 클릭하여 Group을 닫습니다. **Scenes Tray**에서 새로운 Scene을 추가하고 이름을 'start'로 지정합니다.

07

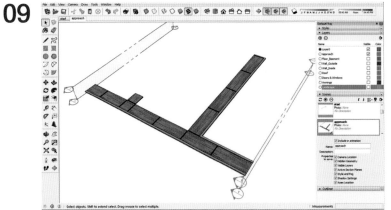

그림과 같이 Select Tool로 Section 1:1 Plane을 더블 클릭하여 Approach Group을 펼친 후 Section 1:1 Plane을 선택합니다.

08

그림과 같이 Move Tool과 Ctrl 키를 함께 사용하여 Section 1:1 Plane을 복사합니다.

09

Section 1:1 Plane의 위치를 그림과 같이 진입로 바깥 쪽으로 이동한 후 Group을 닫습니다. **Scenes Tray**에서 새로운 Scene을 추가하고 이름을 'approach'로 지정합니다.

10

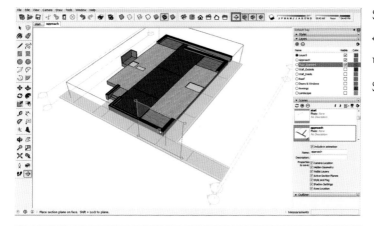

다음으로 바닥이 만들어지는 Scene을 추가해 보겠습니다. Floor_Basement Layer를 Visible상태로 만듭니다. 화면에 Floor_Basement Group이 나타나면 Select Tool로 더블 클릭하여 Group을 펼칩니다.

11

Section Plane Tool을 선택하고 ←방향키를 눌러 Section Plane의 방향을 고정시킨 후 그림과 같이 Section Plane을 만듭니다.

12

조금 전에 만든 Section 2:2 Plane을 이동하여 그림과 같이 화면에서 바닥이 사라지게 만듭니다.

13 Floor_Basement Group을 닫고, **Layers Tray**에서 Floor_Basement Layer를 Invisible상태로 만든 후 [approach] Scene을 Update 합니다.

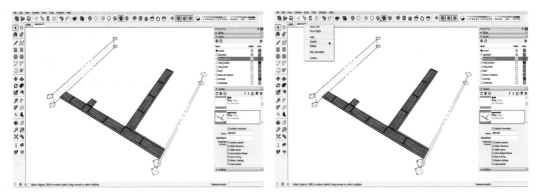

14 다시 Floor_Basement Layer를 Visible상태로 만듭니다. Select Tool로 Section 2:2 Plane을 더블클릭하여 Floor_Basement Group을 펼칩니다.

15 Section 2:2 Plane을 선택하고, 그림과 같은 방향으로 복사한 후, 이동하여 바닥이 화면에 모두 나타나도록 만듭니다.

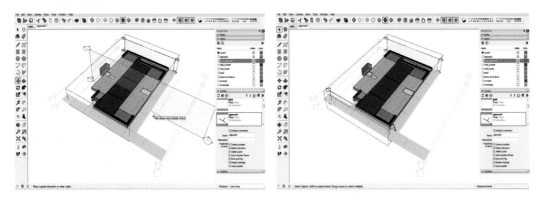

16

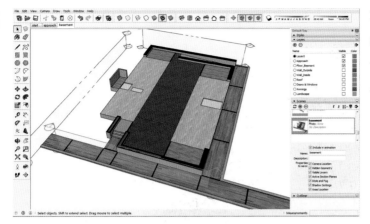

Floor_Basement Group을 닫고, **Scenes Tray**에서 새로운 Scene을 추가한 후 이름을 'basement'로 지정합니다.

17 다음으로 외벽이 만들어지는 Scene을 추가해 보겠습니다. **Layers Tray**에서 Wall_Outside Layer를 Visible 상태로 만듭니다. 외벽은 크게 세 개의 Block으로 구성되어 있으며, 세 개의 Block이 각각 Group으로 만들어져 Wall_Outside Layer에 포함되어 있습니다. Group Object의 Hide/Unhide 기능을 활용하면, 동일한 Layer에 포함되어 있는 Group 개체들을 구분하여 구축 Animation을 만들 수 있습니다. 이 경우 구축 Animation으로 만들어지는 Group Object는 다른 Group 안에 포함되지 않아야 합니다. 현재 크게 세 부분으로 구분된 외벽이 Wall_Outside Group 안에 포함되어 있으므로, 별도의 Animation을 구성하기 위해 Wall_Outside Group을 해제해야 합니다. **Outliner Tray**에서 Wall_Outside Group을 마우스 우측 클릭한 후 Explode를 선택합니다.

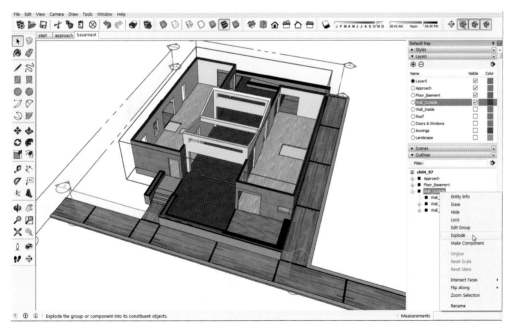

18

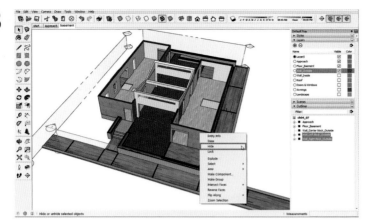

먼저 가운데 Block 외벽이 만들어지는 Scene을 추가하겠습니다. Select Tool로 그림과 같이 양쪽의 외벽을 선택하고, 마우스 우측 클릭한 후 Hide를 선택하여, 화면에서 두 외벽 Group을 숨깁니다.

19 Wall_Center block_outside Group을 펼치고 그림과 같이 Section Plane을 만듭니다. ↑ 방향키를 사용하여 방향을 고정한 후 Section Plane을 만듭니다.

20

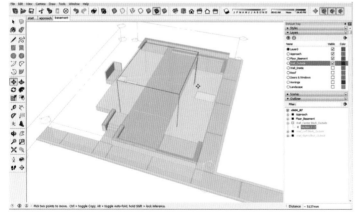

조금 전에 만든 Section 3:3 Plane을 이동하여 그림과 같이 중앙의 외벽이 화면에서 모두 사라지게 만듭니다.

21

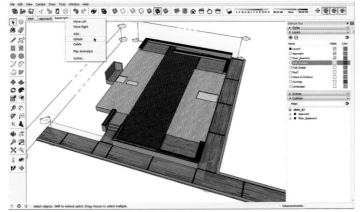

Wall_Center block_outside Group을 닫고, Wall_Outside Layer를 Invisible 상태로 만든 후 [basement] Scene을 Update 합니다.

22

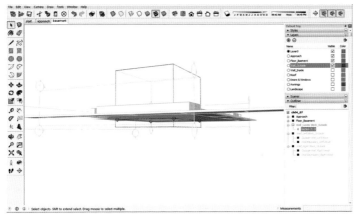

다시 Wall_Outside Layer를 Visible 상태로 만듭니다. **Outliner Tray**에서 그림과 같이 Section 3:3 Plane을 선택합니다. Wall_Center block_outside Group이 펼쳐지고 Section 3:3 Plane이 선택됩니다.(Section 3:3 Plane을 확인할 수 있도록 View를 그림과 같이 조정합니다.)

23 Section 3:3 Plane을 선택하고, 그림과 같은 방향으로 복사한 후, 이동하여 가운데 Block 외벽이 화면에 모두 나타나도록 만듭니다.

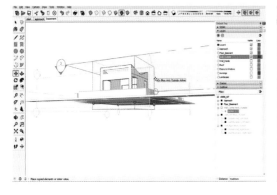

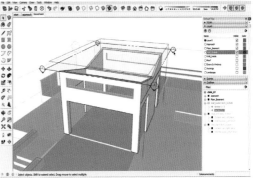

24

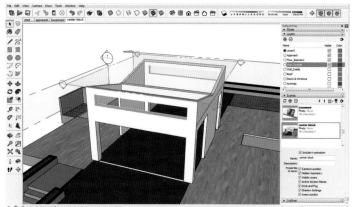

Wall_Center block_outside Group 을 닫고 새로운 Scene을 추가한 후 Scene의 이름을 'center block'으로 지정합니다.

25

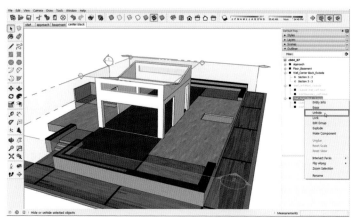

다음으로 오른쪽 Block의 외벽이 나타나는 Scene을 추가하겠습니다. **Outliner Tray**에서 Wall_Right Block_Outside Group을 마우스 오른쪽 클릭한 후 Unhide를 선택합니다.

26 Wall_Right Block_Outside Group을 펼치고 그림과 같이 Section Plane을 만든 후 그림과 같이 오른쪽 외벽이 화면에서 사라지도록 Section Plane을 이동합니다.

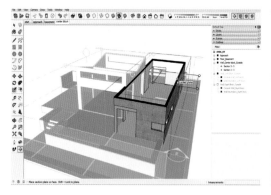

27 Wall_Right Block_Outside Group을 닫은 후 **Outliner Tray**에서 Wall_Right Block_Outside Group을 마우스 오른쪽 클릭하여 Hide를 선택합니다. 이 상태로 [center block] Scene을 Update 합니다.

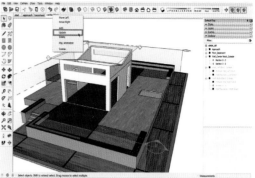

28

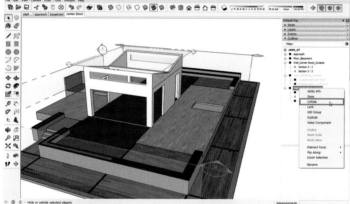

Outliner Tray에서 다시 Wall_Right Block_Outside Group을 마우스 우측 클릭하고 Unhide를 선택합니다.

29 **Outliner Tray**에서 Wall_Right Block_Outside에 포함되어 있는 Section 4:4 Plane을 선택합니다. Section 4:4 Plane을 복사하여 그림과 같은 위치로 이동합니다.

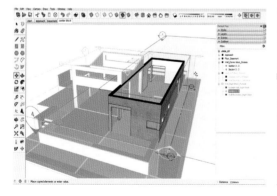

30

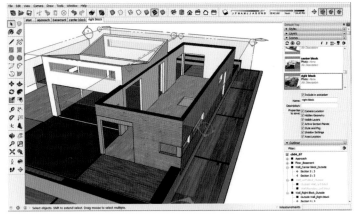

Wall_Right Block_Outside Group 을 닫고, Scene을 추가한 후 Scene 의 이름을 'right block'으로 지정 합니다.

31 오른쪽 Block 외벽과 동일한 프로세스로 왼쪽 Block 외벽의 구축 Animation Scene을 추가하고 Scene의 이름을 'left block'으로 지정합니다.

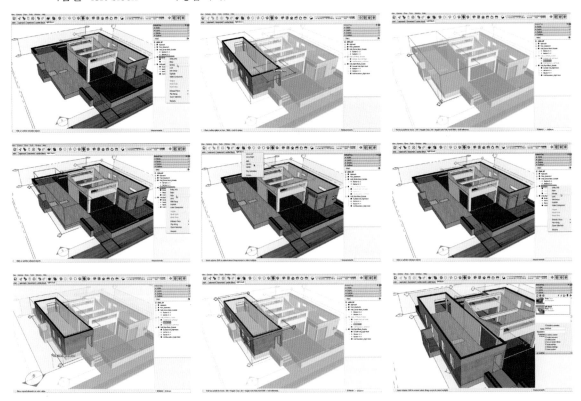

32

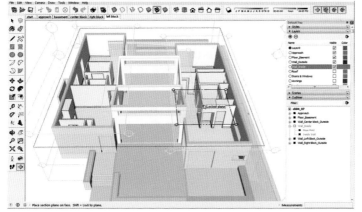

다음으로 내벽이 만들어지는 Scene을 추가해 보겠습니다. 먼저 Wall_Inside Layer를 Visible 상태로 만듭니다. Wall_Inside Group이 화면에 나타나면 Group을 펼치고 그림과 같이 Section Plane을 만듭니다.

33

조금 전에 만든 Section 6:6 Plane을 그림과 같이 이동하여 내벽이 화면에서 사라지도록 만듭니다.

34

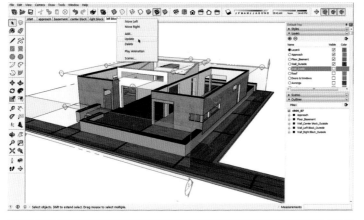

Wall_Inside Group을 닫고, Wall_Inside Layer를 Invisible 상태로 만든 후 [left block] Scene을 Update 합니다.

35

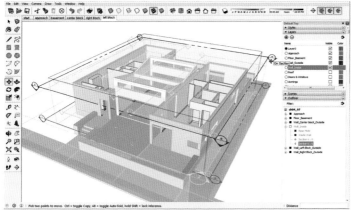

Wall_Inside Group을 다시 Visible 상태로 만듭니다. **Outliner Tray**에서 Wall_Inside Group 안에 있는 Section 6:6 Plane을 선택하고 그림과 같은 위치로 복사하여 이동합니다.

36

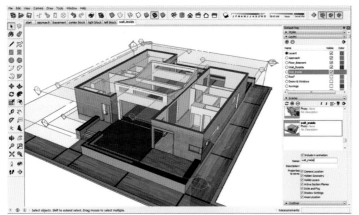

Wall_Inside Group을 닫고, 새로운 Scene을 추가한 후 Scene의 이름을 wall_inside로 지정합니다.

37 이번에는 지붕이 만들어지는 Scene을 추가해 보겠습니다. 가운데 Block과 양쪽 Block의 지붕 형태가 다르기 때문에 만들어 지는 방향을 다르게 표현하는 것이 더 재미있을 것 같습니다. 먼저 Roof Layer를 Visible 상태로 만듭니다. **Outliner Tray**에서 Roof_Slab Group을 선택하여 Group을 펼치고 그림과 같은 방향으로 Section Plane을 만듭니다.

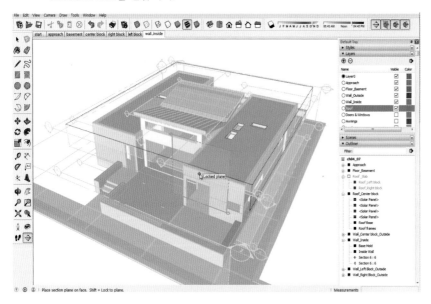

38

조금 전에 만든 Section 7:7 Plane을 이동하여 그림과 같이 지붕이 화면에서 사라지도록 만듭니다.

39 다음으로 **Outliner Tray**에서 Roof_ Center block Group을 선택하여 펼치고, 그림과 같은 방향의 Section Plane을 만듭니다.

40 조금 전에 만든 Section 8:8 Plane을 이동하여 가운데 Block 지붕이 화면에서 사라지게 만든 후 Roof_ Center block Group을 닫고, Roof Layer를 Invisible 상태로 만든 후 [wall_inside] Scene을 Update 합니다.

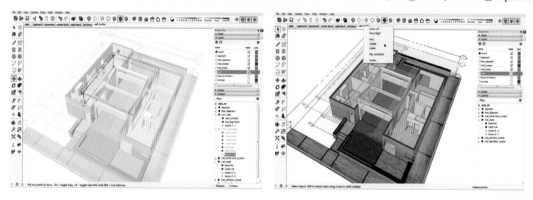

41 다시 Roof Layer를 Visible 상태로 만든 후 Section 7:7 Plane과 Section 8:8 Plane을 각각 복사-이동하여 그림과 같이 양쪽 Block과 가운데 Block의 지붕이 화면에 나타나도록 만듭니다.

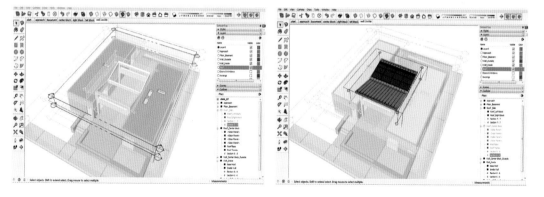

42

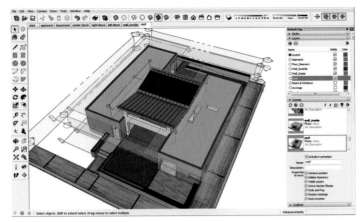

Group을 모두 닫고, 새로운 Scene을 추가한 후 이름을 'roof'로 지정합니다.

43 앞선 구축 Animation Scene과 동일한 프로세스에 따라 창문과 문이 만들어지는 Scene을 추가하고 Scene의 이름을 'doors window'로 지정합니다. (창문과 문은 Doors & Windows Layer에 포함되어 있으며, Doors & Windows Group으로 묶여 있습니다.)

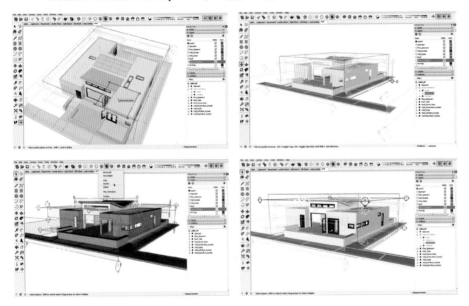

44 오른쪽, 왼쪽 Block 외벽 출입구에 설치되어 있는 어닝은 Layer Visible/Invisible 기능을 이용하여 Scene을 전환할 때 화면에 바로 나타나도록 만들어 보겠습니다. **Scenes Tray**에서 새로운 Scene을 추가하고 'awnings'로 이름을 지정합니다. **Layers Tray**에서 Awnings Layer를 Visible 상태로 만들고, [awnings] Scene을 Update 합니다.

45 마지막으로 주변 조경과 담장도 앞선 구축 Animation Scene과 동일한 프로세스에 따라 그림과 같이 주택의
뒷쪽에서 앞쪽으로 만들어 지는 Animation Scene을 추가하고, Scene의 이름을 'landscape' 로 지정합니다.
(주변 조경과 담장은 Landscape Layer에 포함되어 있으며, Landscape Group으로 묶여 있습니다.)

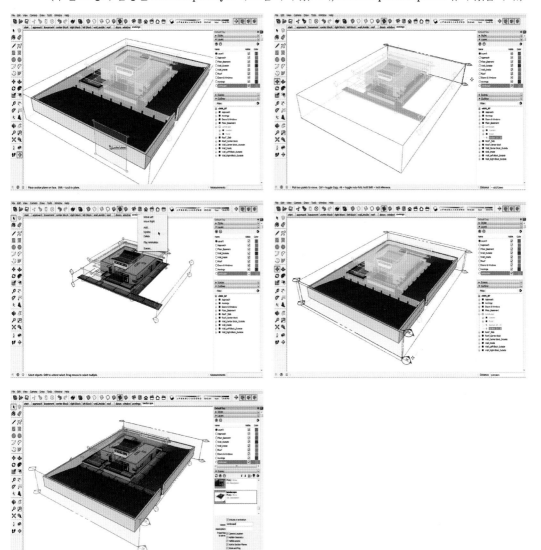

46 전체 Animation Scene이 완성되면, 각 Scene마다 Section Plane을 화면에서 Hide 하고, 적절한 Camera 위치를 지정할 필요가 있습니다. 첫 번째 Scene인 [start] Scene을 선택하고, **Styles Tray**에서 Section Plane을 Hide 시키는 것으로 미리 만들어 놓은 [Shaded with textures]를 선택합니다. Section Plane이 화면에서 Hide되면, [start] Scene을 Update 합니다.

47 동일한 방법으로 그림과 같이 각 Scene을 차례로 선택하면서, [Shaded with textures] Style을 적용하고, view를 알맞게 조정한 후 Scene을 Update 합니다. 구축 Animation을 위한 Scene들이 완성되었습니다.

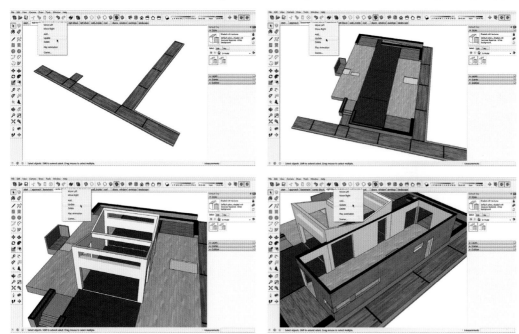

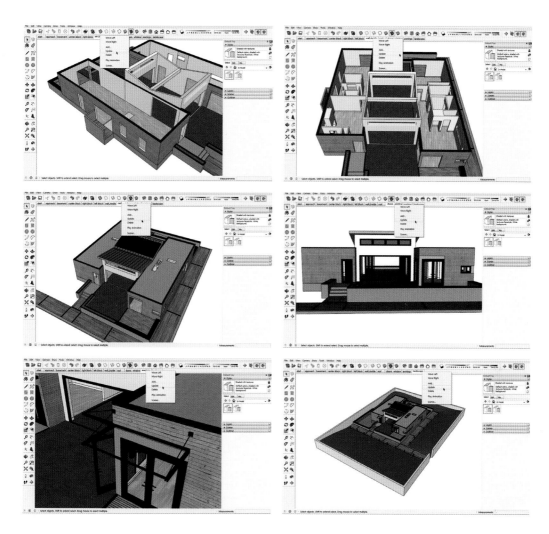

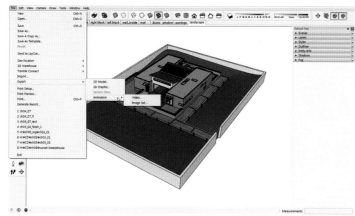

48

메뉴 바 File>Export를 활용하여, Animation을 동영상 File로 만들 거나, 2D Sequence Image File로 만들 수 있습니다.

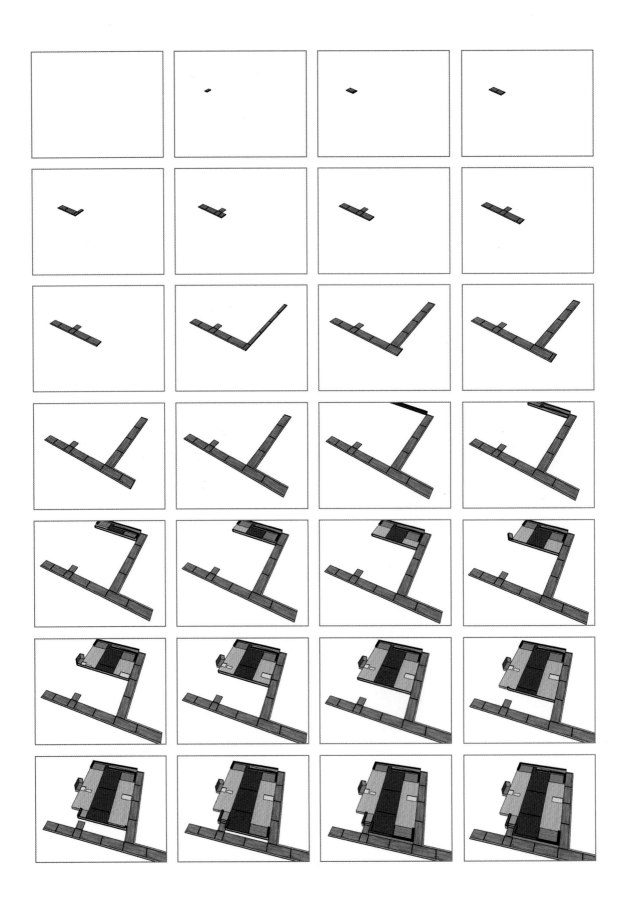

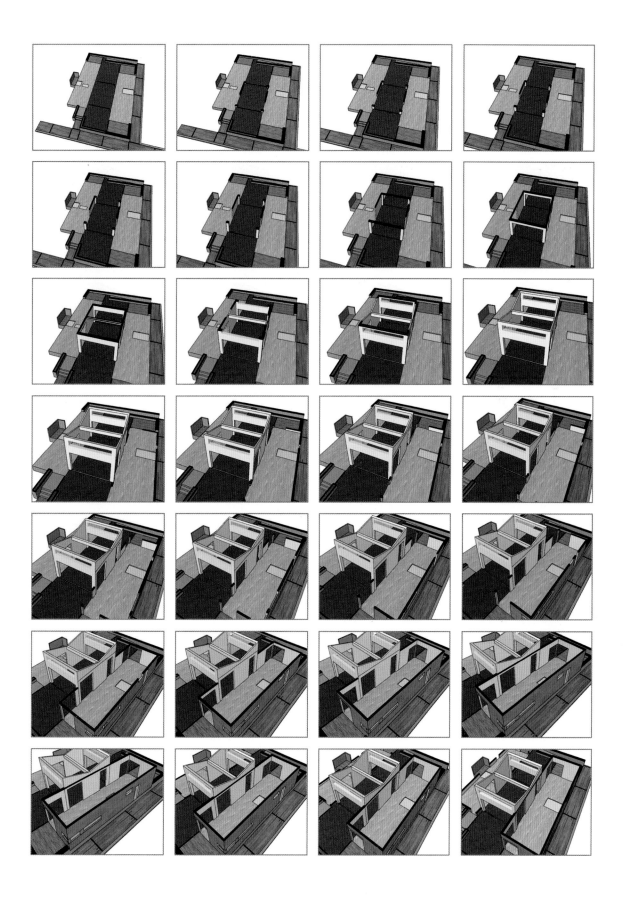

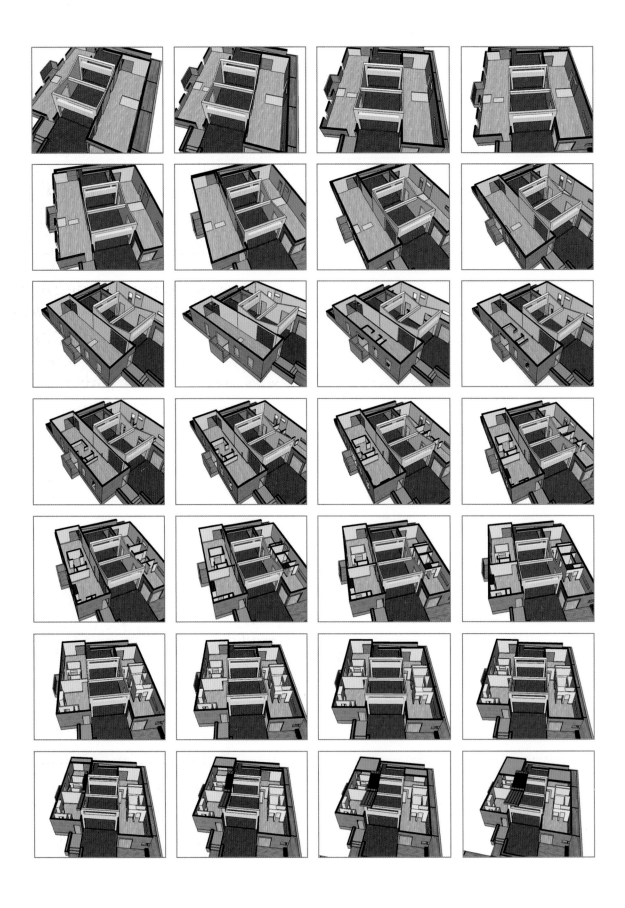

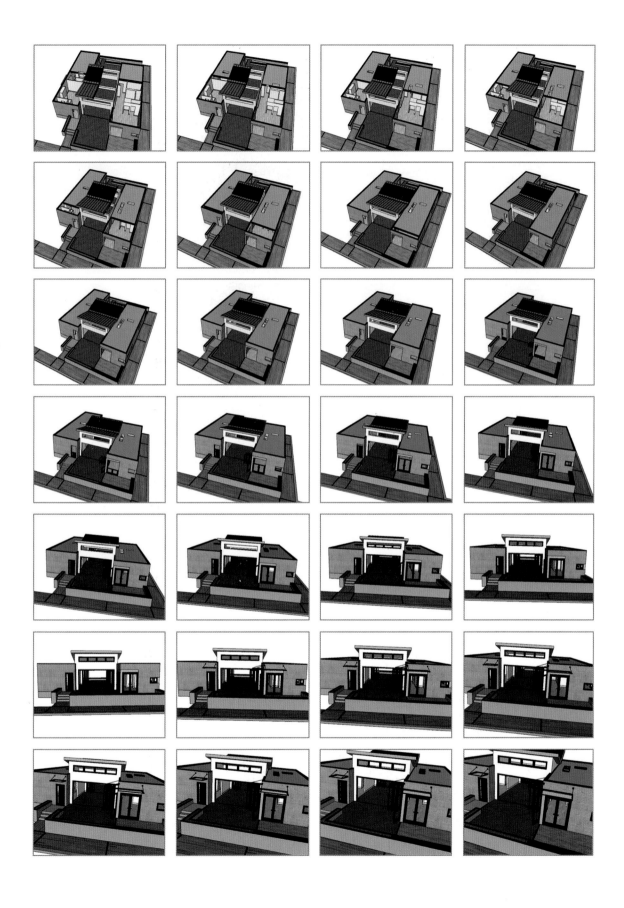

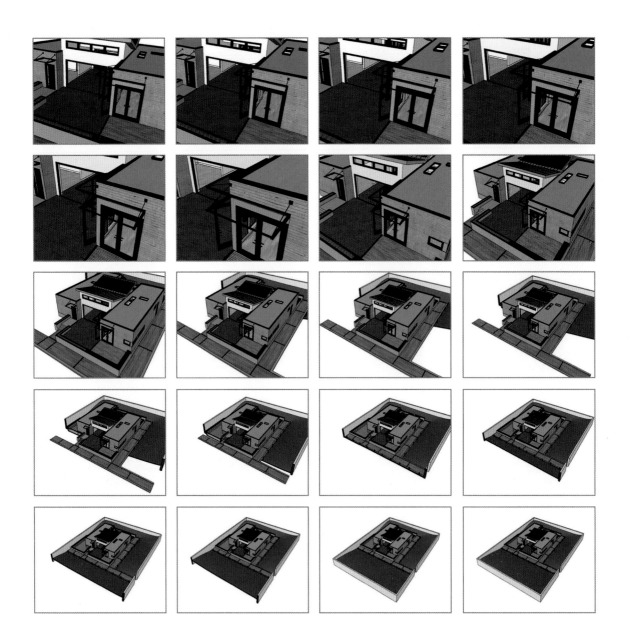

MEMO

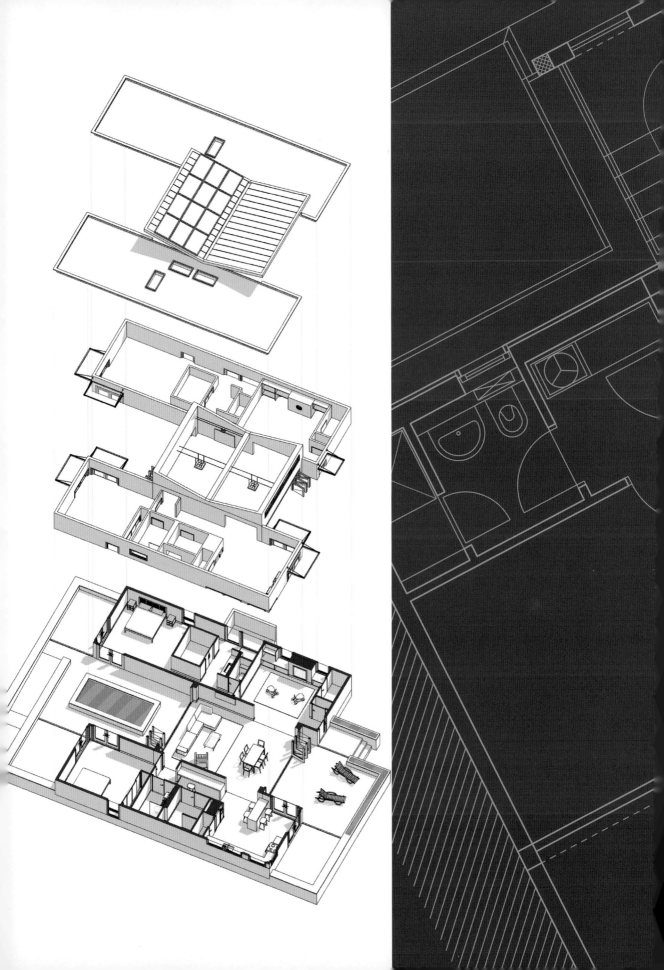

Layout 작업을 위한
Scene 만들기

PART
05

Location Scene와 Site Plan Scene 만들기

이번 장에서는 Layout 작업에서 사용하게 될 다양한 SketchUp Scene을 준비해 보겠습니다.

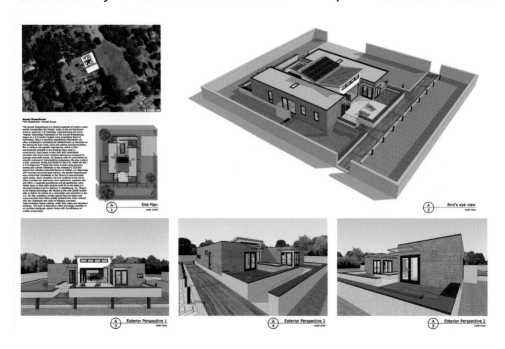

01

준비된 File을 불러 옵니다. **Layers Tray**를 펼쳐 Layer 구성을 확인해 보면, 건축물을 구성하는 각 요소에 따라 별도의 Layer가 생성되어 있습니다. 현재 모든 Layer가 Visible 상태입니다.

part05/part05_01.skp

02

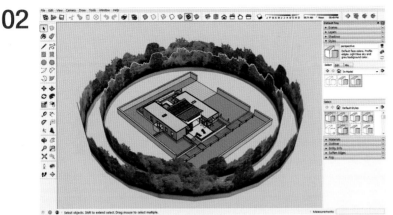

Styles Tray를 펼칩니다. Layout에서 활용할 다양한 Scene에 적용하기 위해 3개의 Style (drawing, drawing with material, perspective)이 준비되어 있습니다. 각 Style의 세부 Option은 다음과 같습니다.

[drawing]

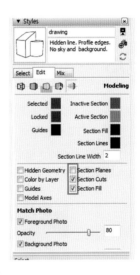

[drawing with material]

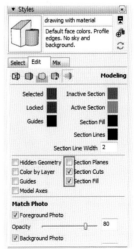

[perspective]

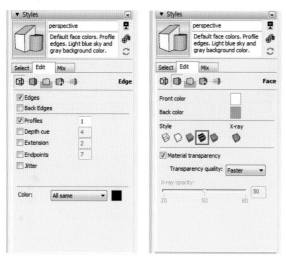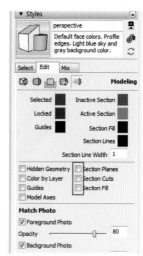

03 Layout에서 활용할 Location Scene을 준비해 보겠습니다. Location Scene에는 Geo-location을 추가하게 되는데, 이때 Location Terrain, Location Snapshot Group Object가 생성되며 각각의 Object가 자동적으로 포함된 2개의 Layer가 새롭게 생성됩니다. 이 Object는 대개 Location Scene에서만 필요하므로, Location Scene을 위한 별도의 File을 만들어 관리하는 것이 합리적입니다. 현재 상태를 별도의 File로 저장하기 위해 메뉴 바 File>Save As를 선택하고 별도의 File 이름을 지정하여 저장합니다.

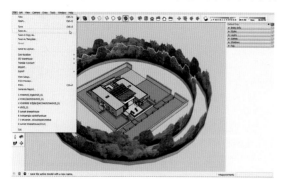

04

Location Scene에 필요한 필수적인 Object만을 남기기 위해 **Layers Tray**를 펼치고, 그림에 표시된 Layer만 Visible 상태를 만듭니다. 해당 Layer에 포함된 Object는 건축물의 내부 공간을 구성하는 요소들과 주변 배경입니다.

05

앞서 Visible 상태로 만든 Layer들을 Ctrl키를 누른 채로 선택하고, Delete Layer 버튼을 클릭합니다. Delete Layers Containing Entities 대화상 자가 나타나면 현재 선택된 Layer에 포함되어 있는 모든 Object를 지우 기 위해 Delete contents에 Check하 고 OK 버튼을 클릭합니다.

06

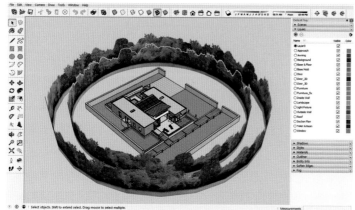

Layers Tray에서 남아 있는 Layer 를 모두 Visible 상태로 만듭니다.

07

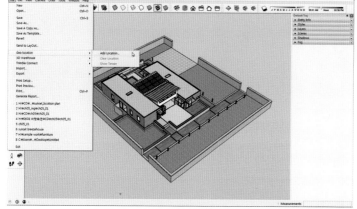

건축물이 위치하게 될 지역의 Scale에 맞는 위성사진을 불러오기 위해 메뉴 바 File > Geo-location>Add Location 을 선택합니다.

08

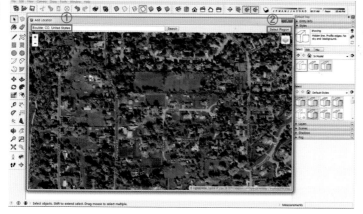

입력란에 자신이 원하는 지역 주소 를 영문으로 입력한 후 Search 버튼 을 누릅니다. 화면을 Zoom, Pan하면 서 건축물을 앉힐 실제 장소를 전체 화면에 가운데 부분에 위치하도록 조정한 후 Select Region 버튼을 클릭 합니다.

09

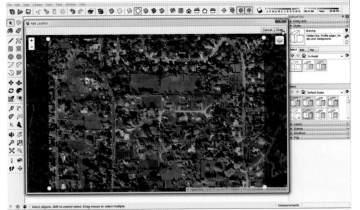

Select Region 영역을 원하는 크기로 조정한 후 최종적으로 Grab 버튼을 클릭합니다.

10

화면에 Location-Snapshot Group이 나타납니다. Location-Snapshot Group은 기본적으로 잠겨져 있는 상태입니다. 화면에서 Y축의 + 방향이 정북 방향이며, 건축물을 Site에 앉히려면 건축물을 Location-Snapshot에 맞추어 이동-회전해야 합니다. 건축물의 위치를 조정하기 위해 Top View로 전환합니다.

11

Select Tool로 전체 Object를 선택한 후 Move Tools과 Rotate Tools을 이용하여 위성사진에 맞추어 건축물의 위치와 방향을 변경합니다.

12

위치와 방향을 조정하고 나면 **Shadows Tray**에서 Shadow를 활성화하고, 위성사진의 그림자의 방향에 따라 시간과 날짜를 조정합니다. **Scenes Tray**에서 새로운 Scene을 추가한 후 이름을 location으로 지정합니다.

13

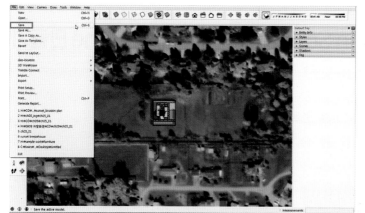

현재까지의 상태를 저장하고, File을 닫습니다.

14

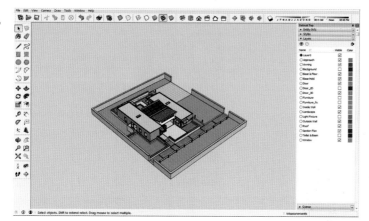

다음으로 Site Plan을 위한 Scene을 만들기 위해 처음 불러 온 File을 다시 불러 옵니다. **Layers Tray**를 열고 그림과 같이 Background와 건축물 내부에 배치된 Model이 포함되어 있는 Layer들을 Invisible 상태로 만듭니다.

15

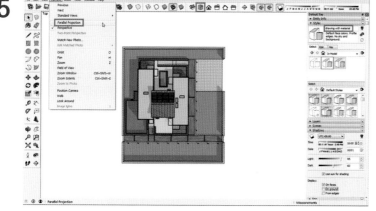

Top View로 전환한 후 소실점이 없는 평면적인 View를 만들기 위해 메뉴 바 Camera>Parallel Projection을 선택합니다. Ground가 없는 상태로 표현하기 위해 **Styles Tray**를 열고 [drawing with material] Style을 선택하여 적용합니다.

16

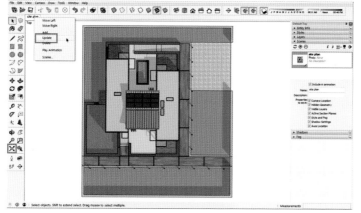

Scenes Tray에서 새로운 Scene을 추가한 후 Scene의 이름을 'site plan'으로 지정합니다. Zoom Extents한 후 현재 상태를 [site plan] Scene에 Update 합니다.

LESSON 02

Key Plan Scene와 Floor Plan Scene 만들기

이번 장에서는 Key Plan과 Floor Plan을 만들기 위한 Scene을 준비해 보겠습니다.

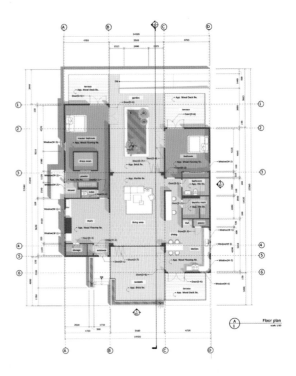

01

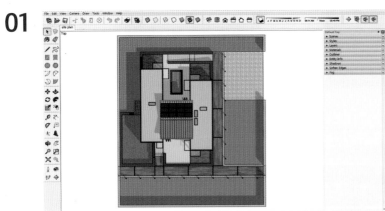

준비된 File을 불러 옵니다. [site plan] Scene을 위해 현재 Camera는 Top View이며, Shadow가 활성화되어 있고, 주변 배경과 건축물 내부의 가구 등의 요소가 포함된 Layer가 Invisible되어 있는 상태입니다.

part05/part05_02.skp

02

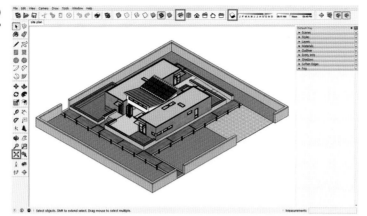

Perspective View 아이콘을 클릭하고, Zoom Extents 합니다. 이어지는 작업의 편의를 위해 Shadow를 비활성화 시킵니다.

TIP

Shadow 표현으로 인해 화면의 반응이 다소 느려지는 경우가 있으며, Shadow는 Layout에서 별도로 추가 설정이 가능합니다.

03

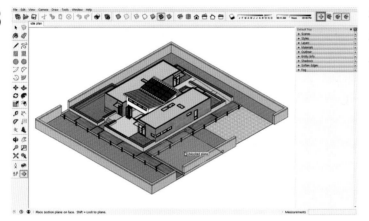

Section Plane을 선택하고 그림과 같이 바닥을 클릭하여 Section Plane을 만듭니다.

04

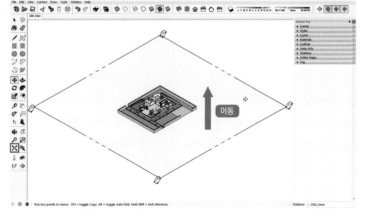

다시 화면을 Zoom Extents하여 화면 전체에 Section Plane이 나타나게 합니다. Move Tools을 선택하고 앞서 만든 Section Plane을 Z축으로 이동합니다.

05 Section Plane을 마우스 우측으로 클릭하고, Entity Info를 선택합니다. **Entity Info Tray**에서 Layer를 Section Plane으로 지정하고, Section Plane의 이름을 floor Plan section, Symbol을 FL로 지정합니다. Section Plane의 Layer, Name, Symbol을 지정해 놓으면 향후 수정 보완 작업이 수월해 집니다.

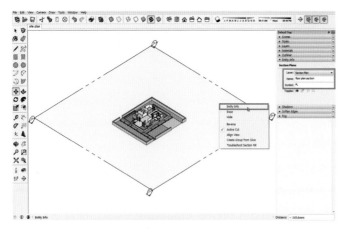

06

그림과 같이 화면을 확대한 후 단면의 높이를 가늠하기 위해서 **Layers Tray**를 펼치고, Furniture, Furniture_Fix, Toilet & Basin Layer를 Visible 상태로 만듭니다.

07 평면도는 일반적으로 바닥에서 1.2m 정도 되는 지점을 잘라서 보여주는데, 이 높이는 문 손잡이에서 20~30cm 정도 위쪽으로 떨어진 지점입니다. 또한 가능하면 공간에 있는 가구가 잘려져 나타나지 않도록 Section Plane의 위치를 지정하는 것이 좋습니다. 이러한 점들을 고려하여 그림과 같이 주방의 상부장 아래쪽으로 주방 창문이 잘려 보이면서도 문 손잡이 위쪽으로 단면이 만들어지도록 Section Plane을 이동합니다.

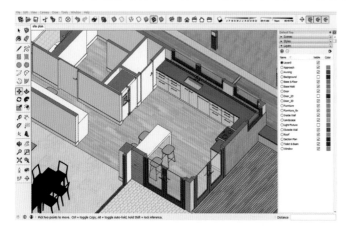

08 Section Plane으로 잘려진 벽면의 단면을 확인해 봅니다. 현재 Section Fill이 활성화되어 있어서 Section Plane을 잘려진 Object의 안쪽이 채워져 있는 상태로 나타납니다. Section Fill 버튼을 클릭하여 Section Fill을 Hide하면 그림과 같이 벽면 안쪽이 비어 있는 상태로 나타나는데, 과거에는 Layout 작업에서 이 부분을 채워 넣기 위해 별도의 작업을 해야 했기 때문에 평면도 작업에 부가적인 노력이 필요했습니다.

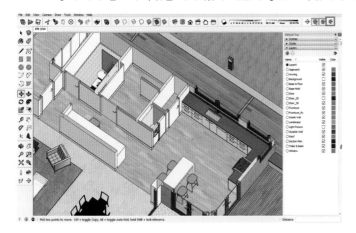

09 다시 Section Fill을 Display 합니다. Section Plane으로 잘려진 Object의 안쪽이 채워져 나타납니다. 2018 버전부터 Section Fill 기능이 추가되어 Layout에서 벽면의 단면을 채워 넣는 작업이 불필요하게 되었기 때문에 평면도 작업에서 많은 시간을 절약할 수 있게 되었습니다. **Styles Tray**의 Edit Tab의 Modeling 부분에서 Section Fill의 색상을 변경할 수도 있습니다.(현재는 Section Plane이 선택되어 있는 상태이므로 Section Fill 이 파란색으로 보입니다.)

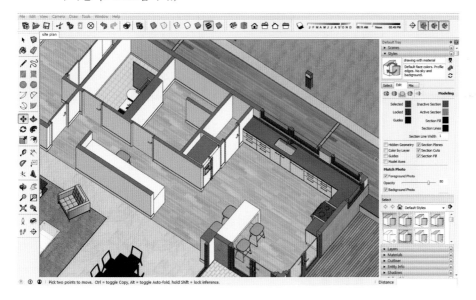

10

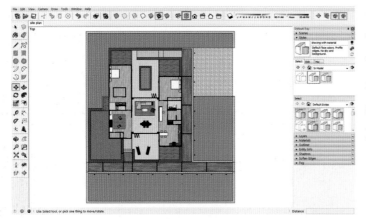

평면도에 알맞은 View를 만들기 위해 Top View를 선택하고, **Styles Tray**에서 [drawing with material Style]을 선택하여, 앞서 만든 FL Section Plane을 Hide한 후 Zoom Extents 합니다.

11

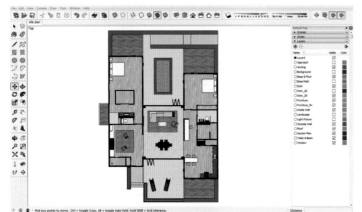

다음으로 Key Plan을 위한 Layer를 설정해 보겠습니다. **Layers Tray**를 열고 먼저 Landscape(외부 조경), Approach(진입로), Base Mold(걸레받이) Layer를 추가적으로 Invisible 상태로 만든 후 다시 Zoom Extents 합니다.

12

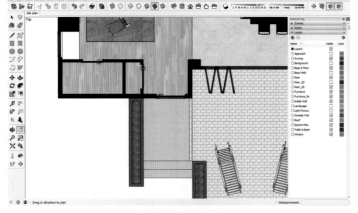

그림과 같이 건물의 현관 부분을 확대해 봅니다. 일반적으로 평면도에서 문은 기호로 나타냅니다. 문의 3d Model을 평면도에서 그대로 사용하게 되면 문의 위치를 확인하기가 어렵습니다. 때문에 문짝의 경우는 별도로 추가적인 작업을 해둘 필요가 있습니다.

13

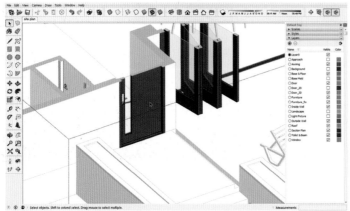

그림과 같이 건물 현관문이 보이도록 View를 조정한 후 Select Tool로 현관문을 더블 클릭하여 Doors Group을 펼친 상태로 만듭니다.

14

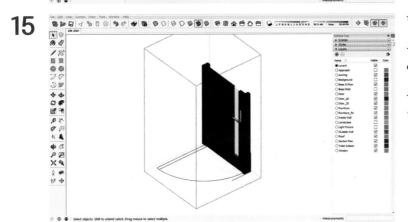

다시 한번 현관문을 더블 클릭하여 현관문 Group을 펼친 후 메뉴 바 View>Component Edit>Hide Rest Of Model을 선택하여 Group 이외 의 Object를 화면에서 사라지게 만 듭니다.

15

현관문의 뒤쪽이 보이도록 View를 그림과 같이 조정하고, **Layers Tray** 에서 Door_2D Layer를 Visible 상태 로 만듭니다. 도면 기호가 나타납 니다.

16 문짝 도면 기호는 Layout에서의 작업을 위해 처음 문짝을 Modeling할 시점에 추가적으로 문짝과 함께 그린 후 별도의 Group으로 만들어 Layer를 분리해 놓은 것입니다. 결론적으로 Door Component는 문틀, 문짝, 손 잡이, 문짝 기호 이렇게 4개의 Group으로 구성되어 있으며, 전체 Door Group은 Door Layer에 포함되어 있고, Door Group 안의 문짝과 손잡이는 Door 3D Layer에, 문짝 기호는 Door 2D Layer에 포함되어 있습니다.

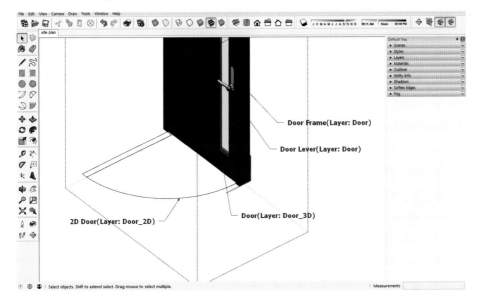

Door Frame(Layer: Door)

Door Lever(Layer: Door)

Door(Layer: Door_3D)

2D Door(Layer: Door_2D)

17

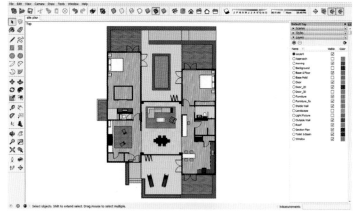

화면의 빈 곳을 더블 클릭하여 Group을 닫습니다. Top View로 전환한 후 Zoom Extents 합니다. **Layers Tray**에서 Door 3D Layer를 Invisible 상태로 만들고, Door 2D Layer를 Visible 상태로 만듭니다. 문의 위치와 문이 열리는 방향을 확인하기가 더 쉬워집니다.

18

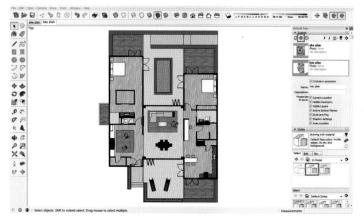

다음으로 **Styles Tray**를 열고, Select Tab에서 drawing with material Style을 적용한 후 **Scenes Tray**에서 새로운 Scene을 추가하고 이름을 'key plan'으로 지정합니다.

19

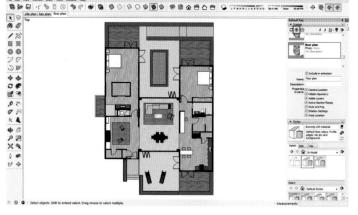

동일한 Camera View를 사용하여 floor Plan을 위한 Scene을 추가해 보겠습니다. **Scenes Tray**에서 다시 새로운 Scene을 추가하고, Scene의 이름을 'floor plan'으로 지정합니다.

20

floor Plan은 도면 요소들을 기입해 넣을 수 있는 도면 Style로 만들기 위해 **Styles Tray**를 펼치고 [drawing] Style을 적용합니다.

21 floor Plan Scene은 Layout 작업을 통해 추가적으로 Hatching과 Scrapbook Element를 추가할 계획입니다. 이 때 SketchUp Model에 나타난 가구들이 작업에 방해가 되는 경우가 있습니다. 각종 가구는 Layout의 Scrapbook 을 활용하여 추가할 수 있으므로 그림과 같이 [floor plan] Scene에서 가구와 변기가 포함된 Layer를 Invisible 상태로 만든 후 Scene을 Update합니다. Layout에서 Key Plan과 floor Plan작업을 진행하기 위한 2개의 Scene 이 추가되었습니다.

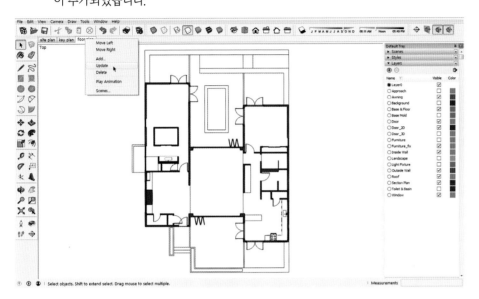

Elevation Scene과 Section Scene 만들기

이번 장에서는 Section Plane을 활용하여 입면도와 단면도를 만들 Scene을 만들어 보겠습니다.

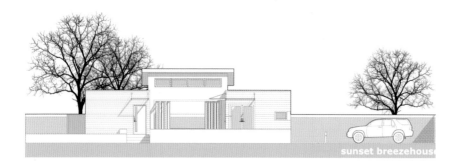

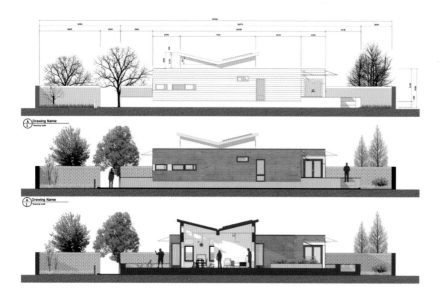

01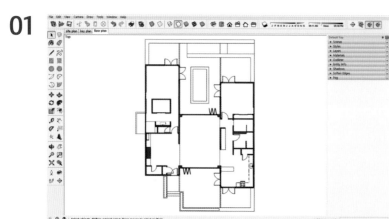

준비된 File을 불러 옵니다. 현재 Top View로 Camera의 위치가 지정되어 있으며, Section Plane이 추가되어 있습니다.

part05/part05_03.skp

02

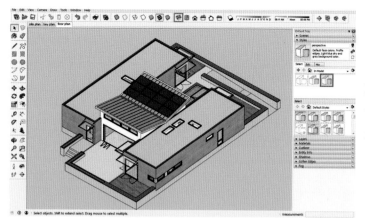

건물의 정면도를 구성할 Scene을 만들기 위해 먼저 **Styles Tray**에서 [perspective] Style을 선택하고, Perspective View 아이콘을 클릭한 뒤 Zoom Extents 하여 그림과 같이 View를 조정합니다.

03 **Layers Tray**에서 Background, Door_2D Layer를 제외한 모든 Layer를 Visible상태로 만듭니다. View를 Zoom Extents한 후, Section Plane Tool을 선택하고, 키보드에서 왼쪽 방향키를 눌러 Section Plane의 방향을 Y축으로 고정시킵니다. 건물 정면 진입로에서 바라보는 장면을 만들기 위해 그림에 표시된 지점을 클릭하여 Section Plane을 만들어 줍니다.

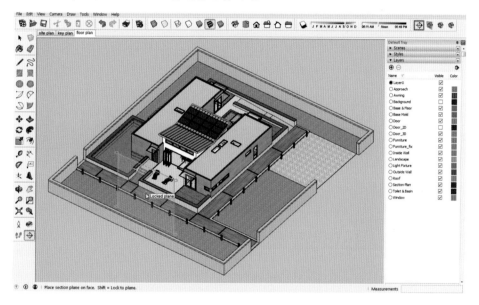

04

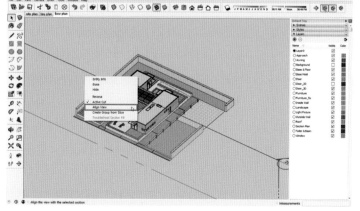

Select Tool로 앞서 만든 Section Plane을 마우스 우측 클릭한 후 Align View를 선택하여 Section Plane의 위치에서 바라보는 View로 전환합니다.

05

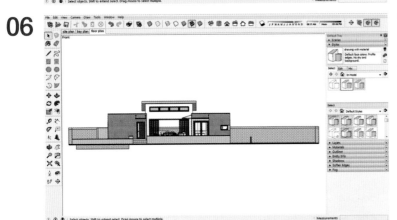

Section Plane이 선택되어 있는 상태에서 **Entity Info Tray**를 열고 그림과 같이 앞서 만든 Section Plane의 Layer, Name, Symbol을 지정합니다.

06

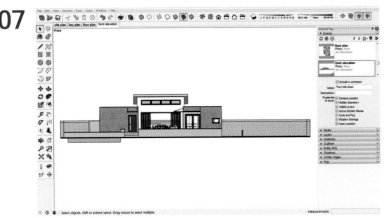

배경 하늘이 없는 입면도를 만들기 위해서 **Styles Tray**에서 [drawing with material] Style을 선택한 후 Zoom Extents 합니다.

07

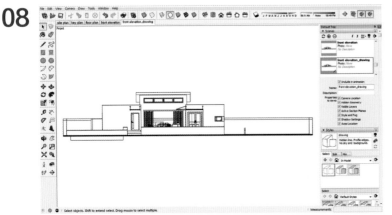

Scenes Tray에서 새로운 Scene을 추가하고, Scene의 이름을 'front elevation'으로 지정합니다.

08

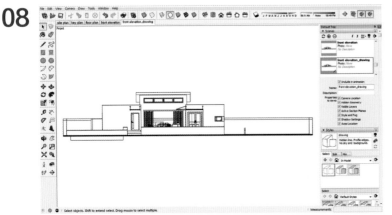

Scenes Tray에서 다시 새로운 Scene을 추가하고, Scene의 이름을 'front elevation_drawing'으로 지정합니다. 이번 Scene은 Front Elevation을 도면의 형태로 표현하기 위해 **Styles Tray**를 열고 [Drawing] Style을 선택하여 적용합니다.

09

불필요한 선들이 겹쳐 거실 부분이 복잡하게 보입니다. **Layers Tray**에서 Furniture Layer를 Invisible 상태로 만든 후 [front elevation_drawing] Scene을 Update 합니다.

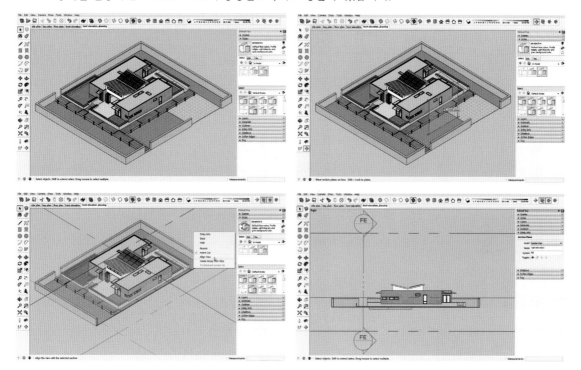

10 다음으로 Right Elevation과 관련된 Scene을 추가하기 위해 [front elevation] Scene과 동일한 방법으로 Section Plane을 추가하고, 추가된 Section Plane에 Align View 합니다. Section Plane을 만들 때 오른쪽 방향키를 활용하면 Section Plane의 방향을 X축에 고정할 수 있습니다.

11

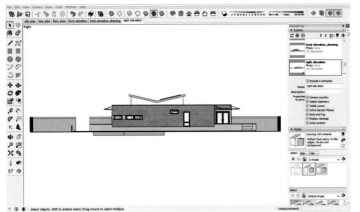

Styles Tray에서 [drawing with material] Style을 선택하고 Zoom Extents 합니다.

12

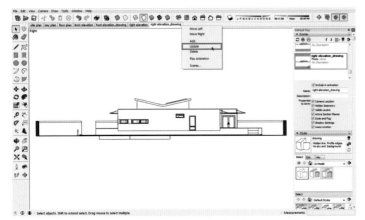

Scenes Tray에서 다시 새로운 Scene을 추가한 후 이름을 'right elevation_drawing' 으로 지정합니다. Styles Tray에서 [drawing] Style을 선택하여 적용한 후 Scene을 Update 합니다.

13 마지막으로 단면도를 위한 Scene을 추가해 보겠습니다. Perspective View로 전환하고, **Styles Tray**에서 [drawing with material] Style을 선택하여 적용합니다. 앞서 만든 Section Plane을 복사하여 사용하기 위해 Display Section Planes 아이콘을 클릭하여 Section Plane이 화면에 나타나도록 만듭니다.

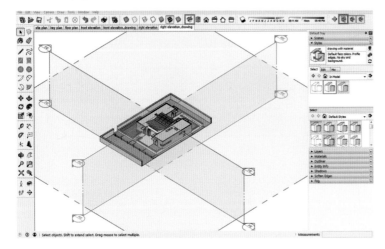

14

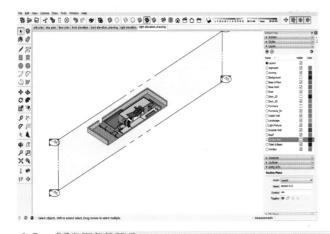

앞서 만든 RE Section Plane을 선택합니다. Move Tool과 Ctrl키를 사용하여 그림과 같은 방향으로 Section Plane을 복사합니다. 복사된 Section Plane이 건물의 중심부분을 지나도록 위치를 조정합니다.

15 앞서 복사된 Section Plane을 Select Tools로 더블 클릭하여 Active Cut 상태로 만듭니다. **Entity Info Tray**에서 Section Plane의 Layer, Name, Symbol을 그림과 같이 지정합니다. (이어지는 작업을 위해서 Layer를 Layer 0으로 변경하였습니다.) **Layers Tray**에서 Section Plane Layer를 Invisible 상태로 만들어 AA Section Plane 이외에 다른 Section Plane들을 모두 화면에서 사라지게 합니다.

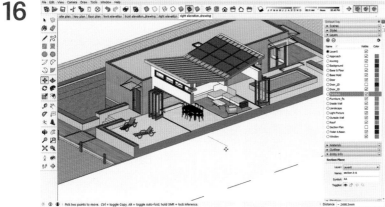

16

Layer 내용 이미지

Layers Tray에서 Furniture Layer를 Visible 상태로 만든 후 그림과 같이 Section Plane에 의해 가구가 잘려져 보이지 않는 위치로 Section Plane을 이동합니다.

17

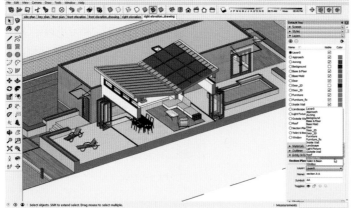

AA Section Plane의 위치를 조정한 후 그림과 같이 **Entity Info Tray**에서 AA Section Plane의 Layer를 Section Plane Layer로 지정하여 화면에서 사라지게 합니다.

18

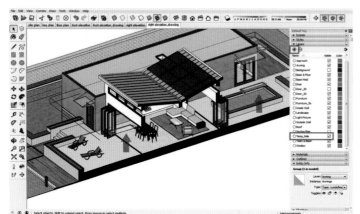

AA Section Plane에 의한 단면을 보면 그림에 표시된 어닝이 어색하게 잘려져 나타난 것을 볼 수 있습니다. 단면도에서 이러한 부분이 나타나지 않도록 별도의 Layer를 추가하여 관리할 수 있습니다. **Layers Tray**에서 새로운 Layer를 추가하고 이름을 Temp_hide로 지정합니다.

19

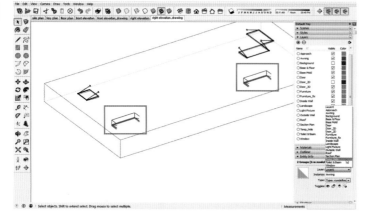

Select Tools로 어닝 Group을 더블클릭합니다. 어닝 Group이 펼쳐지면, 앞서 언급한 두 개의 어닝을 선택한 후 **Entity Info Tray**에서 Layer를 Temp_hide로 지정합니다.

21

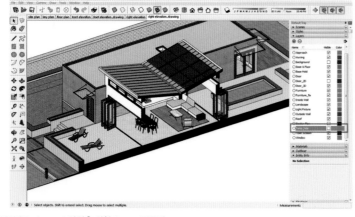

Select Tools로 화면의 빈 곳을 더블 클릭하여 어닝 Group을 닫습니다. **Layers Tray**에서 Temp_hide Layer를 Invisible 상태로 만들면 앞선 2개의 어닝이 화면에서 사라집니다.

20

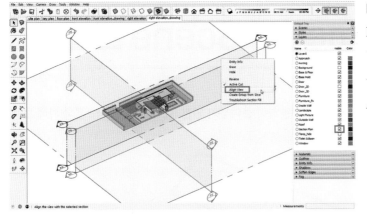

Layers Tray에서 다시 Section Plane Layer를 Visible상태로 만듭니다. 앞서 만든 AA Section Plane을 선택하고 마우스 우측 클릭하여 Align View를 선택합니다.

21

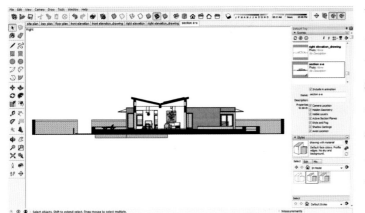

View가 전환되면 Styles Tray에서 [drawing with material] Style을 적용하고, Zoom Extents 합니다. Scenes Tray에서 새로운 Scene을 추가한 후 Scene의 이름을 'section a-a'로 지정합니다. 입면도와 단면도를 표현하기 위한 5개의 Scene이 완성되었습니다.

TIP

Camera Position을 활용하여 입면도 작성에 필요한 Scene을 만들 수도 있으나, Section Fill 기능을 활용할 수 없는 단점이 있습니다.

Isometric Scene 만들기

이번 장에서는 건물의 구조를 3개의 부분으로 구분하여 보여주기 위한 Isometric Scene을 추가해 보겠습니다.

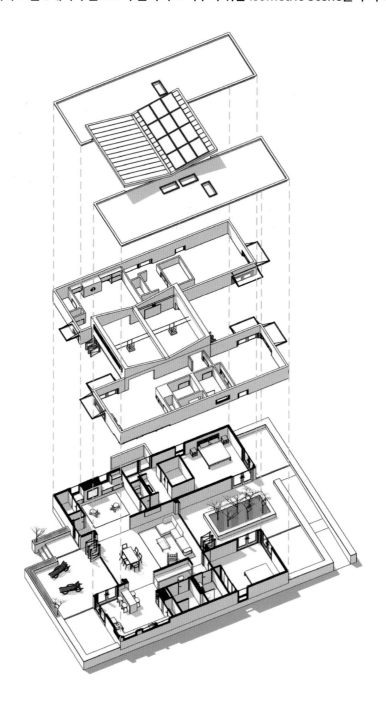

01

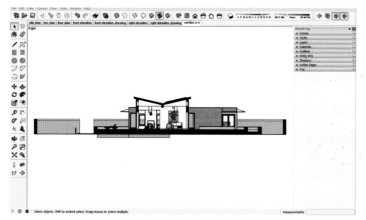

준비된 File을 불러 옵니다. 앞선 챕터의 [section a-a] Scene에서 작업을 시작하겠습니다.

part05/part05_04.skp

02

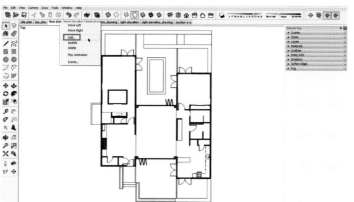

실내 공간의 구조를 보여주기 위해 앞서 만든 [floor plan] Scene으로 이동합니다. Scene Tab을 마우스 오른쪽 클릭하고 Add를 선택하여 [floor plan] Scene을 복사합니다.

03

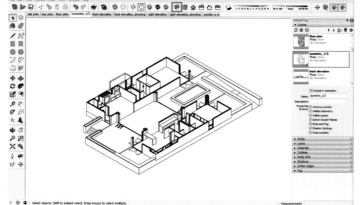

Perspective View로 전환한 후 **Scenes Tray**에서 앞서 복사한 Scene의 이름을 'isometric_1/3'로 지정합니다.

04

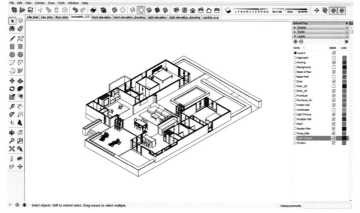

내부 공간에 가구를 표현하면, 공간의 성격을 파악하는데 도움이 됩니다. **Layers Tray**에서 Door_2D Layer를 Invisible 상태로 만들고, Base Mold, Door_3D, Light Fixture, Toilet & Basin Layer를 Visible 상태로 만듭니다.

05

내부 공간이 더 잘 보이도록 그림과 같이 View를 조정한 후 Zoom Extents 합니다. 현재 상태를 [isometric_1/3] Scene에 Update 합니다.

06 새로운 Scene을 추가하고 Scene의 이름을 'isometric_2/3' 으로 지정합니다.

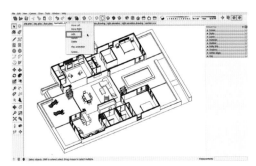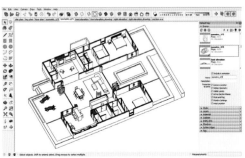

07

Display Section Planes 버튼을 클릭하여 Section Plane을 화면에 나타나도록 만든 후 Zoom Extents 합니다. 평면도를 만들기 위해 생성한 FL Section Plane을 Select Tools로 선택한 후 메뉴 바 Edit>Copy를 선택하여 복사합니다.

08

앞서 복사한 Section Plane을 제자리에 복사해 넣기 위해서 메뉴 바 Edit>Paste In Place를 선택합니다.

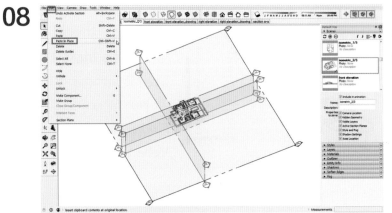

09

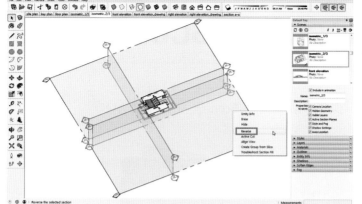

제자리에 붙여 넣기 된 Section Plane을 선택하고 마우스 우측 클릭〉Reverse 를 선택하여 Section의 방향을 반대로 변경합니다.

10

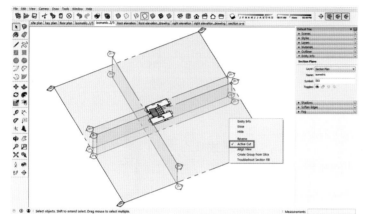

다시 Section Plane을 마우스 우측 클릭하고 Active Cut을 선택합니다. **Entity Info Tray**를 열고 현재 선택 되어 있는 Section Plane의 Layer, Name, Symbol을 그림과 같이 지정 합니다.

11

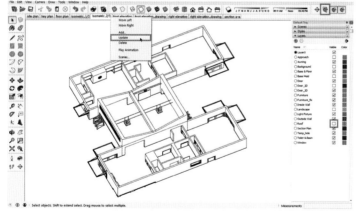

Display Section Planes 버튼을 클 릭하여 Section Plane을 Hide 하고, Zoom Extents 합니다. 내부 벽 구조 를 보여주기 위해 **Layers Tray**에서 Roof Layer를 Invisible 상태로 만든 후 현재 Scene을 Update 합니다.

12

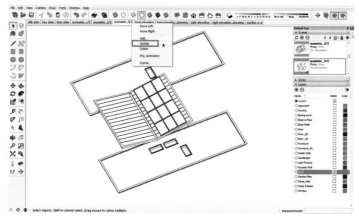

마지막으로 새로운 Scene을 추가한 후 Scene의 이름을 'isometric_3/3' 으로 지정합니다. **Layers Tray**에서 Roof Layer만 Visible 상태로 만들 고 현재 상태를 isometric_3/3에 Update 합니다. Isometric을 구성 할 3개의 Scene이 완성되었습니다.

Perspective Scene 만들기

이번 장에서는 외부, 실내 공간의 투시도를 구성하기 위한 Scene을 추가해 보겠습니다.

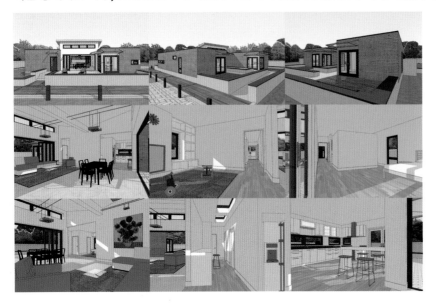

01

준비된 File을 불러 옵니다. Isometric 을 구성하기 위한 지붕 Scene이 나타 납니다.

part05/part05_05.skp

02

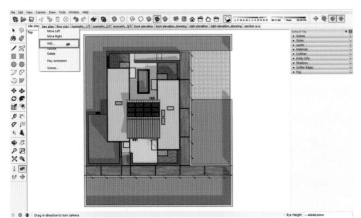

[site plan] Scene으로 전환합니다. [site plan] Scene Tab을 마우스 우 측 클릭하고, Add 버튼을 클릭하여 새로운 Scene을 추가합니다.

03

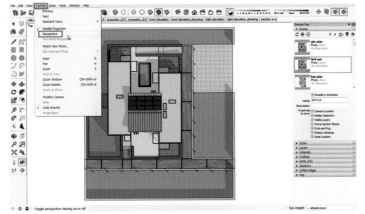

Scenes Tray에서 새로 추가된 Scene의 이름을 'bird eye'로 지정합니다. [site plan] Scene의 Camera가 Parallel Projection으로 지정되어 있었기 때문에 조감도에 적합하지 않습니다. 메뉴바 Camera>Perspective를 선택합니다.

04

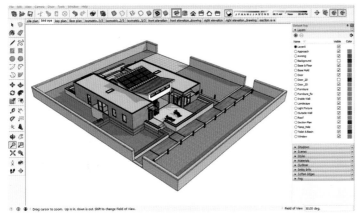

Perspective View를 선택하고, 그림과 같이 건물이 전체적으로 내려다 보이도록 View를 조정한 후 Zoom Extents 합니다. Layers Tray를 열고 Background, Door_2D Layer를 제외한 모든 Layer를 Visible 상태로 만듭니다.

05

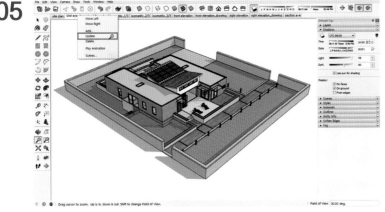

Shadows Tray에서 날짜와 시간, 밝은 영역과 어두운 영역의 밝기를 그림과 같이 조정합니다. Ground에도 그림자가 생성되도록 On ground에 Check합니다. Zoom Tools을 이용하여 Ground에 드려진 그림자가 화면에서 잘려 나타나지 않도록 조정한 후 현재 상태를 [bird eye] Scene에 Update 합니다.

06

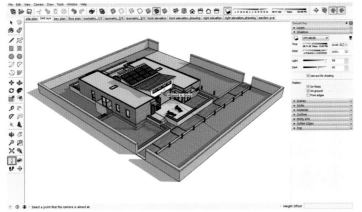

다음으로 외부 공간의 Perspective View를 추가해 보겠습니다. 건물의 정면을 바라보는 장면을 연출하기 위해서 Position Camera Tool을 선택하고, 그림과 같이 화면 위를 클릭 드래그 합니다.

07

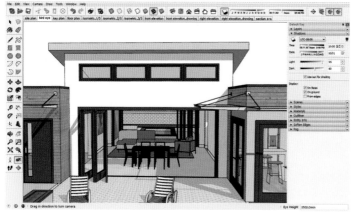

Position Camera Tools로 Camera의 위치를 지정하게 되면 자동적으로 Look Around Tool이 선택된 상태로 전환됩니다. 키보드로 3500을 입력한 후 Enter키를 누릅니다. Eye Height가 3500mm로 조정됩니다. 화면을 클릭 드래그하여 그림과 같이 원하는 방향으로 시선을 조정합니다.

08

Camera의 화각을 넓히기 위해 Zoom Tool을 선택하고 키보드로 55을 입력한 후 Enter키를 누릅니다. Field of View가 55도로 증가하면서 화면에 건물의 더 많은 부분이 들어옵니다.

09

건물의 배경이 나타나도록 **Layers Tray**에서 Background Layer를 Visible 상태로 만들고, **Styles Tray**에서 [perspective] Style을 선택합니다. Walk Tool을 선택하고 화면을 클릭 드래그하여 Camera의 위치와 방향을 조정합니다.

10

건물 정면의 화단이 View에 들어오도록 다시 Look Around Tool을 선택하고 키보드로 2500을 입력한 후 Enter키를 눌러 Eye height를 낮춥니다.

11

Camera의 화각으로 인해 왜곡되어 보이는 수직선을 보정하기 위해 메뉴 바 Camera>Two-Point Perspective를 적용합니다.

12

Scenes Tray에서 새로운 Scene을 추가하고, 추가된 Scene의 이름을 'exterior_1/3'로 지정합니다.

13

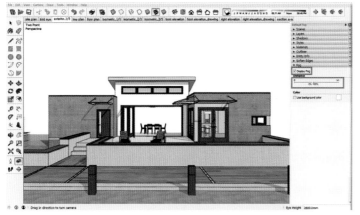

외부 투시도에는 Fog 효과를 추가하여 원근감을 더할 수 있습니다. **Fog Tray**를 펼치고, Display Fog에 Check 합니다. 그림과 같이 Distance Slider를 조정하여 0% 지점과 100% 지점을 동일한 지점으로 맞춘 후 Slider를 이동하면서 화면에서 Fog가 시작될 위치를 결정합니다.

14

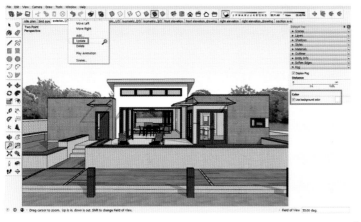

Use background color에 Check 하여 배경에 Sky Color가 나타나도록 만들고, 100% 지점의 Slider를 움직여 자신이 원하는 정도의 Fog를 표현한 후 현재 상태를 [exterior_1/3]에 Update 합니다.

15 동일한 방식으로 Position Camera, Look Around, Walk, Zoom, Pan Tools을 사용하여 자신이 원하는 Camera 위치, 눈 높이, 시선의 방향, 화각을 조정하고, Fog를 더해 [exterior_2/3], [exterior_3/3] Scene을 추가합니다.

16

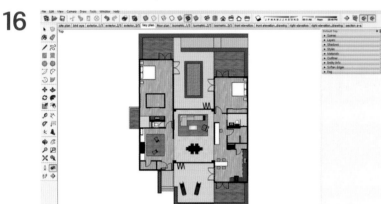

다음으로 Interior Perspective 장면을 추가해 보겠습니다. Camera의 위치를 지정하기 위해 [key plan] Scene으로 이동합니다.

17

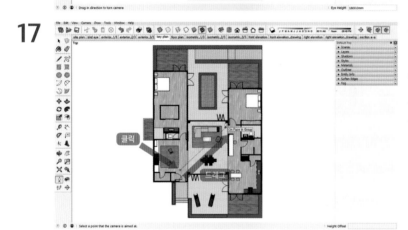

스터디 룸에서 거실을 바라보는 장면을 만들기 위해 그림과 같이 Camera Position Tools을 선택하고 그림과 같이 Camera의 위치와 방향을 지정합니다.

18

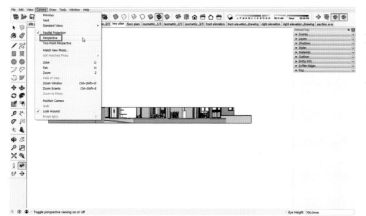

[key plan] Scene의 Camera가 Parallel Projection으로 지정되어 있어 투시도에 적합하지 않습니다. 메뉴 바 Camera>Perspective를 선택합니다.

19

Styles Tray에서 Perspective Style을 선택하여 적용한 후 Look Around, Zoom Tools을 사용하여 Camera의 눈높이, 화각, 방향을 그림과 같이 조정합니다. (화각 60도, 눈높이 2000mm로 지정하였습니다.)

20

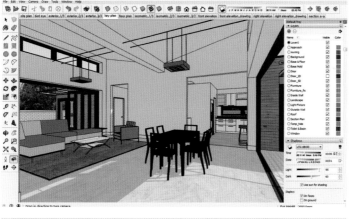

Layers Tray에서 Door_2D Layer를 제외한 모든 Layer를 Visible 상태로 만듭니다. **Shadows Tray**를 열고 Shadow를 적용한 후 날짜와 시간, 밝기를 알맞게 설정합니다.

21

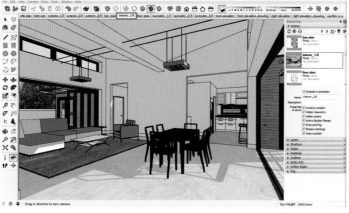

Scenes Tray를 열고, 새로운 Scene을 추가한 후 Scene의 이름을 'interior_1/6'으로 지정합니다.

22 동일한 방법으로 다양한 내부 공간의 투시도를 추가합니다. 투시도 장면에서 숨기고 싶은 문이나 가구가 있다면 앞서 단면도 표현에서 활용했던 Temp_hide Layer에 포함시켜 해당 Scene에서만 숨길 수 있습니다. 내부 공간은 Shadow 설정을 조정하여 햇빛을 알맞게 표현하는 것이 좋습니다. 그림을 참조하여 총 6개의 내부 투시도 Scene을 만들어 보세요.

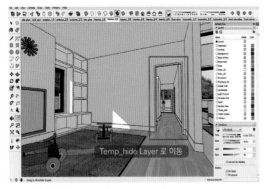
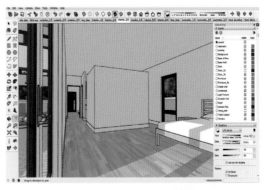
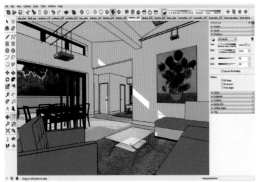
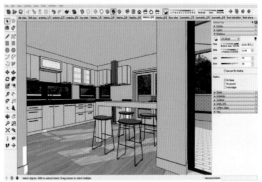
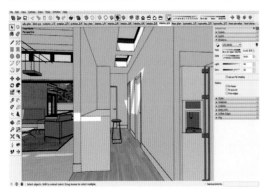

MEMO

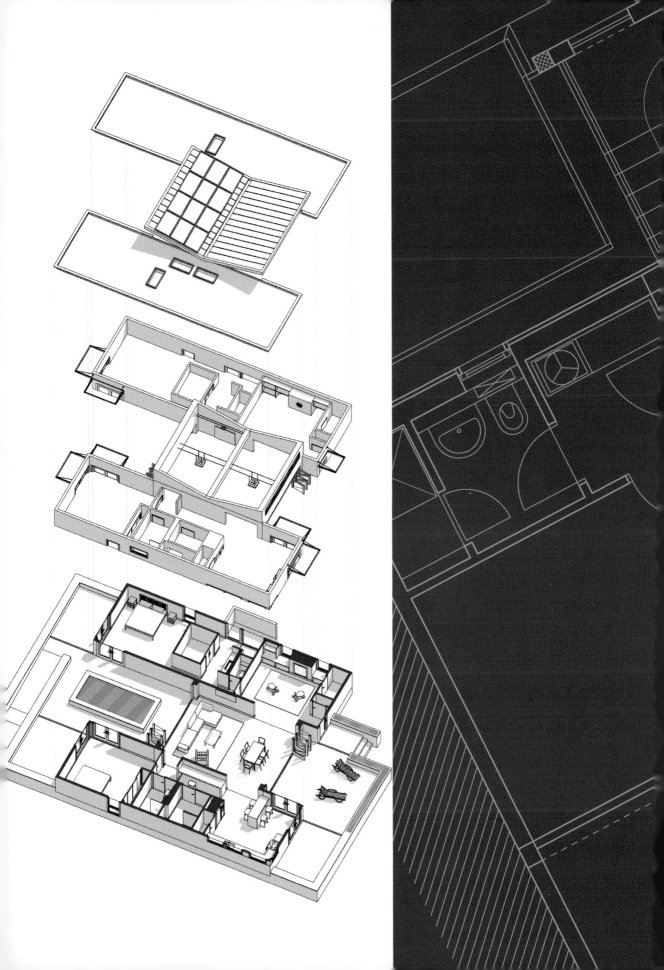

Layout
기본기 익히기

PART
06

Layout Document 만들기

이번 장에서는 Layout 작업을 시작하기 위해 Document를 생성하는 방법을 살펴보겠습니다. Layout을 설치하고 처음 실행하면 화면에 **Tip of the Day**와 **Getting Started** 대화상자가 나타납니다.

■ Tip of the Day

Layout을 처음 사용하는 경우 Tip of the Day를 통해 Layout 활용에 대한 기본적인 정보들을 얻을 수 있습니다. Show tips on startup Check Box를 이용하여 Layout 시작 시에 이 대화상자를 지속적으로 띄울 것인지 선택합니다.

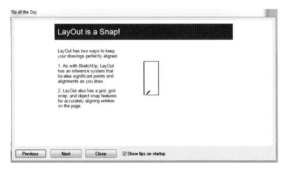

■ Getting Started 대화상자

Getting Started 대화상자에서는 Layout Document를 만들 Template을 선택할 수 있습니다. Layout의 모든 Document는 Template을 선택하는 것부터 시작됩니다. Layout에는 기본적으로 다양한 용지, 방향, 도면양식이 포함된 Template이 준비되어 있으며, 필요한 경우 직접 Template을 만들어 등록해 사용할 수 있습니다. Layout을 시작할 때에는 기본적으로 Getting Started 대화상자가 나타나며, Layout이 실행된 상태에서 새로운 Document를 제작하려는 경우에는 메뉴 바 File> New를 선택하여 Getting Started 대화상자를 불러 올 수 있습니다.

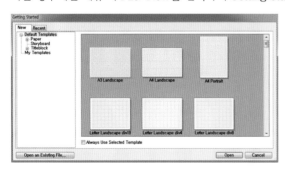

■ Default Templates 선택하기

New Tab에 있는 Default Templates에서 Layout에 기본적으로 저장되어 있는 Template을 선택할 수 있습니다.
도면 양식이 포함되어 있지 않은 Paper Template, 스토리보드 제작에 알맞은 Storyboard Template, 다양한 형태
의 도면 양식을 선택할 수 있는 Titleblock Template이 준비되어 있습니다.

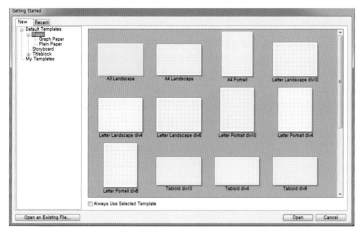

Paper :

백지 상태 혹은 Grid만 표시되어 있는 상태
의 Template을 선택할 수 있으며 다양한 크
기·방향의 Template이 준비되어 있습니다.

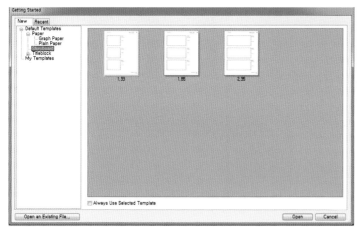

Story Board :

스토리 보드를 제작하는데 알맞은 양식
이 포함된 다양한 크기·방향의 Template
이 준비되어 있습니다.

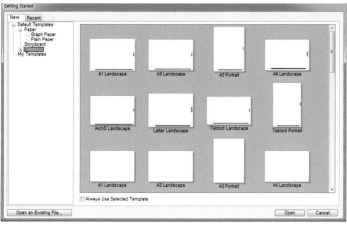

Title Block :

기본적으로 도면 양식이 포함되어 있는
다양한 크기·방향의 Template이 준비되
어 있습니다.

■ 자신이 만들어 놓은 Templates 선택하기

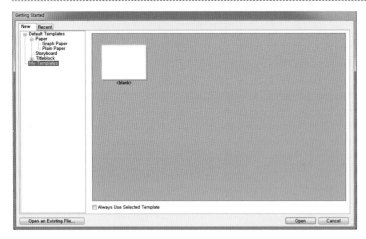

New Tab에 있는 My Templates에서 자신이 앞서 만들어 놓은 Template을 선택할 수 있습니다. 자신이 만들어 저장해 놓은 Template 목록이 My Templates에 나타나며, 저장해 놓은 Template이 없는 경우에는 아무런 목록도 나타나지 않습니다. Always Use Selected Template Box에 Check하면 매번 작업을 새로 시작할 때마다 자신이 지정한 Template을 사용하도록 지정할 수 있습니다.

■ 앞서 작업한 문서 불러오기

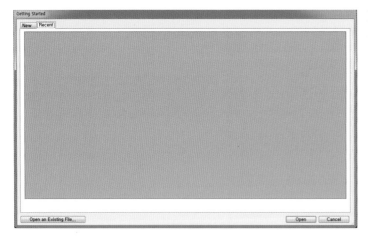

Recent Tab을 선택하면 최근에 작업한 Document 목록이 나타납니다. 앞서 작업해 놓은 Document의 Template을 그대로 사용하고 싶은 경우 사용합니다.

─── **Getting started 대화상자가 나타나지 않을 때** ───

Getting Started 대화상자에서 Default Templates의 Always Use Selected Template Box혹은 My Templates의 Always Use Selected Template Box를 Check한 경우, Layout을 시작하거나 새로운 Document를 시작할 때 Getting started 대화상자가 나타나지 않습니다.

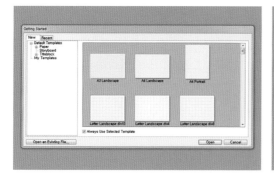 

이 경우 Getting started 대화상자를 다시 활용하기 위해서는 메뉴 바 Edit> Preferences 메뉴를 선택하고, 그림과 같이 Startup의 New Document 아래를 Open "Getting Started"에 Check합니다.

LESSON 02 Layout Preferences 살펴보기

이번 장에서는 Preferences 대화상자의 구성을 살펴보겠습니다.

[Preferences 대화상자 불러오기]

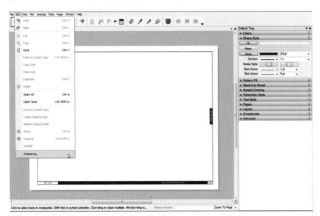

Layout Preferences 대화상자를 활용하여 Layout 작업의 기본적인 환경을 설정할 수 있습니다. Layout Preferences 대화상자는 메뉴 바 Edit>Preferences를 선택하여 불러옵니다.

[Applications]

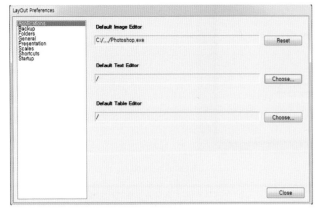

Default Image Editor :

Layout에 불러온 Image File을 편집할 소프트웨어를 지정합니다. Image File 편집에 활용하고 싶은 편집 소프트웨어(포토샵 등)가 있다면, Choose버튼을 클릭하고 해당 소프트웨어의 실행 File을 찾아 선택합니다.

Default Text Editor :

Layout Document에 포함된 Text를 별도의 Text 편집 프로그램을 활용하여 편집하고 싶을 때 원하는 편집 프로그램을 지정합니다. Text 편집에 활용하고 싶은 편집 소프트웨어(Word 등)가 있다면, Choose버튼을 클릭하고 해당 소프트웨어의 실행 파일을 찾아 선택합니다.

Default Table Editor :

Layout Document에 포함된 Table을 별도의 편집 프로그램을 활용하여 편집하고 싶을 때 원하는 편집 프로그램을 지정합니다. Table 편집에 활용하고 싶은 편집 소프트웨어 (Excel등)가 있다면, Choose 버튼을 클릭하고 해당 소프트웨어의 실행파일을 찾아 선택합니다.

[Backup]

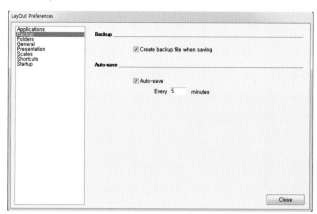

Backup :

Create backup file when saving에 Check하면 Layout File을 저장할 때 자동으로 Backup File 을 만들어 저장합니다.

Auto-save :

Auto-save에 Check하고 시간을 지정하면, 지정 된 시간 간격 마다 자동으로 File을 저장합니다.

[Folders]

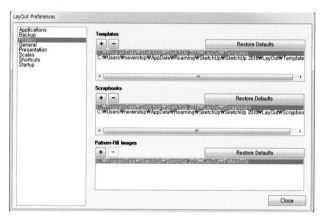

Layout 실행 시 Layout 작업에 활용할 Template, Scrapbook, Pattern Image를 찾아 올 폴더를 지정 합니다. Default 폴더 이외에 추가적인 폴더를 지정 하거나, 등록한 폴더를 찾아볼 필요가 없어졌을 경 우 +, - 버튼을 활용하여 경로를 추가하거나 제외 시킬 수 있습니다.

[General]

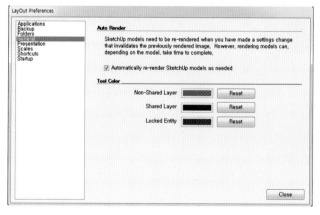

Auto Render :

Automatically re-render Sketch up Models as needed에 Check하면, Layout으로 불러 온 SketchUp File이 수정되었을 때 자동적으 로 Layout에 불러들인 SketchUp Model이 re-render(update)됩니다. Re-render가 필요한 Layout Element를 별도로 선택하여 re-render할 수 있는 Option이 있으므로, 기본적으로 이 Option 을 Check하지 않을 것을 권합니다.

Tool Color :

Layout Document의 각 Page에 공유된 Layer인지를 구분해주는 Layer 표시 색상, 잠금상태의 Entity 색상을 지정합니다.

[Presentation]

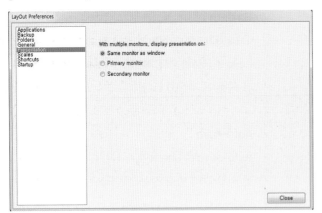

컴퓨터에 연결된 모니터가 여러 대 일 경우 Presentation 이 보여질 모니터를 지정합니다.

[Scale]

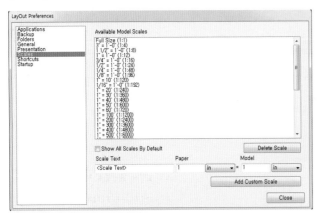

SketchUp Model, Dimension, Scrapbook 등에 적용할 Model Scale의 Pool을 만듭니다. Layout이 설치되면 기본적으로 다양한 Scale로 구성된 Model Scale Pool이 있습니다. 이 Pool은 **SketchUp Model Tray, Dimension Style Tray**에서 Scale을 선택할 때 동일하게 나타납니다.

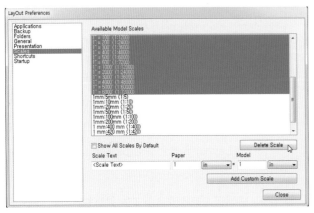

작업의 효율을 높이려면 불필요한 Scale을 제거해 주는 것이 좋습니다. 예를 들어, 미터 단위를 사용하는 한국에서는 인치, 피트 등의 Scale은 사용하지 않으므로, 해당 Scale을 Model Scale Pool에서 삭제할 수 있습니다. 불필요한 Scale을 삭제하려면, 그림과 같이 삭제하려는 Scale을 선택하고, Delete Scale 버튼을 클릭합니다.

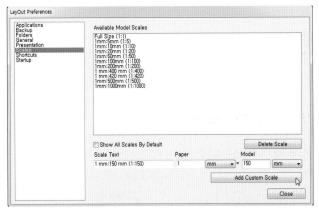

Model Scale Pool에 자주 사용하는 Scale이 없을 경우 필요한 Scale을 추가할 수 있습니다. 예를 들어 미터 단위의 1:150 Scale을 추가해 보겠습니다. 먼저 Paper에 1을 입력하고, 단위는 mm를 선택합니다. 다음으로 Model에 150을 입력하고, 단위를 mm로 선택한 후 Add Custom Scale 버튼을 클릭합니다.

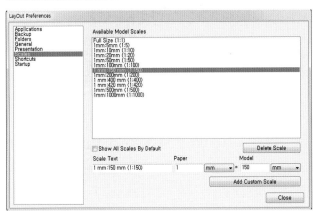

Model Scale Pool에 1mm:150mm Scale이 새롭게 추가된 것을 확인할 수 있습니다.

[Shortcut]

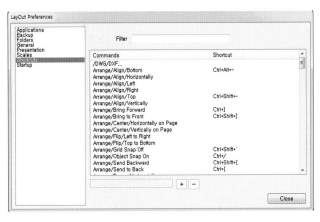

Layout Tools에 단축키를 지정할 때 활용합니다. 단축키를 지정하고 싶은 Command를 선택하고, 아래 창에 원하는 단축키를 입력한 후 + 아이콘을 클릭하여 단축키를 지정합니다. − 아이콘을 사용하여 특정 command에 지정된 단축키를 제거할 수도 있습니다.

[Startup]

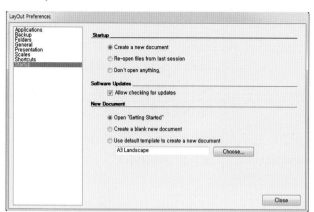

Startup：

Layout을 실행할 때 새로운 Document를 생성할 것인지, 가장 최근 작업한 Document를 다시 불러올 것인지, Document를 불러오지 않을 것인지를 지정합니다.

Software Updates：

Allow checking for updates에 Check하면 Layout 소프트웨어가 Update 될 때마다 Update 소식을 알려줍니다.

New Document：

Startup에서 Create a new document에 Check한 경우, Layout을 실행할 때 새로운 Document를 불러오게 되는데, 이 때 새로운 Document를 불러오는 방식을 지정합니다. "Getting Started" 대화상자를 불러오거나, Getting Started 대화상자 없이 비어있는 새 Document를 화면에 불러오거나, 사용자가 Default Template으로 지정한 새 Document를 불러 오도록 선택할 수 있습니다.

Layout Document Setup 살펴보기

이번 장에서는 Document Setup 대화상자를 활용하여 Layout Document의 크기와 단위 등을 설정하는 방법을 살펴보겠습니다.

[Document Setup 대화상자 불러오기]

Document Setup 대화상자를 살펴보기 위해 우선 Layout Document를 화면으로 불러 오겠습니다. Layout을 실행하고, Getting Started 대화상자에서 A3 Landscape Template을 선택하여 화면으로 불러옵니다. 메뉴 바 File>Document Setup을 선택합니다. 화면에 Document Setup 대화상자가 나타납니다.

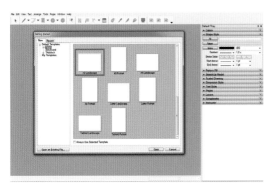 

[Auto Text]

Auto Text 기능은 SketchUp 2015 버전부터 포함되기 시작했습니다. Auto Text 기능을 활용하면 Document에 포함된 Text들을 자동, 일괄적으로 Update할 수 있습니다.

[Grid]

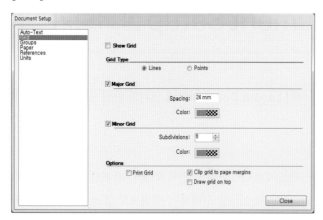

Show Grid에 Check하면 Document에 Grid를 표현할 수 있습니다.

Grid 타입 :

Grid를 선의 형태로 표현할 것인지, 점의 형태로 표현할 것인지를 선택합니다.

Major Grid :

굵은 선 Grid의 간격과 색상을 설정합니다. Grid 간격의 단위는 Document Setup의 Units에서 설정한 단위로 나타납니다. Grid의 색상을 클릭하면, **Colors Tray**가 펼쳐지고, **Colors Tray**에서 지정한 색상이 Grid의 색상으로 지정됩니다.

Minor Grid :

굵은 선 Grid 사이를 등분하는 가는 선 Grid의 간격과 색상을 설정합니다. Subdivisions에 입력한 숫자만큼 Major Grid 사이가 등분되며, Major Grid와 동일한 방법으로 색상을 지정할 수 있습니다.

Options :

Document를 Print할 때 Grid를 함께 Print할 것인지(Print Grid), 용지여백에도 Grid를 표현할 것인지(Clip grid to page margins), Grid를 Document Page의 가장 위쪽에 표현할 것인지(Draw grid on top)를 설정합니다.

[Groups]

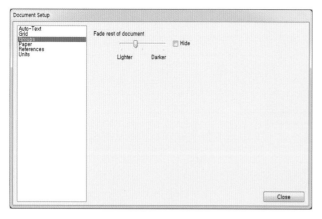

Group Element를 펼쳤을 때 Group 밖의 Element를 얼마나 흐리게 표현할 것인지를 설정합니다. Hide에 Check하면 Group을 펼쳤을 때 Group 밖의 Element가 모두 화면에서 사라지게 됩니다.

[Paper]

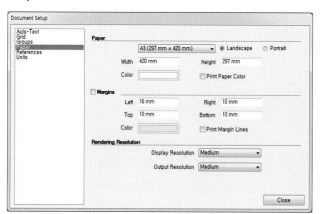

Paper :

인쇄될 용지의 크기와 방향, 배경색을 지정합니다.
미리 설정되어 있는 용지크기 List에서 선택하거나,
필요한 크기를 직접 입력할 수도 있습니다. 배경색
을 지정할 경우 Print Paper Color에 Check하면 실
제 Print할 때 배경색으로 지정한 색상이 함께 Print
됩니다.

Margins :

용지의 여백 부분을 지정합니다. Margins에 Check하면 여백 부분을 확인할 수 있는 여백 구분선이 용지 위에 표시
됩니다. 여백 구분선의 색상을 직접 지정할 수 있으며, Print Margin Line에 Check하면 Print 시 여백 구분선이 함께
Print됩니다.

Rendering Resolution :

스크린에 Display되는 해상도와 인쇄물의 해상도 수준을 설정할 수 있습니다. Low, Medium, High 세 단계로 설정
할 수 있으며, High로 설정할 경우 컴퓨터의 사양에 따라 Rendering에 시간이 소요되어 작업 속도를 더디게 만들 수
있습니다.

[Reference]

Layout Document에는 Image File, Text File,
SketchUp File등 외부파일을 불러 올 수 있습니다.
Document Setup의 Reference에서는 불러들인 외부
File과 Layout Document 사이의 링크를 관리할 수
있습니다.

[Units]

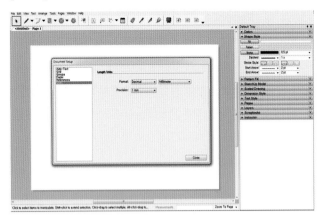

단위 설정은 도면의 Scale과 Dimension에 영향을 주기 때문에 매우 중요한 부분이며, 작업을 시작하기 전에 반드시 확인해야 하는 사항입니다. 한 번 설정한 단위는 설정을 변경하기 전까지 모든 작업에 적용됩니다. Document Setup 대화상자 왼쪽 Box에서 Units을 선택하고 필요한 단위와 오차 수준을 지정합니다. 예를 들어, 한국에서 통용되는 메트릭 단위를 설정하려면 Format Drop Down List에서 Decimal과 Millimeters를 각각 선택합니다.

LESSON 04

User Interface 살펴보기

이번 장에서는 Layout Interface의 각 명칭과 기능을 알아보겠습니다. Interface의 각 부분 명칭은 다음과 같습니다.

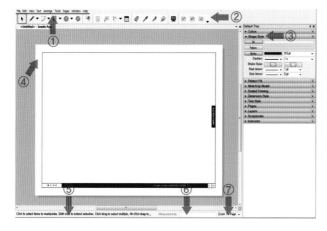

1 Menu

2 Toolbar

3 Tray

4 Document Area

5 Status Bar

6 Measurement Box

7 Zoom Menu

■ 1. Menu

Layout에서 사용할 수 있는 대부분의 기능이 9가지 메뉴(File, Edit, View, Text, Arrange, Tools, Pages, Window, Help) 아래 모여 있습니다. 예를 들어 Arrange 메뉴에는 Layout 의 각 Page를 구성하고 있는 Layout의 요소들 간의 순서를 조정하거나, 위치를 정렬하는 기능, Object(혹은 Grid)에 Snap을 활성화하는 기능 등이 들어있습니다.

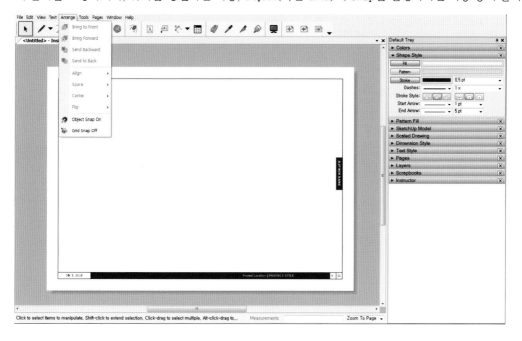

▪ 2. Toolbar

Toolbar에는 Layout 요소를 만들거나 편집하는데 가장 자주 사용되는 도구들이 모여 있습니다.

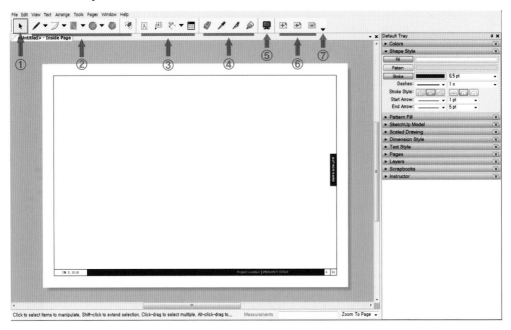

① **Select Tool** : Layout Page 안에 있는 Layout 요소들을 선택할 때 사용합니다.

② **Drawing Tools** : 선, 호, 원, 도형 등을 그릴 때 사용합니다. 그리기 도구를 사용하여 Clipping Mask, Symbol, Title Block, Pattern과 같은 것들을 만들 수 도 있습니다.

③ **Annotation Tools** : 치수, 지시선, 도면 설명과 같은 요소들을 추가하는데 사용합니다.

④ **Modification Tools** : Drawing Tools를 사용하여 그린 다양한 선과 도형들을 편집하는데 사용합니다.

⑤ **Presentation Mode** : Layout 작업을 Presentation할 때 사용합니다. Presentation Mode에 들어가면 User Interface가 사라지고, 화면 가득 Layout Document가 나타납니다. Layout Document Mode에서는 마우스를 사용하여 화면을 넘기면서 Presentation할 수 있고, 필요한 경우 Presentation을 하면서 Note를 추가할 수도 있습니다.

⑥ **Navigation Tool** : Page를 추가하거나, 앞 Page나 뒷 Page로 이동할 때 사용합니다.

⑦ **Add Remove Buttons** : Toolbar의 구성을 편집하는데 사용합니다. Drop-Down 메뉴를 사용해서 Toolbar에 아이콘을 추가하거나 삭제할 수 있습니다.

—— Toolbar 구성 편집하기 ——

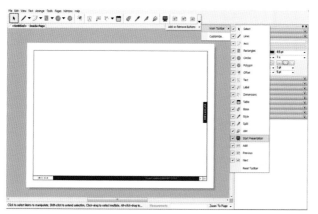

아이콘 삭제하기

Add Remove Buttons을 클릭합니다.
Sub 메뉴로 나타나는 Toolbar 목록에서
CheckBox를 사용하여 불필요한 아이콘
을 해당 Toolbar에서 제거할 수 있습니
다.(필자의 경우 Start Presentation Tool
은 활용도가 낮아 Toolbar에서 제거한
상태로 작업합니다.)

1

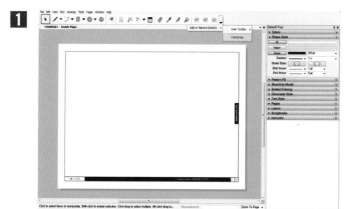

새로운 Toolbar 만들고 아이콘 추가하기

Add Remove Buttons을 클릭하고
Customize를 선택합니다.

2

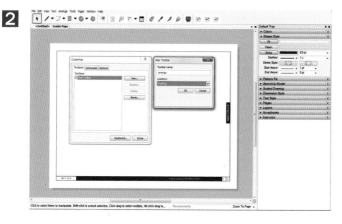

Customize 창에서 New버튼을 클릭합
니다. New Toolbar 창이 나타나면 새
로 만들어질 Toolbar의 이름과 최초
생성될 위치를 선택하고 OK 버튼을
클릭합니다. 새로 만들어지는 Toolbar
에 아이콘을 쉽게 추가하기 위해 위치
를 그림과 같이 Floating으로 선택하
면 편리합니다.

3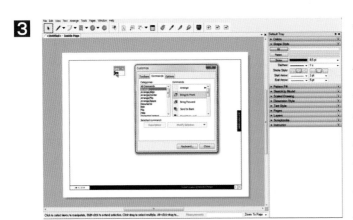

새로운 Toolbar가 화면에 나타납니다. 그림과 같이 새로 만들어진 Toolbar와 Customize 창을 나란히 놓습니다. Customize 창의 Commands Tab에서 카테고리 별로 추가하고 싶은 명령어 아이콘을 찾은 후에, 새로 만들어진 Toolbar에 추가하고 싶은 아이콘을 클릭 드래그하여 그림과 같이 새로 만들어진 Toolbar의 시작 부분으로 가져갑니다.

4

새로 만들어진 Toolbar의 TitleBar를 클릭 드래그하여 Interface의 원하는 위치(화면의 왼쪽 혹은 상단)에 자리를 잡습니다.

■ 3. Tray

Tray은 Colors, Shape Style, Pattern Fill, SketchUp Model, Dimension Style, Text Style, Pages, Layers, Scrapbooks, Instructor로 구성되어 있습니다. 각 Tray를 통해 선이나 Pattern의 형태, 색상, Text나 치수의 Style 등을 지정할 수 있습니다.

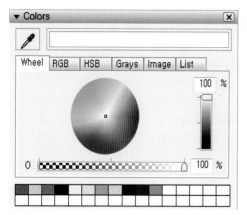

Colors :

선(Stroke)이나 면(Fill), Text 등의 색상이나 투명도를 지정할 때 사용합니다.

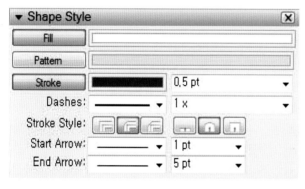

Shape Style :

선(Stroke), 면(Fill), Pattern의 형태를 지정할 때 사용합니다. **Shape Style Tray**에는 Fill, Pattern, Stroke을 활성화하는 세 개의 버튼이 있는데, 이 버튼을 사용하여 현재 선택된 요소에 Fill, Pattern, Stroke을 각각 적용할 것인지를 선택할 수 있습니다. 또한 Stroke을 적용할 경우 Stroke의 형태를 구체적으로 지정할 수 있습니다.

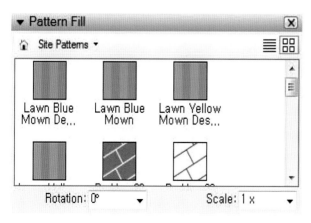

Pattern Fill :

Pattern이 적용된 Shape의 경우 **Pattern Fill Tray**를 사용하여 Pattern의 형태나 크기, 회전 등을 변경할 수 있습니다. **Shape Style Tray**의 Pattern Thumbnail을 클릭하면 **Pattern Fill Tray**가 자동으로 펼쳐집니다. **Shape Style Tray**를 이용하지 않고, **Pattern Fill Tray**에서 원하는 Pattern을 클릭 드래그하여 Pattern 적용이 필요한 Shape에 가져가는 방법으로 Pattern을 적용할 수도 있습니다.

SketchUp Model

SketchUp Model Tray을 사용하면 현재 Document 에 선택되어 있는 SketchUp Model 의 속성을 확인 하고, 필요한 변경을 할 수 있습니다. 특히, Ortho Mode를 활용하면 Insert된 SketchUp Model에 정확한 Scale을 적용할 수 있습니다.(이 Tray는 하나 이상의 SketchUp Model이 Layout으로 Insert되고, Insert된 SketchUp Model을 선택한 경우에만 사용 할 수 있습니다.)

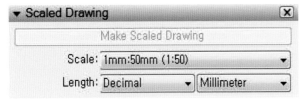

Scaled Drawing

Layout에서 축척을 사용하여 Line이나 도형을 그리 고 싶을 때 활용합니다. Make Scaled Drawing 버튼 을 클릭하고, 원하는 Scale과 단위를 지정한 후 Page 위에 Drawing을 하면 지정된 Scale에 따라 Drawing 됩니다.(2018버전 신설)

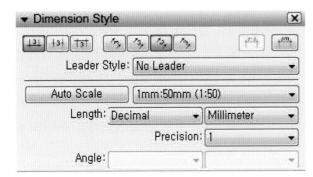

Dimension Style

Dimension Tools을 사용하여 Document에 치수를 넣는 경우, 이 Tray를 사용하여 치수의 속성을 지정 하거나 변경할 수 있습니다. 특히, 이 Tray의 Auto Scale 기능을 사용하면, SketchUp Model에 지정된 Scale에 맞추어 자동적으로 조정된 Dimension을 기 입할 수 있습니다. Dimension은 Text와 Stroke이 결 합되어 나타나는 형태이기 때문에 Dimension Text나 Dimension Line을 수정하기 위해서는 **Shape Style Tray**와 **Text Style Tray**를 사용해야 합니다.

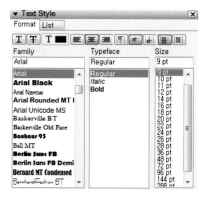

Text Style

Document Area에 추가된 모든 Text의 색상, 형태, 크기, 정렬 등을 지정하거나 변경할 때 사용합니다.

Pages

Layout Document Page를 추가, 삭제, 복제, 이동할 때 사용하며, Presentation Mode에서 Presentation에서 제외시킬 Page를 지정할 때에도 사용됩니다.

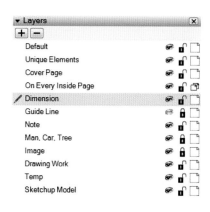

Layers

Layout에서 Layer를 추가, 삭제, 이동, hide/unhide, lock/unlock할 때 사용합니다. 해당 Layers가 모든 Page에 나타나게 하거나, 특정 Page에만 나타나도록 제어할 때도 사용됩니다.

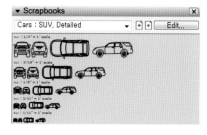

Scrapbooks

Project 전체에 걸쳐서 자주 사용되는 도면 기호나 Symbol 등을 Document로 불러 올 때 사용합니다. 또한, 자주 사용되는 Shape Style을 사용하여 동일한 Shape Style을 적용하고 싶을 때에도 사용됩니다. 기본적으로 많은 도면 기호, Symbol, Shape Style들이 저장되어 있으며 자신 필요에 따라 새로운 기호, Symbol, Shape Style을 추가하여 사용할 수도 있습니다.

Instructor

현재 선택되어 있는 Tools의 사용법을 간단한 Animation과 함께 설명해 줍니다.

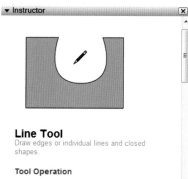

Line Tool
Draw edges or individual lines and closed shapes.

Tool Operation

────── **Tray Hide/Show 제어하기** ──────

Tray Auto Hide On/Off

Tray Title Bar에 있는 Auto Hide 버튼을 이용하면 Tray를 Interface에 고정시키거나, 마우스가 근처에 갔을 때에만 Interface에 나타나도록 조정할 수 있습니다.

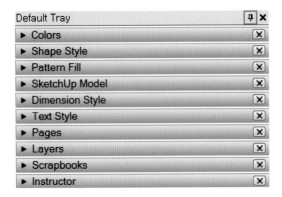
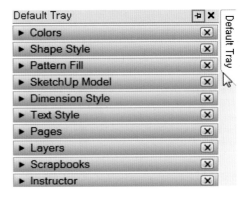

[Auto Hide Off]　　　　　　　　　　　　　　[Auto Hide On]

자신 만의 Tray 구성하기

메뉴 바의 Window 메뉴를 활용하면 필요한 Tray 만을 Interface에 나타나게 하거나, 현재 작업에 필요한 Tray 만을 별도로 구성하여 새로운 Tray를 만들 수 있습니다.

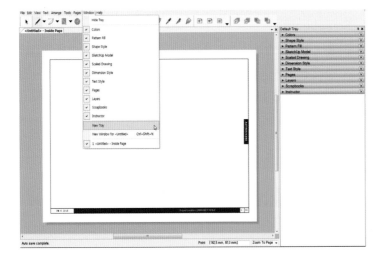

■ 4. Document Area

Document Area는 도면 작업이 이루어지는 영역입니다. 새로운 Project를 시작하거나, 기존의 Project를 불러오게 되면 Document Area 상단에 '<File명>-Page 이름'으로 구성된 Tab이 나타납니다. Layout 은 SketchUp과 달리 여러 Project를 Document Area에 불러와서 동시에 작업할 수 있으며, 이 경우 Document Area 상단에 각각 '<File명>-Page 이름'으로 구성된 Tab들이 나타나는데, 각 Tab을 클릭하여 Project를 이동하며 작업할 수 있습니다. (다른 Project 안에서 필요한 Layout 요소를 복사하여, 현재 작업 중인 Project에 붙여넣기 할 수 있습니다.) Document Area에서는 마우스 휠을 굴리거나(Zoom), 클릭-드래그(Pan)하여 Page의 원하는 부분을 확대하거나 축소할 수 있습니다.

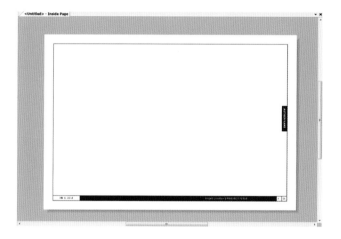

■ 5. Status bar, Measurements Box, Zoom 메뉴

Document Area하단에 있는 Status bar에서는 현재 선택한 Tools에 대한 정보를 확인할 수 있고, Measurements Box를 통해서는 Line의 길이나 Point의 지점 등에 대한 정보를 확인할 수 있으며, Zoom 메뉴를 통해서 Document Area를 미리 지정되어 있는 배율로 확대 축소하여 볼 수 있습니다.

Click to set first corner of rectangle, or type for precise location.   Point   [119.5 mm, 78.1 mm]   Zoom To Page ▾

Layout 그리기 도구 사용하기

이번 장에서는 Layout의 그리기 도구를 활용하는 방법을 간단히 살펴보겠습니다.

■ 직선 그리기

01

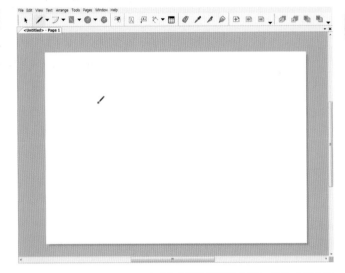

 Line Tool을 선택하고, Line이 시작될 지점을 클릭합니다.

02

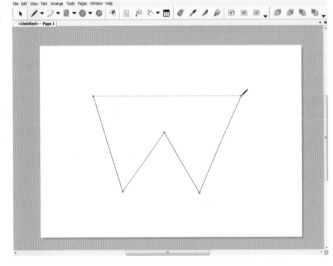

계속하여 Line의 다음 지점을 클릭하면 하나로 연결된 Polyline이 그려집니다. 직선 그리기를 끝내려면 Esc키를 누르거나, 끝나는 지점에서 더블 클릭합니다.

TIP

다른 Tool을 선택하면 자동적으로 그리기가 끝납니다.

03

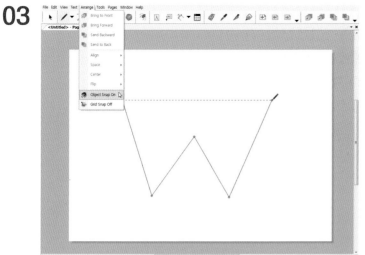

앞서 그린 직선과 연결된 직선을 그리거나, 처음 시작한 지점에서 직선 그리기를 종료하기 위해서는 Point에 Snap을 잡을 수 있게 Object Snap On을 Check합니다. Layout을 실행하면 기본적으로 Check되어 있습니다.

04

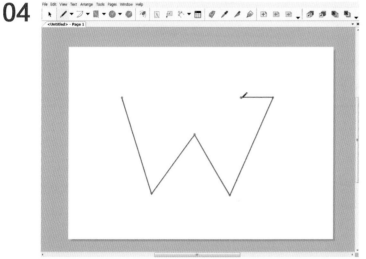

Line의 끝 지점을 새로운 Line의 시작점으로 지정하면 자동적으로 연결된 선이 그려집니다.

05

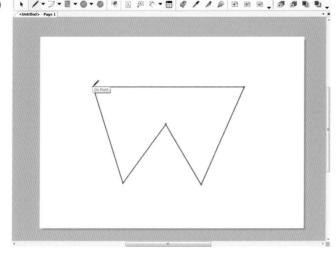

Line의 시작 지점과 동일한 지점을 끝 지점으로 지정하면, 닫힌 모양의 Polyline이 완성되며, 직선 그리기는 자동으로 종료됩니다.

[절대좌표 지정하기]

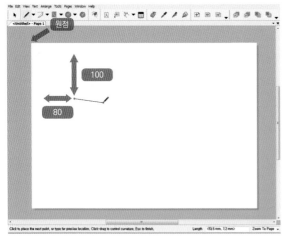

직선이 지나갈 지점을 지정할 때 절대 좌표를 지정한 후 Enter키를 누르면 Document 상의 정확한 지점을 지나는 직선을 그릴 수 있습니다. 예를 들어 Line Tool을 선택하고, 키보드로 [80,100]를 입력한 후 Enter키를 누르면 Document의 왼쪽 상단에서 오른쪽으로 80mm, 아래쪽으로 100mm 지점이 Line의 시작점으로 지정됩니다.

TIP

원점은 Document의 왼쪽 상단이며, 지정된 측정단위가 아닌 단위를 사용하고자 할 때에는 좌표 뒤에 단위를 입력해 줍니다.

[상대좌표 지정하기]

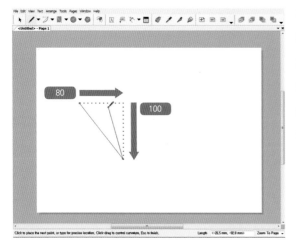

직선을 그릴 때 키보드로 상대 좌표를 입력하고 Enter키를 누르면, 가장 최근 지정한 점으로부터 상대적으로 원하는 거리만큼 떨어진 지점을 지정할 수 있습니다. 예를 들어 임의의 지점을 지정한 후 키보드로 80,100을 입력하고 Enter키를 누르면, 임의의 점에서 오른쪽으로 80mm, 아래쪽으로 100mm 떨어진 지점에 Line의 다음 점이 지정됩니다.

[극좌표 지정하기]

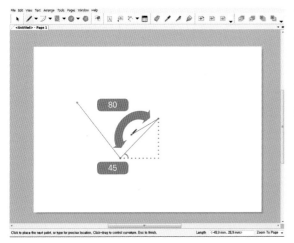

현재 지점으로부터 각도와 거리를 지정하여 Line의 다음 점을 지정할 수 있습니다. 예를 들어 임의의 점을 지정한 후 키보드로 45,80을 입력한 후 Enter키를 누르면, 임의의 점에서 45도 방향으로(X축에서 반시계 방향) 80mm 떨어진 지점에 다음 점이 지정됩니다.

■ Measurement를 이용하여 정확한 직선그리기

좌표유형	의미	입력예
절대좌표	Document 왼쪽 상단을 원점으로 하는 좌표계	[30,40]
상대좌표	주어진 점으로 부터 거리를 나타내는 좌표	30,40
극좌표	주어진 점으로부터 거리와 방향을 나타내는 좌표	^30,40

■ Freehand Line 그리기

Freehand Tool을 선택합니다. Document 위를 클릭–드래그하면서 원하는 형태를 그립니다. 그리기를 멈추려면 마우스 커서를 놓습니다. Freehand로 형태를 그리다가 Line의 시작점에서 Line을 끝내면 닫힌 형태가 그려집니다.

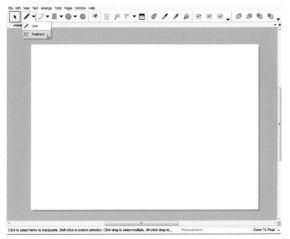

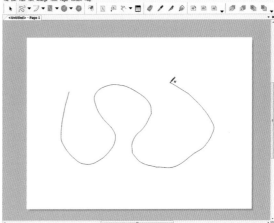

▪ Line의 구성요소

Layout에서 그려지는 모든 선들은 Vector Graphic을 기반으로 하며, 포토샵이나 일러스트레이터와 같이 Path, Point, Curvature control(곡률 조절)를 편집하여 원하는 형태의 곡선을 그리고 편집할 수 있습니다. 직선이나 곡선의 형태를 편집하기 위해서는 Select Tool로 편집하고자 하는 Line을 더블 클릭하여 Path 편집 상태로 만듭니다. Path 편집 상태에서는 다음의 요소들을 편집할 수 있습니다.

[Line의 구성 요소]

Path : Point와 Point를 연결하는 직선 혹은 곡선을 말합니다. 선택을 하면 파란색 선으로 표시됩니다.

Point : Path의 시작점, 끝점, 변곡점 등 Line을 그릴 때 마우스를 클릭한 지점에 만들어지는 점을 말합니다. 파란색 둥근 점으로 표시됩니다.

Grip : Path의 곡률을 조절하는 막대입니다. 이 막대 끝에 달린 파란색 작은 점을 조절하여 곡선의 형태를 조정합니다. 파란색 가는 선과 끝에 달린 파란색 작은 점으로 구성되어 있습니다.

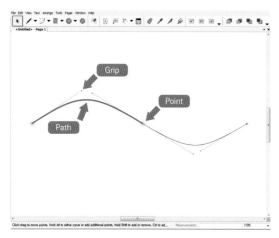

▪ 곡선 그리기

곡선의 시작점이나 끝점 혹은 곡선이 지나가는 점을 지정할 때 마우스를 클릭-드래그 하는 방식으로 곡선을 그릴 수 있습니다.

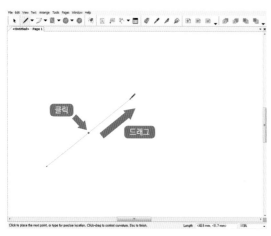

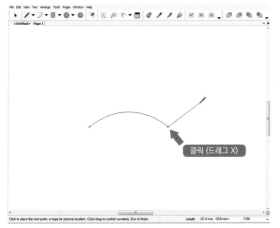

다음 지점을 지정하는 방식에 따라 곡선의 형태가 달라집니다. 다음 지점을 드래그하지 않고 클릭하게 되면 곡선을 그려가는 방향으로의 곡률 조절 막대가 만들어지지 않으며, 뾰족한 형태의 연결 지점을 만들 수 있습니다.

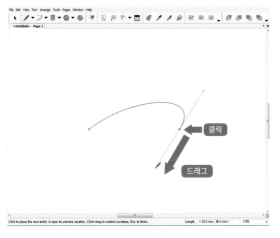

다음 지점을 클릭–드래그하면 계속해서 부드럽게 이어지는 형태의 연결 지점을 만들 수 있습니다.

■ 선의 형태 편집하기

Select Tool을 선택하고 형태를 편집할 Line을 더블 클릭하면 Path 편집 상태가 만들어지며, 선을 구성하는 Path, Point, Grip을 조정하여 선의 형태를 편집할 수 있습니다. Path 편집을 끝내려면 화면의 다른 곳을 클릭합니다.

[Grip 만들기]

Grip을 새로 만들고 싶은 Point 위에서 Alt키를 누른 채로 클릭-드래그 합니다.

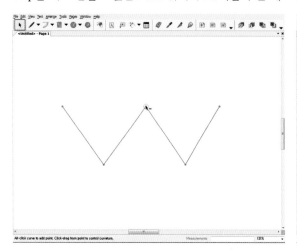 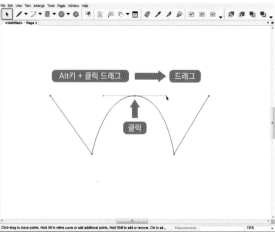

[Point 추가하기]

Alt키를 누른 채로 Path 위에 Point를 추가하고 싶은 점을 클릭합니다.

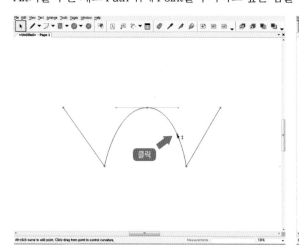 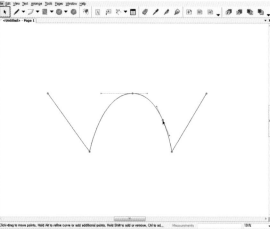

[Point 제거하기]

제거하고 싶은 Point를 클릭-드래그하여 인접한 Point 위로 가져갑니다. 마우스 커서에 마이너스 기호가 나타날 때 마우스를 놓으면 Point가 하나로 합쳐지며 Point가 삭제됩니다.

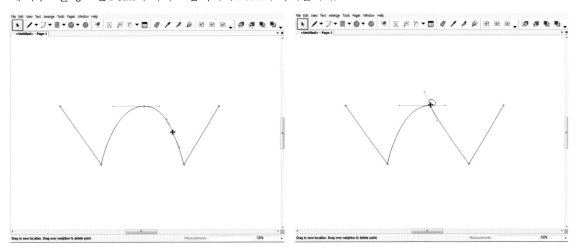

[한쪽의 곡률 조절 막대만 조정하기]

Point 양쪽으로 Grip이 있을 때, 한쪽의 Grip을 조정하게 되면, 기본적으로 다른 쪽의 Grip도 함께 조정됩니다. 한쪽의 Grip만 조정하고 싶을 경우에는 Alt키를 누른 채로 Grip을 클릭-드래그 합니다.

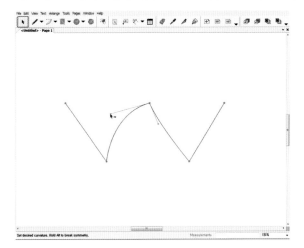

[Grip 제거하기]

Grip을 클릭 드래그하여 Point로 가져가면 Grip이 없어 집니다. Ctrl키를 함께 사용하면 한번에 양쪽 Grip을 모두
제거할 수 있습니다.

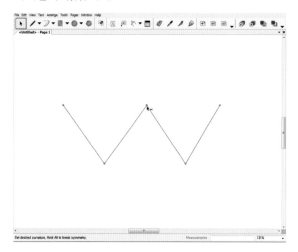

[닫힌 형태의 선 편집하기]

연결되어 있는 선을 나누거나, Rectangle이나 Circle과 같이 닫힌 형태의 선을 열린 형태의 선으로 바꾸고 싶을
때에는 Split Tool을 선택하고 연결을 끊고 싶은 지점을 클릭합니다.

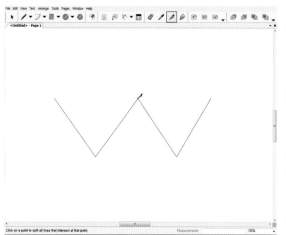
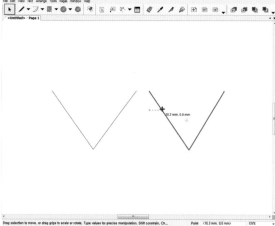

■ Arc 그리기

기호	이름	형태
	Arc	Center Point를 중심으로 그리는 Arc
	2 Point Arc	Arc의 시작점과 끝점, 볼록한 방향의 한 지점을 지정하여 그리는 Arc
	3 Point Arc	Arc가 지나는 세 지점을 차례로 지정하여 그리는 Arc
	Pie	Arc의 중심점, 시작점, 끝점을 차례로 지정하여 파이모양을 그리는 Arc

Arc Tool은 네 가지 종류로 구성되어 있으며, Arc의 중심점, Arc의 시작점과 끝점, Arc의 돌출부 등을 지정하여 Arc를 그립니다. 각각의 Arc는 다음의 그림과 같은 순서로 특정 지점을 지정하여 그립니다. 특정 지점을 지정할 때 절대좌표, 상대좌표, 극좌표를 이용할 수 있습니다.

[Arc]

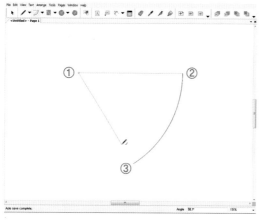

[2 Point Arc]

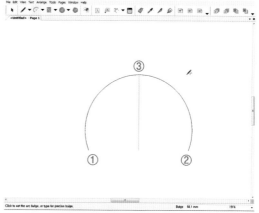

[3 Point Arc]

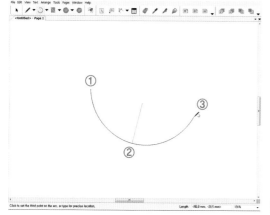

[Pie]

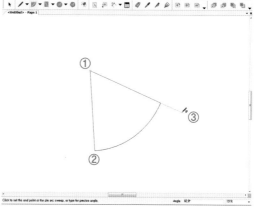

▪ Rectangle 그리기

기호	이름	형태
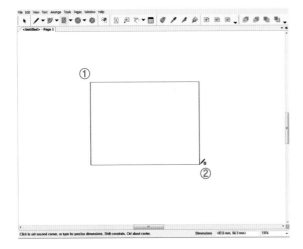	Rectangle	네 모서리가 90도인 기본 사각형
	Rounded Rectangle	네 모서리가 둥근 사각형
	Lozenge	두 변이 반원 형태로 나타나는 알약 형태의 사각형
	Bulged Rectangle	마주보는 두 변이 Arc 형태로 나타나는 사각형

네 가지 형태의 Rectangle이 준비되어 있으며, 대각선 방향의 두 지점을 지정하여 Rectangle을 그립니다. 특정 지점을 지정할 때 절대좌표, 상대좌표, 극좌표를 이용할 수 있습니다. Rectangle을 그린 후 바로 Document 위를 더블 클릭하면 동일한 형태의 Rectangle을 다시 그릴 수 있습니다. 클릭한 지점을 중심으로 하는 Rectangle을 그리려면 Ctrl키를 누른 채로 중심이 될 지점을 클릭한 후 다음 점을 지정합니다. 가로와 세로의 비율이 동일한 Rectangle을 그리려면 Shift키를 누른 채로 Rectangle을 그립니다.

[Rectangle]
대각선 방향의 두 코너를 차례로 지정하여 그립니다.

[Rounded Rectangle]

대각선 방향의 두 라운드 코너를 차례로 지정합니다. 시작점을 지정한 후 키보드의 Up-Down 방향키를 사용하여 라운드 코너의 반지름을 조정할 수 있습니다. 라운드 코너의 반지름을 정확히 지정하려면 Rounded Rectangle을 그린 후 키보드로 '반지름 크기(숫자)r'을 입력한 후 Enter키를 누릅니다. 예를 들어 라운드 코너의 반지름을 10으로 지정하려면 '10r'을 입력하고 Enter키를 누릅니다.

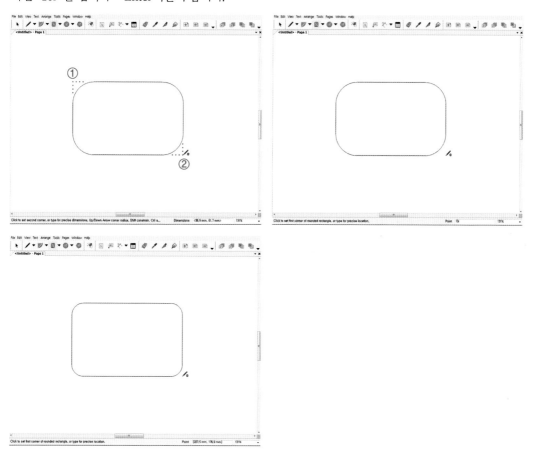

[Lozenge]

대각선 방향의 시작점과 끝점을 차례로 지정합니다. 시작점과 끝점의 위치에 따라 마주보는 두변이 반원의 형태로 나타납니다.

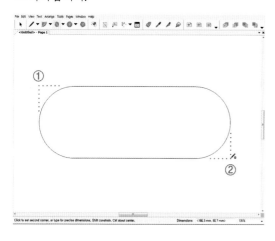

[Bulged Rectangle]

대각선 방향의 시작점과 끝점을 차례로 지정합니다. 시작점을 지정한 후 키보드의 Up–Down 방향키를 사용하여 마주보는 Arc의 반지름을 조정할 수 있습니다. Arc의 반지름을 정확히 지정하려면 Lozenge를 그린 후 키보드로 '반지름 크기(숫자)r'을 입력한 후 Enter키를 누릅니다. 예를 들어 Arc의 반지름을 100으로 지정하려면 '100r'을 입력하고 Enter키를 누릅니다.

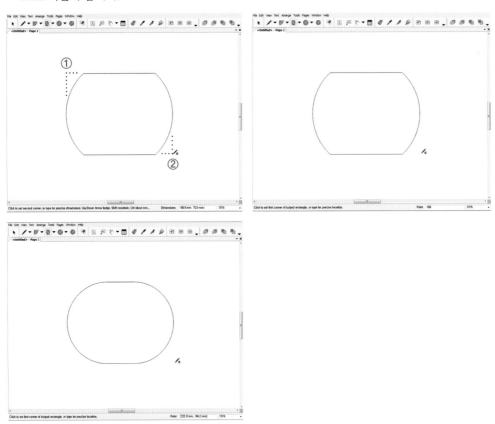

■ Circle 그리기

기호	이름	형태
	Circle	원
	Ellipse	타원

원과 타원을 그립니다. Ctrl키를 누른 채로 시작점을 지정하면, 그 점을 중심으로 하는 원이나 타원을 그릴 수 있습니다. Shift키를 누른 채로 타원을 그리면 원이 그려집니다. 원은 중심점을 클릭한 후 원위의 한 점을 지정하는 순서로 그리고, 타원은 타원이 들어가는 Rectangle의 대각선 꼭지점을 순서대로 클릭하여 그립니다.

[Circle]

원의 중심점을 클릭한 후 원위의 한 점을 지정하는 순서로 그립니다.

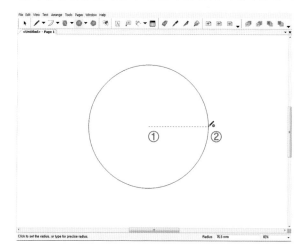

[Ellipse]

타원의 높이와 폭을 가로–세로 길이로 갖는 Rectangle의 대각선 꼭지점을 순서대로 지정하여 그립니다.

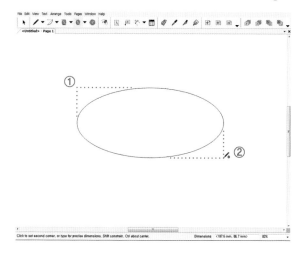

■ Polygon 그리기

Polygon Tool을 이용하여 원하는 다각형을 그릴 수 있습니다. 다각형의 중심점과 한 꼭지점을 차례로 지정하는 방식으로 다각형을 그릴 수 있으며, 특정 지점을 지정할 때 절대좌표, 상대좌표, 극좌표를 이용할 수 있습니다. Polygon을 그린 후 바로 Document 위를 더블 클릭하면 동일한 형태의 Polygon을 다시 그릴 수 있습니다.

01 다각형의 중심점을 지정합니다. Polygon은 기본적으로 오각형을 그리도록 마련되어 있습니다. Polygon 의 중심을 지정한 후에 화면에 나타나는 다각형의 형태를 확인하면서 키보드 Up-Down 화살표 키를 사 용하면 자신이 원하는 면의 개수를 가진 Polygon을 그릴 수 있습니다.

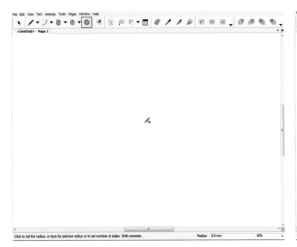 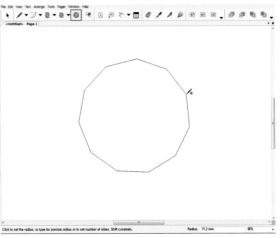

02 숫자를 입력하여 원하는 면의 개수를 지정할 수도 있습니다. 예를 들어 육각형을 원할 경우 중심점을 지정하기 전이나 후에 키보드로 '6s'를 입력하고 Enter키를 누릅니다.

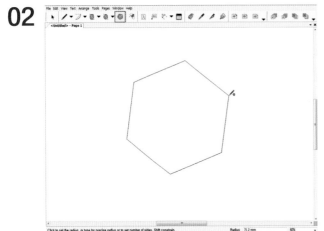

03 마우스 커서를 움직여 Polygon의 한 꼭지점을 지정하여 원하는 크기의 Polygon을 완성합니다. 중심으로부터 꼭지점까지의 거리를 정확하게 지정하고 싶은 경우에는 꼭지점을 지정하기 전이나 후에 원하는 거리를 입력하고 Enter키를 누릅니다. 예를 들어 꼭지점까지의 거리가 10cm일 경우 키보드로 '100'을 입력한 후 Enter 키를 누릅니다. Polygon을 그릴 때 Shift키를 함께 사용하면 한 꼭지점의 방향을 X축이나 Y축에 정렬할 수 있습니다.

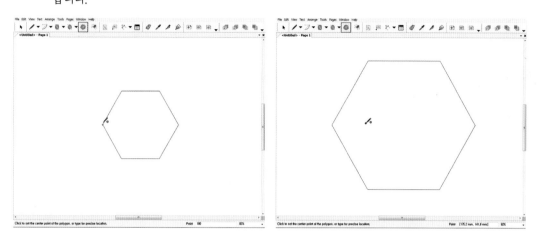

■ 화면 제어하기

Layout의 화면 제어(Zoom & Pan)는 주로 마우스의 스크롤을 사용하며, 필요한 경우 ToolBar에 Zoom과 Pan 아이콘을 추가하여 사용하거나 메뉴 바의 View 메뉴를 활용하기도 합니다. 다른 Tool이 선택되어 있는 경우에도 마우스 휠을 굴리거나, 클릭-드래그하면 임시적으로 Zoom과 Pan 기능을 활용할 수 있습니다.

[마우스 스크롤]
확대하거나 축소하고 싶은 부분에 마우스 커서를 가져간 후 마우스 휠을 굴립니다. 마우스 커서를 중심으로 화면이 확대 혹은 축소됩니다.

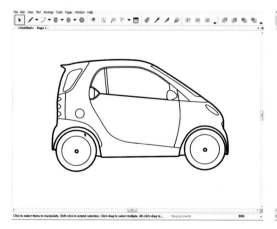
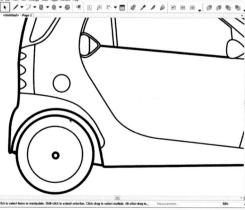

[Zoom 메뉴]

Interface 오른쪽 하단의 Zoom 메뉴를 활용하면 미리 지정된 8가지 비율로 화면을 확대 혹은 축소할 수 있습니다.
Zoom to Page를 선택하면 현재 Page 전체를 화면에 표현해 주며, Zoom Extents를 선택하면 Page에 있는 모든
Element가 화면에 가득 차도록 표현해 줍니다.

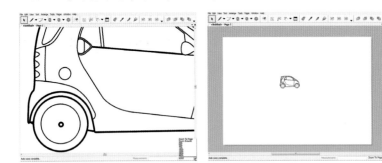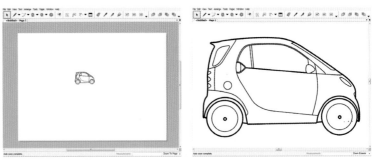

[View 메뉴]

메뉴 바> View에서는 Zoom Tool과 함께 화면 제어와 관련된 네 가지 추가적인 Tool이 포함되어 있습니다.

Pan : 화면을 움직입니다. (단축키: 마우스 휠 클릭-드래그)

Zoom : 마우스를 화면의 위 아래로 클릭-드래그하여 확대 혹은 축소 합니다. (단축키: 마우스 휠 굴리기)

Zoom In : 선택할 때마다 화면이 20%씩 확대됩니다.

Zoom Out : 선택할 때마다 화면이 20%씩 축소됩니다.

Actual Size : 실제 인쇄되는 사이즈로 화면을 표현해 줍니다.

Zoom to Page : 현재 Page 전체를 화면에 표현해 줍니다.

Zoom Extents : Page에 있는 모든 Element가 화면에 가득 차도록 표현해 줍니다.

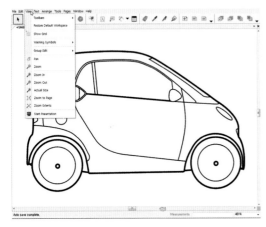

LESSON 06

Layout 편집 도구와 Style 도구 사용하기

이번 장에서는 Layout의 편집도구와 Style도구 활용방법을 살펴보겠습니다.

■ Offset

Offset Tool을 이용하여 Line이나 Shape를 등간격으로 복사할 수 있습니다.

01

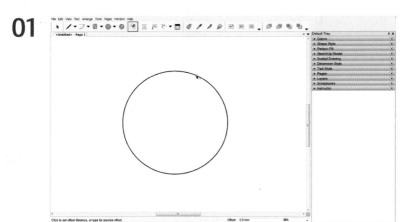

Offset Tool을 선택하고, Offset을 할 Line이나 Shape를 클릭합니다.

02

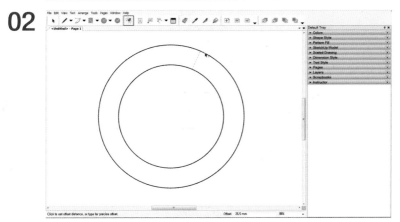

마우스를 움직이면서 Offset 미리보기를 확인하고 원하는 거리를 지정합니다. 정확한 거리를 지정하려면, Offset을 마무리하기 바로 전이나 후에 키보드로 원하는 거리를 입력하고 Enter키를 누릅니다. 만약, 마우스로 지정한 방향의 반대 방향으로 Offset을 하고 싶을 경우에는 마이너스 수치를 입력합니다.

03

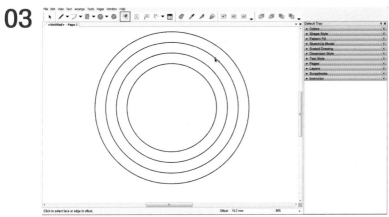

Offset을 실행한 후 Offset Tool이 선택되어 있는 상태에서 Element를 더블 클릭하면 앞서와 동일한 간격으로 Offset이 반복됩니다.

04

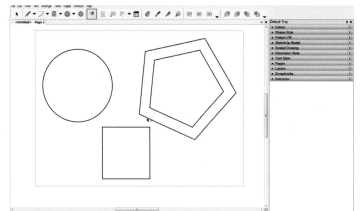

한 번에 여러 개의 Line이나 Shape를 Offset할 수 없으며, Group 전체에 Offset을 적용할 수 없습니다. Group 내의 Line이나 Shape를 Offset하려면 Select Tool로 Group을 더블 클릭하여 펼친 후 각각의 Line이나 Shape를 Offset 합니다.

05

열려있는 Line을 Offset할 때 Alt키를 누르면 양 방향으로 Offset됩니다.

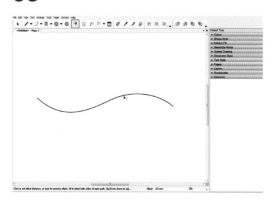
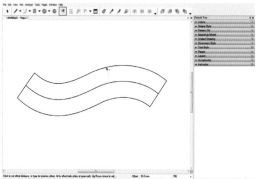

■ Edit 메뉴와 단축키를 이용한 Copy, Cut, Paste, Undo

Edit 메뉴를 이용하여 선택된 Element를 복사, 잘라내기, 붙여넣기, 작업 취소, 삭제 등의 작업을 할 수 있습니다. 해당 메뉴에 지정된 단축키를 기억하여 활용하면 편리합니다.

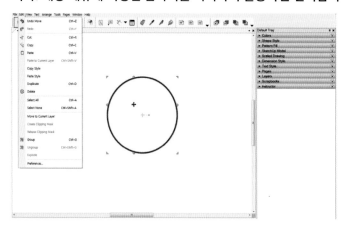

① **Undo** : 작업을 취소합니다. 회수에 제한 없이 이전 단계의 작업을 계속하여 취소할 수 있습니다.

② **Redo** : 취소한 작업을 복구합니다. 회수에 제한 없이 이전 단계의 취소 작업을 계속하여 복구할 수 있습니다.

③ **Cut** : 선택한 Element를 잘라내기 합니다. 잘라 낸 Element는 다른 Element를 잘라내기전까지 임시 저장소에 저장되어 있습니다.

④ **Copy** : 선택한 Element 복사합니다. 복사한 Element는 다른 Element를 복사하기 전까지 임시 저장소에 저장되어 있습니다.

⑤ **Paste** : 잘라내기 혹은 복사하기를 통해 임시저장소에 저장되어 있는 Element를 붙여넣기 합니다.
(반복하여 붙여넣기를 해야 하는 Element가 있다면 Scrapbook에 저장하여 활용하는 것이 편리합니다.)

⑥ **Paste Current Layer** : 현재 Layer로 붙여넣기 합니다.

⑦ **Copy Style** : 선택한 Element의 Style만 복사합니다.

⑧ **Paste Style** : 복사된 Style을 선택한 Element에 적용합니다.

⑨ **Duplicate** : 선택한 Element를 복사하여 붙여넣기 합니다.

⑩ **Delete** : 선택한 Element를 삭제합니다. 많은 Element를 한 번에 삭제할 때 유용합니다.

■ Erase & Delete

Layout에서 불필요한 Element를 삭제하는 방법은 다음과 같이 크게 세 가지 방법으로 나누어 볼 수 있습니다.

[Edit > Delete]
삭제하고 싶은 Element를 선택하고, 메뉴 바 Edit > Delete를 선택합니다. 많은 Element를 한 번에 삭제할 때 유용합니다.

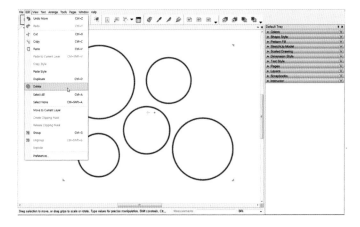

[Delete 사용하기]

삭제하고 싶은 Element를 선택하고, 키보드의 Delete를 누릅니다. 많은 Element를 한 번에 삭제할 때 유용합니다.

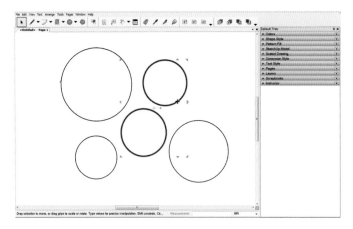

[Erase Tool 사용하기]

Erase Tool을 선택하고 삭제하고 싶은 Element를 클릭합니다. 여러 Element 위를 클릭-드래그하면 커서가 지나간 자리에 놓여 있던 Element들이 모두 삭제됩니다.

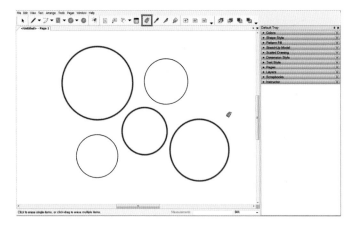

▪ Split & Join

Split Tool과 Join Tool을 이용하면 연결된 Line이나 Shape를 원하는 지점에서 분리하고, 분리된 Line을 연결할 수 있습니다.

01 Split Tool을 선택하고, Line이나 Shape 위의 분할하고 싶은 지점을 클릭합니다. Select Tool을 이용하여 선택해 보면 클릭한 지점을 기준으로 Line이나 Shape가 분리된 것을 확인할 수 있습니다.

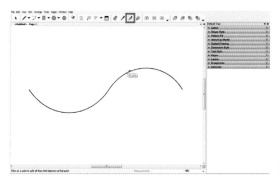 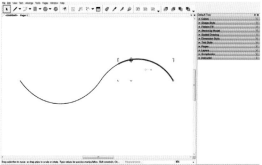

02 Join Tool을 선택하고, 분리된 Line을 하나 씩 클릭합니다.(이때 분리된 Line의 End Point가 동일한 위치에 있어야 합니다.) Select Tool을 이용하여 선택해 보면 선택한 Line이 하나로 연결된 것을 확인할 수 있습니다.

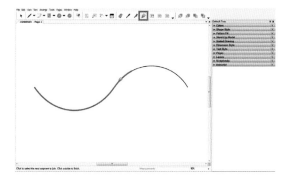 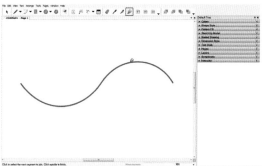

—— Split & Join Tool을 이용하여 다양한 형태 만들기 ——

Split & Join Tool을 이용하여 다양한 형태의 Shape를 조합하면 Line Tool로 그리기에는 복잡한 형태를 쉽게 만들 수 있습니다.

1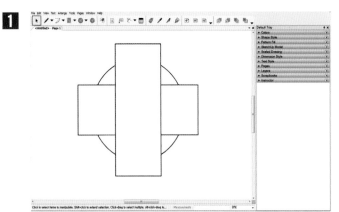

그림과 같이 Rectangle Tool과 Circle Tool을 이용하여 그림과 같이 겹쳐진 형태를 만듭니다.

2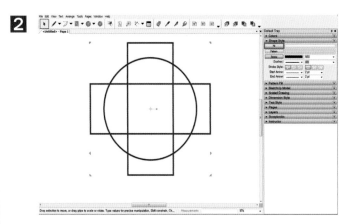

아래 쪽에 가려진 Line을 확인하기 쉽도록 앞서 그린 Rectangle과 Circle을 모두 선택하고 **Shape Style Tray**에서 Fill을 해제 합니다.

3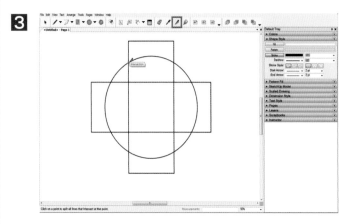

Split Tool을 선택하고 그림에 표시된 교차지점을 클릭하여 Shape를 분리해 새로운 End Point를 만듭니다. (Shape가 겹치는 부분에 커서를 가져가면 빨간색 X 표시가 나타납니다.) Shape의 교차지점 마다 동일한 방법으로 Split 합니다.

4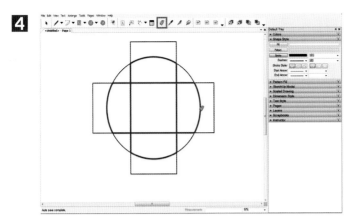

작업의 편의를 위하여 Erase Tool을 이용해 그림과 같이 최종 결과물에 불필요한 Line을 지웁니다.

(불필요한 Line을 지우지 않아도 Join Tool을 사용하여 필요한 Line 만을 연결할 수 있습니다.)

5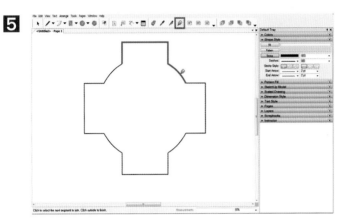

Join Tool을 선택하고 연결하려는 Line들을 순차적으로 클릭하여 연결합니다. 닫힌 형태의 Shape가 만들어집니다.

6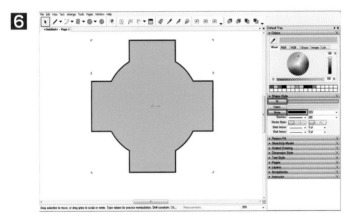

Select Tool로 새롭게 만들어진 Shape를 선택하고, **Shape Style Tray**을 사용하여 Stroke과 Fill을 조정합니다.

■ Shape Style과 색상 지정하기

[Shape Style 지정하기]
Shape Style Tray을 이용하여 Layout에서 만들어지는 Shape, Dimension, Label, Text Box와 Layout으로 불러온 SketchUp Model에 다양한 Style을 적용할 수 있습니다.

Shape Style Tray은 Interface 오른쪽에 나타나는 Default Tray에서 찾을 수 있습니다. 만약 **Shape Style Tray**이 사라진 경우에는 메뉴 바 Window > Shape Style을 선택합니다. Shape를 그리기 전에 **Shape Style Tray**에서 자신이 원하는 Style을 미리 지정하거나, 앞서 그려놓은 Shape를 선택한 후 **Shape Style Tray**에서 Style 설정을 변경할 수 있습니다.

■ Shape Style Tray

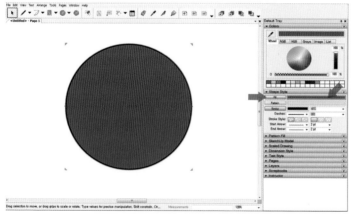

Fill :

Fill 버튼을 사용하여 Fill을 적용할 것인지 결정할 수 있습니다. Fill을 적용할 경우, 오른쪽의 색상 미리보기를 클릭하여 Fill Color를 지정합니다. Fill 색상 미리보기를 클릭하게 되면 **Colors Tray**이 자동적으로 펼쳐지며, **Colors Tray**에서 지정한 색상이 Fill Color로 적용됩니다.

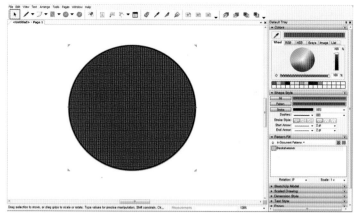

Pattern :

Pattern 버튼을 사용하여 Pattern을 적용할
것인지 결정할 수 있습니다. Pattern을 적용
할 경우 오른쪽의 Pattern 미리보기를 클릭
하여 Pattern을 지정합니다. Pattern 미리보
기를 클릭하면 **Pattern Fill Tray**이 자동적
으로 펼쳐지며, **Pattern Fill Tray**에서 지정
된 Pattern이 적용됩니다. Pattern Image에
투명한 영역이 있는 경우 Fill Color에 지정
된 색이 배경색으로 나타납니다.

Stroke :

Stroke 버튼을 사용하여 Stroke을 적용할 것인지 결정할 수 있습니다. Stroke을 적용할 경우 다음과 같은 추가
적인 Option을 선택할 수 있습니다.

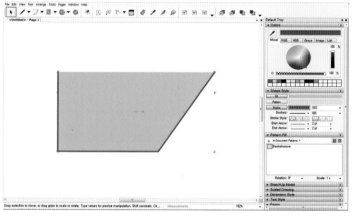

Color :

Stroke에 적용될 색상을 지정합니다. Stroke
색상 미리보기를 클릭하게 되면 **Colors
Tray**이 자동적으로 펼쳐지며, **Colors Tray**
에서 지정된 색상이 Stroke 색상으로 적용
됩니다.

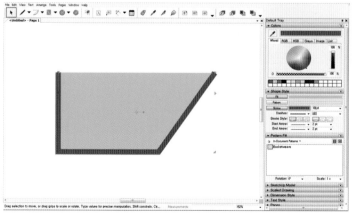

Width :

Stroke의 두께를 지정합니다. Stroke Width
List에서 미리 지정된 두께를 지정하거나,
직접 입력할 수도 있습니다.

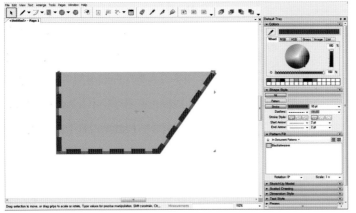

Dashes :

Stroke의 형태를 지정합니다. 미리 지정된 Dash List에서 선택할 수 있으며, 실선이 아닌 경우 오른쪽의 Dash Scale을 지정하여 Dash의 간격을 조정할 수 있습니다.

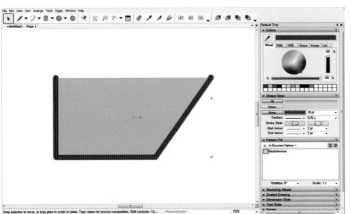

Stroke Style :

Style-Shape의 코너 부분과 끝 부분에서 Stroke이 어떤 형태를 갖게 만들 것인지 지정합니다.

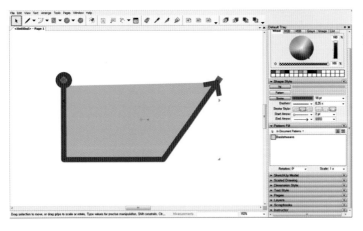

Start/End Arrow :

Line, Arc, Dimension의 시작/끝 부분에 들어갈 Arrow의 형태와 크기를 지정합니다.

▪ Style Tool 사용하여 Style 복사하기

특정 Element에 적용된 Fill Color, Stroke Color, Width, Dash 등을 그대로 복사하여 다른 Element에 적용하고 싶은 경우 Style Tool을 사용합니다.

01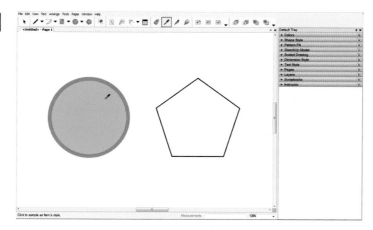
Style Tool을 선택하고 Style을 복사하고 싶은 Element를 클릭합니다.

02 커서가 Paint Bucket 형태로 바뀌면 복사된 Style을 적용하고 싶은 Element를 찾아 클릭합니다. Esc키를 누르기 전까지 계속해서 Element를 선택하여 복사된 Style을 적용할 수 있습니다. (많은 Element에 한 번에 Style을 복사해 넣고 싶은 경우에는 Style을 적용할 Element들을 Group으로 만들어 놓은 후 Style을 복사해 적용하고, 다시 Group을 해제 합니다.)

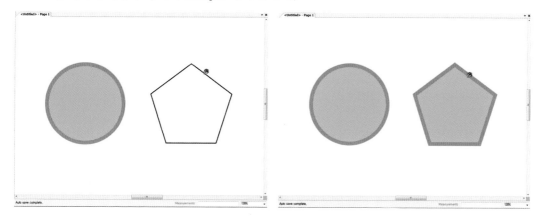

——— 자신만의 Pattern 불러와 적용하기 ———

Pattern Fill Tray에는 기본적으로 다양한 형태의 Pattern이 준비되어 있지만, 준비되어 있는 Pattern 이 외에 자신이 원하는 특정한 Pattern을 적용하고 싶은 경우가 있습니다. Layout에서는 .bmp, .dib, .jpg, .jpeg, .jpe, .jfif, .gif, .png, .tif, .tiff 형식의 Image File을 불러와 Pattern으로 사용할 수 있습니다.

1

Pattern Fill Tray를 펼칩니다. 만약 **Pattern Fill Tray**가 사라진 경우에는 메뉴 바 Window > Pattern Fill을 선택합니다.

2

Pattern Fill Drop-down List에서 Import Custom Pattern을 선택합니다.

3 열기 대화상자가 나타나면 자신이 적용하고 싶은 Pattern Image를 찾아 선택합니다. **Pattern Fill Tray**에 Pattern이 등록됩니다.

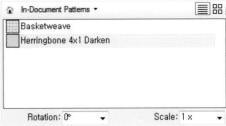

4 Add Custom Collection 메뉴를 사용하여 자주 사용되는 Custom Pattern들을 모아놓은 폴더를 지정해 주면, **Pattern Fill Tray**에 폴더가 등록되어 필요할 때마다 쉽게 찾아 사용할 수 있습니다.

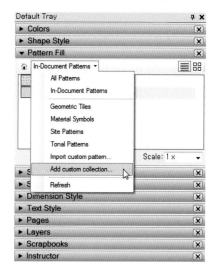

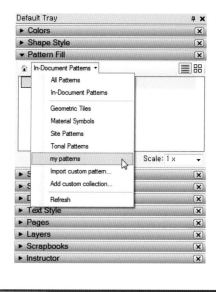

Layout Element 살펴보기

이번 장에서는 Layout Element의 종류와 각 Element가 전체 Document를 어떻게 구성하는지 살펴보겠습니다. Layout Element란 Document Page 위에 그려지거나 Insert된 모든 요소를 말하는데, 예를 들어 SketchUp Model, Dimension, Text, Scrapbook, Line · Arc · Rectangle · Circle · Polygon 등이 있습니다.

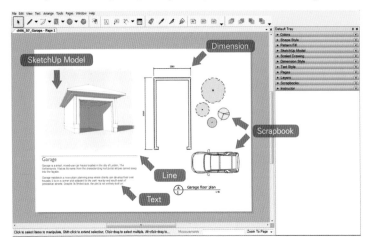

part06/part06_07.layout

■ Element 선택하기

Layout Element를 이동하고, 회전하고, Scale하기 위해서는 먼저 Element를 선택해야 하며, Element 선택에는 SketchUp에서와 동일하게 Select Tool을 사용합니다.

[Element 선택/선택 해제하기]

Select Tool을 선택합니다. 선택하고 싶은 Element를 클릭하면 Element가 선택됩니다. 선택이 된 Element는 파란색으로 Outline되고, 마우스 커서가 Move 아이콘으로 자동적으로 바뀝니다. Element 선택을 해제하기 위해서는 화면의 빈 곳을 클릭하거나 Esc키를 누릅니다.

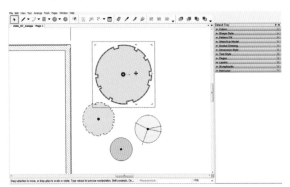

[Element 선택 추가/제외]

Element를 추가하여 선택하거나, 선택에서 제외할 때에는 Shift키를 함께 사용합니다.

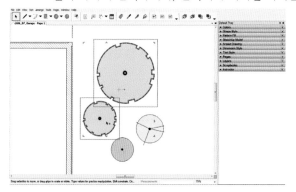

[한번에 여러 가지 Element 선택하기]

SketchUp에서와 같이 Layout에서도 Select Tool로 화면에 창을 그려 Element를 선택할 수 있습니다. 창을 왼쪽에서 오른쪽 방향으로 그리게 되면 창안에 각 Element 전체가 포함될 경우에만 선택이 되며(Window), 오른쪽에서 왼쪽방향으로 창을 그리면 창에 조금이라도 걸친 Element는 선택이 됩니다(Crossing).

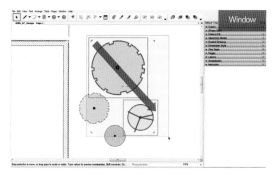
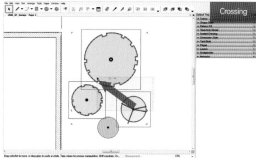

[Element를 움직이지 않고 선택하기]

Select Tool로 창을 그려 Element를 선택하고자 할 때, 간혹 창을 그리기 시작하는 지점에 선택하고 싶지 않은 Element가 있는 경우, 원하지 않는 물체가 선택되어 이동되는 경우가 있습니다. 이러한 기능을 일시적으로 제한하여, Select Tool을 오로지 선택 기능에만 활용하기 위해서는 Alt키를 함께 사용합니다.

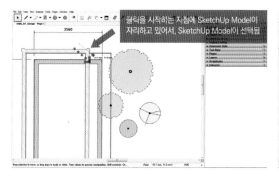
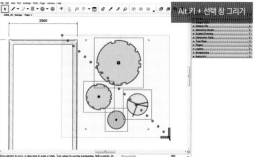

■ Element 움직이기

SketchUp과는 달리 Layout에는 Move Tool이 별도로 마련되어 있지 않습니다. Select Tool로 Element를 선택하고, 클릭-드래그하면 Element를 움직일 수 있습니다. SketchUp에서와 마찬가지로 Element를 움직이고, 키보드로 움직이고 싶은 거리를 입력한 후 Enter키를 누르면 원하는 거리만큼 Element를 움직일 수 있습니다.

01

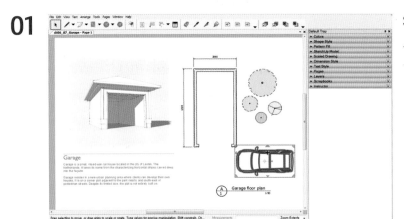

Select Tool을 선택하고 Page 위에서 움직이고 싶은 Element를 선택합니다.

02

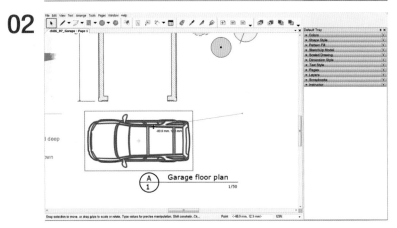

선택된 Element 위에 마우스 커서를 올리면 커서가 Move 아이콘으로 바뀌며, 이때 클릭-드래그하면 Element가 이동됩니다. Element를 이동한 후 이동하고 싶은 수치를 입력하고 Enter키를 누르면 정확한 수치로 이동할 수 있습니다. (절대좌표, 상대좌표, 극좌표를 입력할 수도 있습니다.)

03

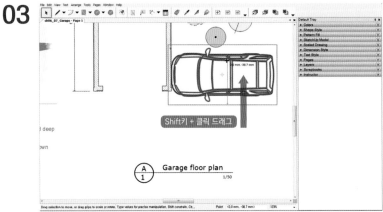

Element를 이동하면서 Shift키를 함께 사용하면 수직·수평 방향으로 움직임이 고정됩니다.

04

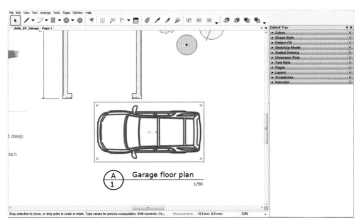

키보드의 방향키를 사용하면 Element 를 좀 더 정밀하게 움직일 수 있습니다.

TIP

—— Grid 시스템 활용하기 ——

1 Grid 모드를 활용하면 Element 사이 위치를 정렬하는데 도움이 될 수 있습니다. Grid를 Show/Hide 하려면 메뉴 바 View/Show(Hide) Grid 메뉴를 사용합니다. Grid에 Snap을 잡아 물체를 이동하려면 메뉴 바 Arrange/Grid Snap On(Off) 메뉴를 이용합니다.

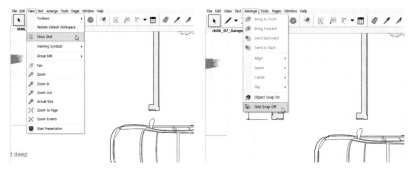

2 Grid의 간격이나, Grid의 색상 등을 변경하고 싶을 때에는 메뉴 바 File/ Document Setup/ Grid 메뉴 를 선택하여, 필요한 세부 사항을 지정합니다. Grid는 기본적으로 인쇄되지 않는 것으로 설정되어 있 지만, Print Grid에 Check하면 Grid가 함께 인쇄됩니다.

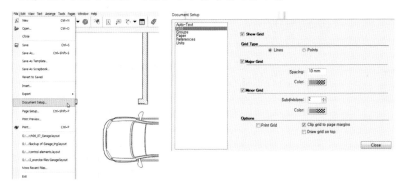

■ Element 회전하기

Element를 선택하면 가운데 부분에 중심점이 표시되는데, 중심점 오른쪽으로 중심점과 연결된 파란색 회전조절 막대가 있습니다. 이 회전조절 막대를 클릭-드래그하여 Element를 회전할 수 있으며, Center Point를 이동하여 자신이 원하는 곳을 중심으로 Element를 회전할 수도 있습니다.

01

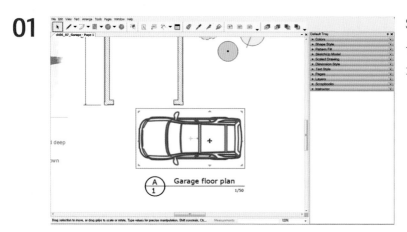

Select Tool로 회전하고 싶은 Element 를 선택합니다. 선택된 Element 가운데 중심점이 표시됩니다.

02 중심점을 클릭-드래그하여 회전의 중심으로 만들고 싶은 지점으로 이동합니다.

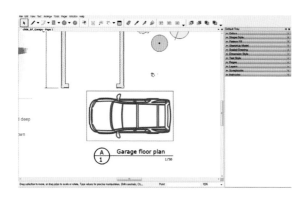

03 회전 조절 막대를 클릭-드래그하여 필요한 만큼 회전합니다. 정확한 각도로 회전하려면, 회전 후 키보드 로 원하는 수치를 입력한 후 Enter키를 누릅니다. (시계 반대 방향이 +방향입니다.)

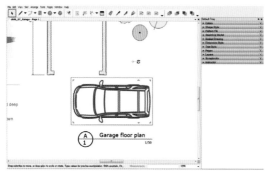
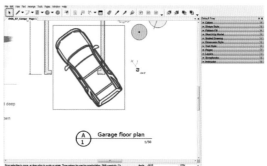

Element가 선택 해제되면, 이동했던 중심점은 다시 원래 위치로 복귀됩니다.

■ Element 크기 조정하기

Element를 선택하면 Element 주변으로 Scale을 위한 삼각형 모양의 Grip이 나타납니다. 이 Grip을 클릭-드래그 하면 Element를 Scale할 수 있습니다. Element의 종류에 따라 Scale되는 방식도 다르게 나타납니다.

01 Scale하고 싶은 Element를 선택합니다. 선택된 Element 주변으로 삼각형 Grip이 나타납니다. Grip을 클릭-드래그하여 Element를 Scale합니다.

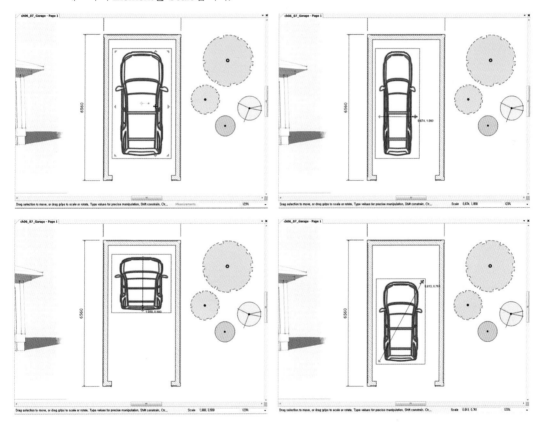

02 Grip의 방향에 관계없이 Scale할 때 Shift키를 함께 사용하면 전체적인 비율이 동일하게 Scale됩니다.

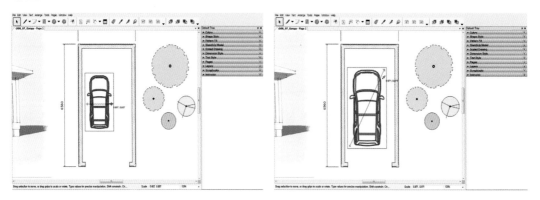

03

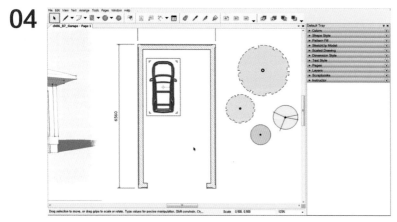

Alt키를 함께 사용하면 선택된 Element의 중심을 기준으로 Scale됩니다. (Shift키와 Alt키를 동시에 사용할 수 있습니다.)

04

Scale을 조정한 후 키보드로 원하는 Scale 비율을 입력하고 Enter키를 누르면 정확한 비율로 Scale할 수 있습니다. 예를 들어 X, Y 축 방향으로 각각 50% 축소하려면 키보드로 0.5, 0.5를 입력하고 Enter키를 누릅니다.

05 입력하는 수치 뒤에 단위를 함께 입력하면, 실제 크기가 입력한 수치와 동일하게 Scale됩니다.

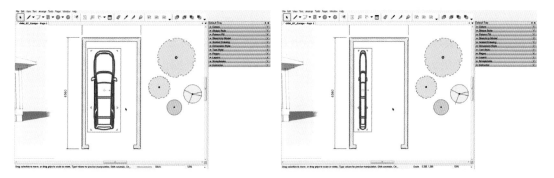

■ Text Box 크기 조정하기

01 Text Box를 Scale하면 Text Box 안에 있는 Text가 Box의 경계에 맞추어 다시 배열되며, Text의 크기가 변경되지는 않습니다. Text Box의 크기가 Text를 모두 표시하지 못할 정도로 작아지면 Text Box 오른쪽 하단에 빨간색 화살표가 나타납니다.

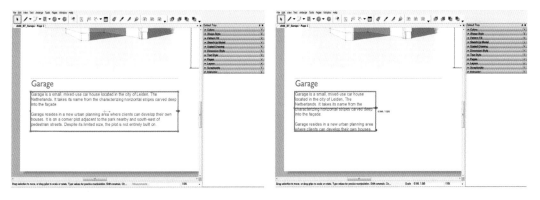

02

Text의 크기를 조정하기 위해서는 **Text Style Tray**을 사용합니다.

■ SketchUp Model 크기 조정하기

SketchUp Model의 크기를 조정할 때 SketchUp Model Tray의 Preserve Scale on Resize가 Check되어있는 지에 따라 Scale 결과가 달라집니다. Preserve Scale on Resize가 Check되어 있는 경우에는 Viewport의 크기 만 변하게 되며, Check되어 있지 않은 경우에는 SketchUp Model의 크기와 Viewport 크기가 함께 변합니다.

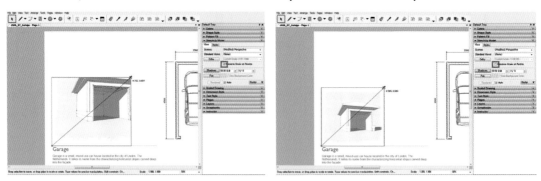

■ Shape 크기 조정하기

Shape를 Scale하는 경우 Shape를 구성하는 Point 간의 거리 비율이 변하게 됩니다. 만약 어떤 Shape의 특정 부분만 형태를 변경하려고 할 때에는, Select Tool로 Shape를 더블 클릭한 후 이동하고 싶은 End Point들을 선택 하여 이동해야 합니다.

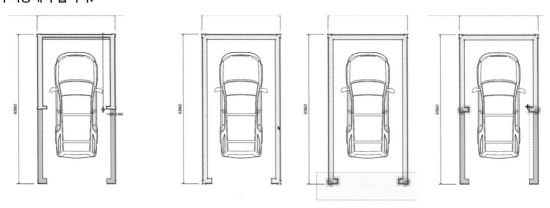

(Shape 전체를 Scale하는 경우)   (Shape를 구성하는 특정 Point만 이동하는 경우)

01

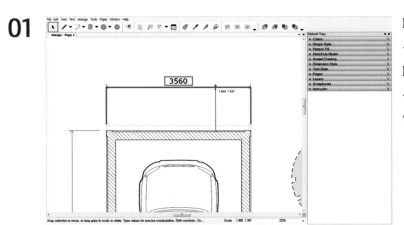

Dimension을 Scale하여 Dimension 선의 길이와 위치를 변경할 수 있습니다. Dimension을 Scale할 때 Dimension 문자와 화살표의 크기는 Scale되지 않습니다.

02 주의할 점은 Dimension을 Scale하여 Dimension의 시작점 위치가 변경될 경우 Element의 크기가 변동될 때 자동으로 Dimension이 Update되는 기능이 적용되지 않는다는 것입니다. 예를 들어 현재 Garage 평면도의 Dimension 기입을 변경해 보겠습니다. 먼저 **Layers Tray**에서 Scrapbook, Shapes Layer를 Invisible 하고, Dimension Layer를 선택하여 현재 Layer로 지정합니다.

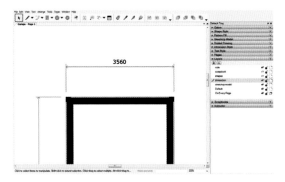

03 Dimension Tool을 선택하고, **Dimension Style Tray**에서 Auto Scale 버튼을 누른 후 그림과 같이 평면도에 Dimension을 추가합니다.

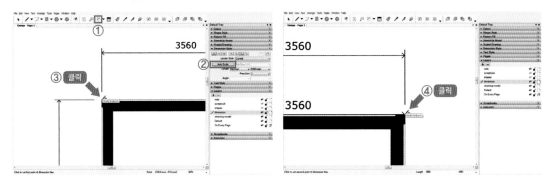

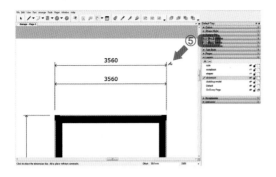

04

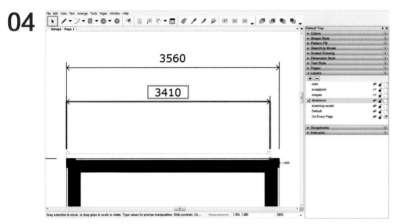

Scale을 이용하여 Dimension Point의 위치를 변경하는 경우와 Dimension Start Point를 직접 선택하여 이동하는 경우를 비교해 보겠습니다. 먼저, Select Tool로 아래쪽 Dimension을 선택하고 그림과 같이 Dimension Scale하여 Point의 위치를 변경합니다.

05 다음으로 Select Tool로 위쪽의 Dimension을 더블 클릭한 후 그림과 같이 Dimension Point를 직접 클릭 드래그하여 위치를 이동합니다.

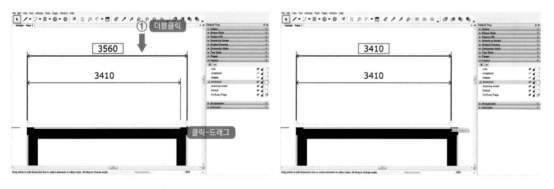

06

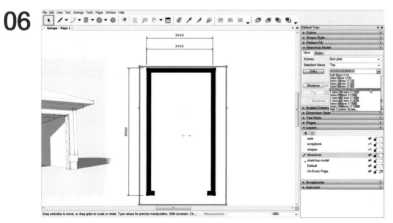

SketchUp Model의 도면 Scale을 변경해 보겠습니다. Select Tool로 그림과 같이 주차장 평면도를 선택합니다. **SketchUp Model Tray**에서 SketchUp Model Scale을 1mm:100mm(1:100)으로 변경합니다.

07

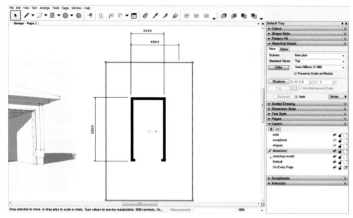

SketchUp Model의 도면 Scale을 변경해보면 그림과 같이 다른 결과가 나타납니다. Dimension이 SketchUp Model의 Scale에 따라 연동되도록 하기 위해서는 반드시 Dimension의 시작점 위치를 변경할 때 Scale을 활용하지 않고, Dimension Point를 개별적으로 이동해야 합니다.

▪ Inference 시스템 활용하기

Layout도 SketchUp과 같이 Inference 시스템이 작동합니다. Inference란 일종의 Snap 기능으로 Document 위의 다양한 Element의 위치를 조정할 때 정확한 위치를 지정할 수 있도록 도움을 주는 기능입니다.

[Object Snap과 Grid Snap]

01

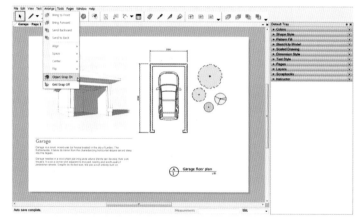

Object Snap을 사용하려면, 메뉴 바 Arrange/Object Snap을 선택하고, Grid Snap을 사용하려면 메뉴 바 Arrange/ Grid Snap을 선택합니다.

02

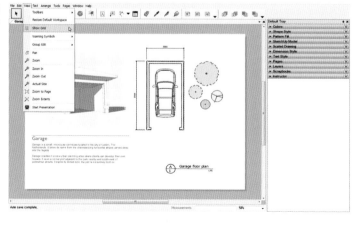

Grid를 화면에 표현하기 위해서는 메뉴 바 View/Show Grid를 선택합니다.)

[Inference]

Inference	Inference 기호	의미
1 On Point	초록색 원	Element의 끝점
2 Mid Point	파란색 원	Line의 중간 지점
3 Center Point	회색 원	Shape의 중심 지점
4 Intersection	빨간색 X	Shape의 교차지점
5 On Shape	파란색 다이아몬드	Shape 위의 한 점
6 On Line	빨간색 사각형	Line 위의 한 점
7 On Axis	빨간색(x축) 혹은 초록색(v축) 점선	x축이나 y축에 평행한 지점
8 From Point	빨간색(x축) 혹은 초록색(v축) 점선	어떤 점으로부터 x축이나 y축에 평행한 지점
9 Perpendicular	분홍색 점선	수직 방향
10 Parallel	분홍색 점선	평행 방향

1 On Point

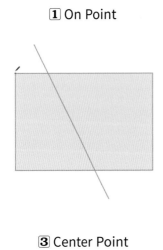

2 Mid Point

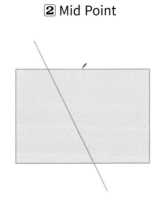

3 Center Point

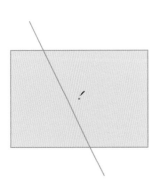

4 Intersection

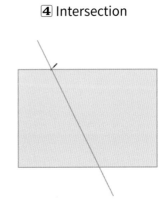

5 On Shape

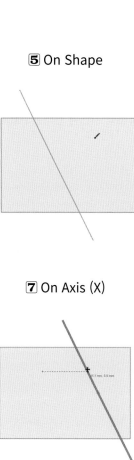

6 On Line

7 On Axis (X)

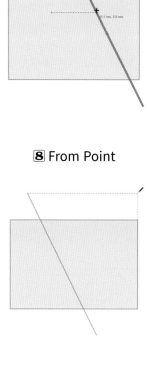

7 On Axis (Y)

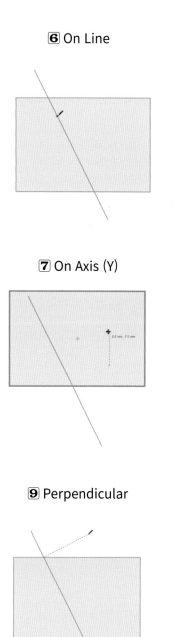

8 From Point

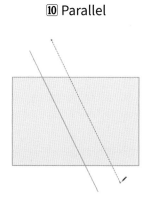

9 Perpendicular

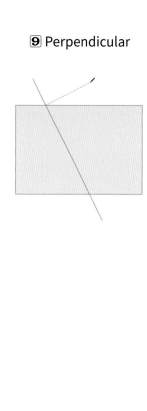

10 Parallel

■ Element 편집하기

Element를 편집하려면 해당 Element와 관련이 있는 Tray들을 활용합니다. 공통적으로 색상의 변경은 Colors Tray, Line이나 Shape와 관련된 변경은 Shape Style Tray, Pattern의 종류와 관련된 변경은 Pattern Fill Tray을 활용합니다.

[Text Element]

01

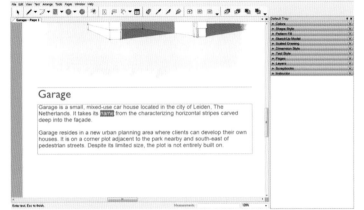

Text를 편집하려면 먼저 Select Tool이나 Text Tool을 선택하고, 편집하고자 하는 Text(혹은 Text Box)를 더블 클릭한 후 일반적인 문서 편집 방식에 따라 내용을 수정합니다.

02

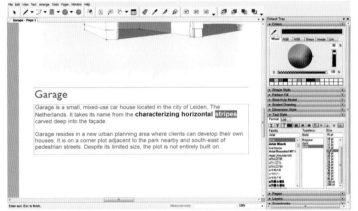

Text의 폰트, 크기, 색상, 정렬 등을 편집하려면 **Text Style Tray**과 함께 **Colors Tray**을 활용합니다.

03

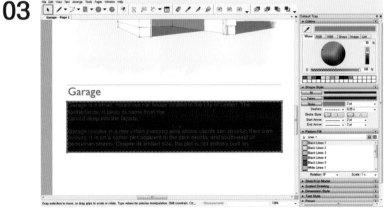

Text Box에 가장 자리를 추가하거나, Text Box에 색상이나 Pattern을 추가하려면 Select Tool로 Text Box를 선택한 후 **Shape Style Tray**과 함께 **Colors Tray, Pattern Fill Tray**을 활용합니다.

[Dimension Element]

01 Dimension Line의 위치를 변경하려면 Select Tool로 Dimension을 더블 클릭한 후 Anchor Point를 원하는 위치로 클릭-드래그 합니다.

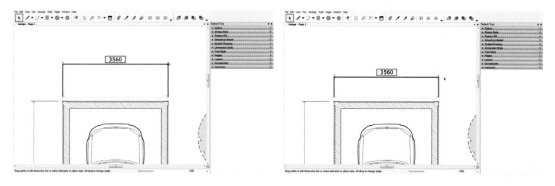

02

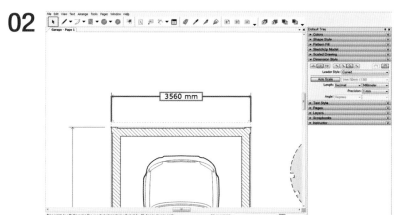

Dimension의 Scale, 단위, Dimension Line에서의 위치 등을 변경할 때에는 **Dimension Style Tray**을 활용합니다.

03

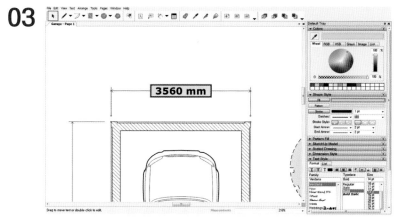

Dimension Text를 수정하기 위해서는 Select Tool로 Dimension을 더블 클릭한 후 Dimension Text Box를 선택하고, Text 수정 방식과 동일하게 **Text Style Tray**과 함께 **Shape Style Tray, Colors Tray, Pattern Fill Tray**을 이용합니다.

04

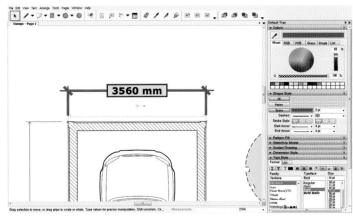

Dimension Line의 굵기, 형태, 색상, Point의 크기와 종류 등을 변경할 때에는 Select Tool로 Dimension을 선택한 후 **Shape Style Tray**을 활용합니다.

TIP

각각의 Dimension Line에 별도의 Shape Style을 지정할 수도 있습니다.

■ SketchUp Model Element

01 Select Tool로 SketchUp Model 더블 클릭하면 [Model Space]로 바뀌게 되고 SketchUp에서와 동일한 방법으로 Camera View를 변경할 수 있습니다. (Zoom: 마우스 휠 굴리기, Orbit: 마우스 휠 클릭-드래그, Pan: Shift + 마우스 휠 클릭-드래그) [Model Space]에서 벗어나려면 Viewport 바깥쪽을 클릭합니다.

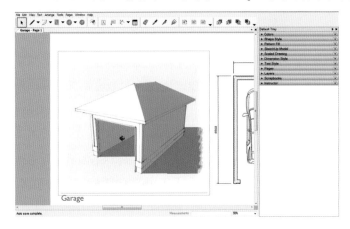

02 Select Tool로 SketchUp Model을 선택한 상태에서 **SketchUp Model Tray**을 활용하면, SketchUp에서 저장한 Scene과 Style을 사용하여 View를 변경할 수 있습니다.

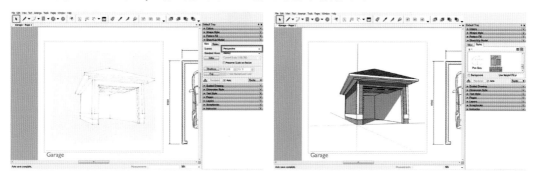

03

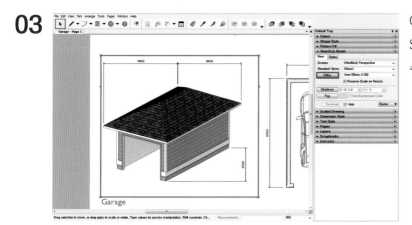

Ortho Mode에서는 자신이 원하는 Scale로 SketchUp Model를 표현할 수 있습니다.

■ **Shape Element**

---

01 Shape Element의 형태를 편집하려면 Select Tool로 Shape Element를 더블 클릭했을 때 나타나는 Point를 클릭-드래그하여 이동합니다.

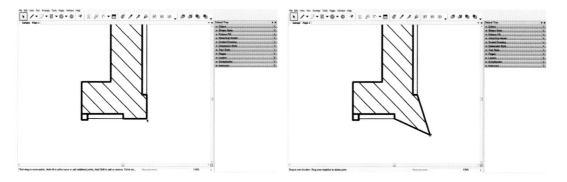

02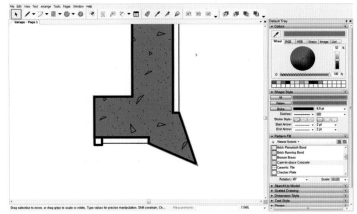

Shape의 Stroke, Fill, Pattern 등의 Style을 변경하려면 **Shape Style Tray**과 함께 **Colors Tray, Pattern Fill Tray**을 이용합니다.

■ Group Element

[Group 만들기]

Layout에서도 SketchUp과 같이 여러 Element들을 하나로 묶어서 Group으로 만들 수 있습니다. Select Tool로 하나의 Group으로 만들고 싶은 Element들을 선택하고 마우스 우측 클릭/ Make Group을 선택합니다. (Group 해제: Group 선택/ 마우스 우측 클릭/ Ungroup) 필요에 따라 다양한 Element들을 하나의 Group으로 만들면 전체적인 선택, 이동, 회전, Scale과 같은 작업을 좀 더 편리하게 할 수 있습니다. 다양한 Layer에 속해 있던 Element들을 하나의 Group으로 만들어도 각각의 Element가 속한 Layer는 변경되지 않습니다.

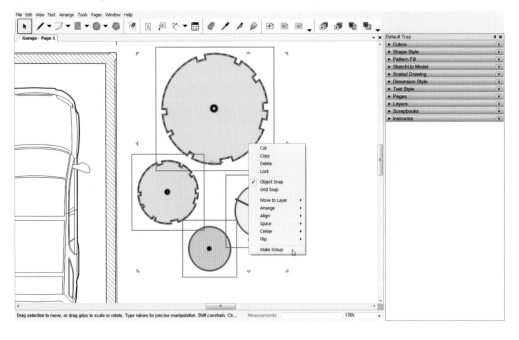

[Group 전체 편집하기]

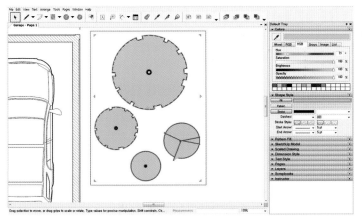

Group으로 묶인 Element를 선택하여 **Colors Tray, Shape Style Tray, Pattern Fill Tray** 등을 이용하여 속성을 바꾸게 되면 Group 안에 있는 모든 Element에 일괄적으로 적용됩니다.

[Group 개별 편집하기]

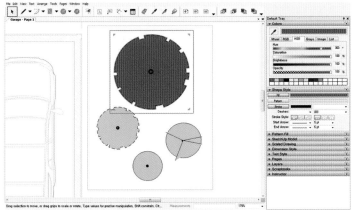

만약 Group으로 묶인 Element 중 특정 Element만 변경해야 할 경우에는 Select Tool로 Group을 더블 클릭하여 Group을 펼친 후 해당되는 Element를 선택하여 변경해야 합니다. Group 안의 개별 Element에 대한 편집이 끝나면 화면의 빈 곳을 클릭하여 Group을 닫습니다.

LESSON 08 · SketchUp Model 불러오기

이번 장에서는 **Layout Document**에 **SketchUp Model**을 불러오는 두가지 방법을 살펴보겠습니다.

① Layout Document에서 SketchUp Model을 Insert 하기

② SketchUp File에서 SketchUp Model을 Layout으로 Send 하기

01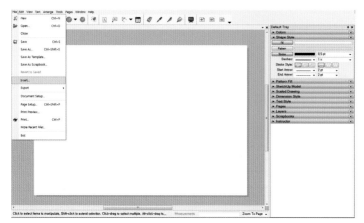

Layout에서 SketchUp File을 Insert 하여 활용하는 과정을 살펴보겠습니다. 메뉴 바 File>Insert를 선택합니다.

02 준비된 SketchUp File을 선택하고, Open을 버튼을 클릭합니다. Layout Document에 SketchUp File이 Insert됩니다.

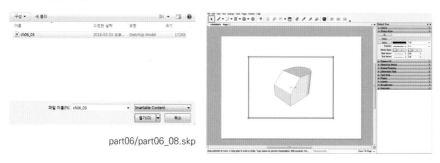

part06/part06_08.skp

03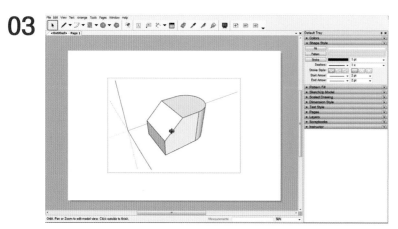

Select Tool이 선택되어 있는 상태에서 Insert된 SketchUp Model을 더블 클릭합니다. SketchUp에서와 마찬가지로 Zoom in-out, Pan, Orbit이 가능한 Edit 3D View 상태로 바뀝니다. 마우스 휠과 Shift키를 이용하여 그림과 같이 view를 조정합니다.

04 메뉴 바 File>Document Setup을 선택하여 Document Setup 대화상자를 불러 옵니다. 대화상자에서 그림과 같이 Reference를 선택합니다. Layout Document로 불러온 SketchUp File의 파일명, 경로, 불러온 시간이 나타납니다.

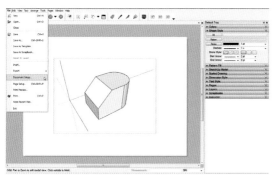 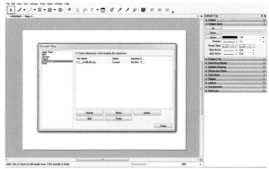

05

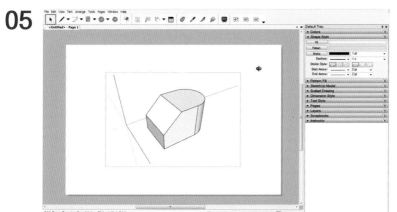

Layout으로 Insert한 SketchUp Model의 형태를 변경하면 어떤 결과가 나타나는지 확인해 보겠습니다. Document Setup 대화상자를 닫고, Edit 3D View 바깥쪽을 클릭하여 Edit 3D View를 닫습니다.

06

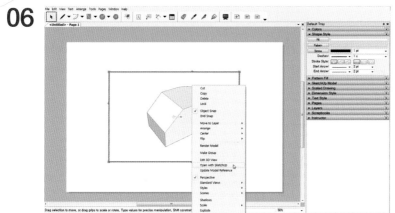

Layout Document에 Insert한 SketchUp Model을 마우스 우측 클릭한 후 Open with SketchUp을 선택합니다. 이렇게 하면 SketchUp Model을 포함하고 있는 SketchUp File이 실행됩니다.

TIP

Insert된 Model을 포함하고 있는 SketchUp File을 직접 실행해도 됩니다.

07 SketchUp이 실행되고 Start using SketchUp 버튼을 클릭하면, 화면에 Layout으로 Insert했던 SketchUp Model이 나타납니다.

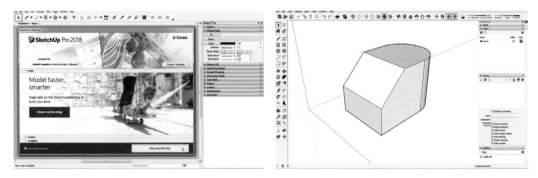

08

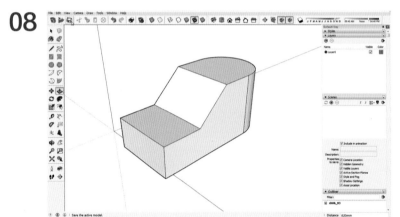

Push-Pull Tools을 이용하여 그림과 같이 Model의 형태를 변형하고 File을 Save 합니다.

09 Layout으로 돌아와 보면 Document에 Insert한 SketchUp Model이 동일한 형태로 변형되어 있는 것을 확인할 수 있습니다. Automatically re-render SketchUp Models as needed가 Check되어 있기 때문에 Insert한 SketchUp Model의 원본 SketchUp File을 수정하여 저장하면, Layout에 Insert한 SketchUp Model에 수정사항이 자동적으로 반영됩니다. (수정된 형태는 반영되지만, View는 Layout에서 설정한 상태가 유지됩니다.)

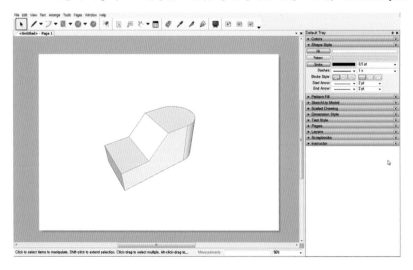

10 Preference 대화상자를 열고, Automatically re-render SketchUp Models as needed를 해제한 후 원본 SketchUp Model을 수정해 보겠습니다. 메뉴 바 File>Preference를 선택한 후 Automatically Update를 해제 합니다.

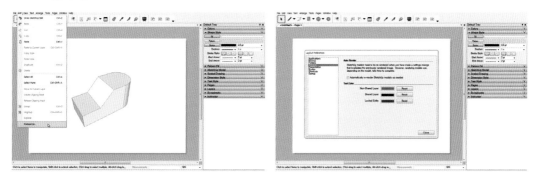

11 앞서 열어놓은 SketchUp File로 돌아가서 다시 그림과 같이 Push-Pull Tool을 이용하여 Model의 형태를 수정한 후 File을 Save 합니다.

12 다시 Layout으로 돌아오면 앞선 경우와는 다르게 SketchUp Model이 자동적으로 Update되지 않는 것을 볼 수 있습니다. SketchUp Model 오른쪽 하단의 [노란색 삼각형 + 느낌표] 아이콘은 Insert된 SketchUp Model의 원본 SketchUp File에 수정사항이 생겼으며, 현재 Layout에 Insert된 SketchUp Model에는 반영되어 있지 않다는 것을 알려주는 표시입니다.

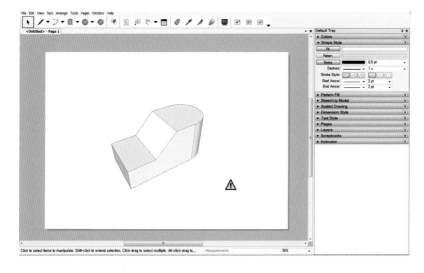

13 Automatically re-render SketchUp Models as needed를 활성화시키지 않은 상태에서 원본 File을 수정한 SketchUp Model을 re-render하려면, Layout Document에 Insert된 SketchUp Model을 마우스 우측으로 클릭하고 Render Model을 선택합니다. Layout에 Insert된 SketchUp Model의 원본 File과 Layout Document는 서로 Link되어 있기 때문에 Automatically re-render Sketch Up Models as needed Option이나 Render Model Option을 사용하여, 가장 최근 수정된 SketchUp File의 정보를 Layout Document로 불러 올 수 있습니다.

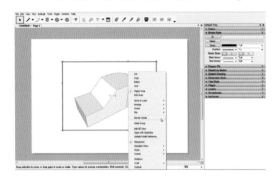

14 하지만, 어떤 경우는 원본 SketchUp File과 Layout Document 사이에 Link를 끊고 싶은 경우가 있습니다. Link가 끊어지게 되면, 원본 SketchUp File을 수정해도 수정사항이 Layout Document에 Update되지 않습니다. Link를 제거해 보겠습니다. 메뉴 바 File>Document Setup을 선택한 후 References를 선택합니다. Layout Document에 Insert된 SketchUp File의 경로를 선택하고 Unlink 버튼을 클릭합니다.

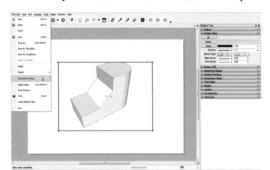 

15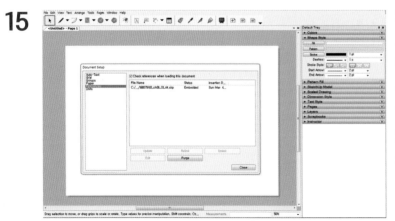

Insert된 SketchUp File의 이름과 경로가 변경됩니다. 이 File은 임시 저장되는 File이며, SketchUp Model은 이제 Layout Document에 포함됩니다. 이전 SketchUp File과 Layout Document 사이의 관계는 References 창에 나타나지 않습니다.

16

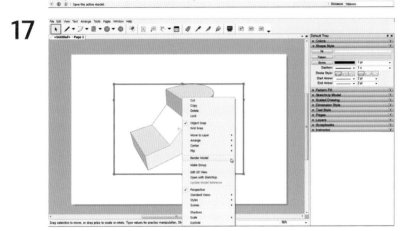

앞서 불러왔던 원본 SketchUp File 을 선택하고, 그림과 같이 형태를 수정한 후 File을 Save 합니다.

17

다시 Layout Document로 돌아와 서 SketchUp Model을 마우스 우 측을 클릭합니다. SketchUp File과 Layout Document 사이의 Link가 끊어졌기 때문에 Render Model을 선택해도 수정사항이 반영되지 않 으며, Update Model Reference도 비활성화되어 있는 것을 볼 수 있 습니다.

18 Preferences 대화상자를 열어 Automatically re-render SketchUp Models as needed를 Check합니다. 원본 SketchUp Model을 수정한 후 Save 하고, 다시 Layout Document로 돌아와도 두 File 사이가 Unlink되었기 때문에 자동 Update가 되지 않습니다.

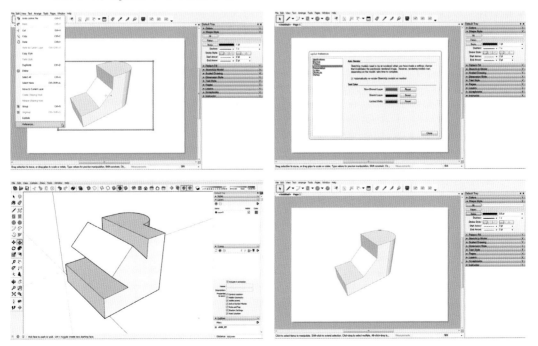

19 Unlink로 Layout Document와 원본 SketchUp File의 사이의 관계가 끊어진 후에도 필요한 경우 다시 Link 시킬 수 있습니다. 앞서 Unlink했던 SketchUp File을 다시 Link 시켜 보겠습니다. 다시 Document Setup대화 상자를 불러와서 References를 선택합니다.

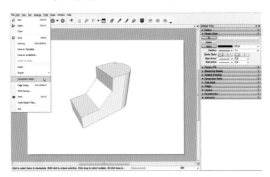 

20 앞서 Unlink되어 임시 저장된 SketchUp File의 경로를 선택하고, Relink 버튼을 클릭합니다. Layout에 Insert한 원본 SketchUp File의 경로를 찾아 선택합니다. 이렇게 하면 다시 이전의 Link 상태로 회복되고, SketchUp Model이 원본 SketchUp File의 최신 저장 상태로 나타납니다.(Edit 3D View를 이용하여 SketchUp Model이 화면에 모두 나타나도록 조정을 하였습니다.)

 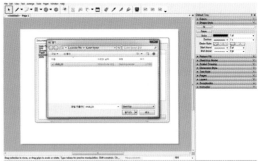

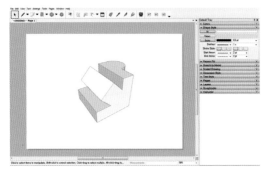

21

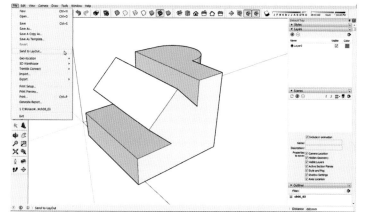

이번에는 Layout Document로 SketchUp Model을 불러오는 두 번째 방법을 살펴보겠습니다. 앞서 열어 놓은 SketchUp File 선택합니다. 메뉴 바 File>Send to Layout을 선택합니다. 이 방법을 사용하면, 현재 SketchUp File을 Layout Document로 보낼 수 있습니다.

22 Layout이 실행되고 Templates 대화상자가 나타납니다. SketchUp Model을 불러올 Template을 선택하고 Open 버튼을 클릭하면 새로운 Document가 열리고 SketchUp Model이 나타납니다. Page 상단을 보면 앞서 만든 Layout Document 오른쪽에 새롭게 만들어진 Layout Document Tab이 새롭게 추가된 것을 볼 수 있습니다.

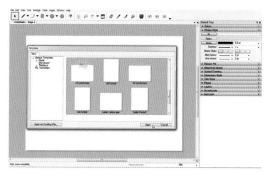
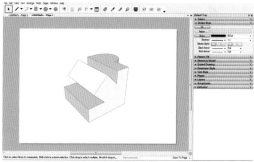

23 새로운 Document에서 Document Setup 대화상자를 불러 옵니다. References 창을 보면 Document에 포함되어 있는 SketchUp Model의 원본 SketchUp File 경로가 나타난 것을 볼 수 있습니다.

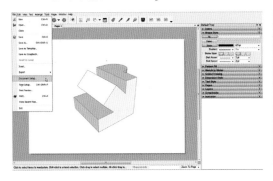 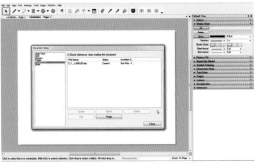

24

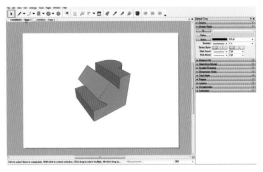

원본 SketchUp File을 다시 열고, 그림과 같이 Paint Bucket Tools 을 이용하여 Model 전체에 색상 을 지정한 후 Save 합니다.

25 Layout 화면으로 다시 돌아와서 처음에 생성한 Document Tab을 클릭하여 처음에 열어놓은 Layout Document를 펼칩니다. SketchUp Model이 최신 상태로 Update된 것을 볼 수 있습니다. (현재 Automatically re-render SketchUp Models as needed가 Check되어 있습니다.) Document Setup 대화상자의 References 창을 보면 현재 원본 SketchUp File이 Link되어 있는 상태입니다.

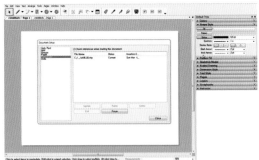

26

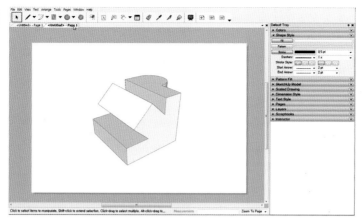

이번에는 SketchUp에서 Send to Layout을 통해 만든 Document Tab을 클릭하여 Document를 펼칩니다. SketchUp에서 Send to Layout을 통해 Layout Document로 들어온 SketchUp Model은 Update되지 않은 상태인 것을 볼 수 있습니다.

27 Layout Document 대화상자의 References 창을 보면 원본 SketchUp File이 현재 최신 상태가 아님(Out of Date)을 알려 줍니다. 이 경우 Link된 SketchUp File의 최신 상태를 SketchUp Model에 반영하기 위해서는 Layout Document 대화상자의 References 창에 있는 Update 버튼을 클릭하면 됩니다. Upadte 버튼을 클릭하면 원본 SketchUp File의 최신 상태가 바로 SketchUp Model에 반영됩니다. Out of Date되어 있는 SketchUp Model을 Update 하기 위해 SketchUp Model을 마우스 우측으로 클릭하고 Update Model Reference를 선택할 수도 있습니다.

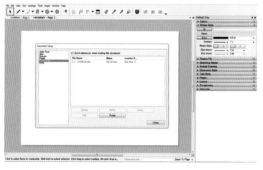

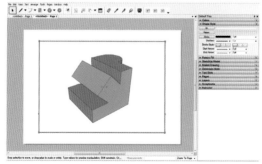

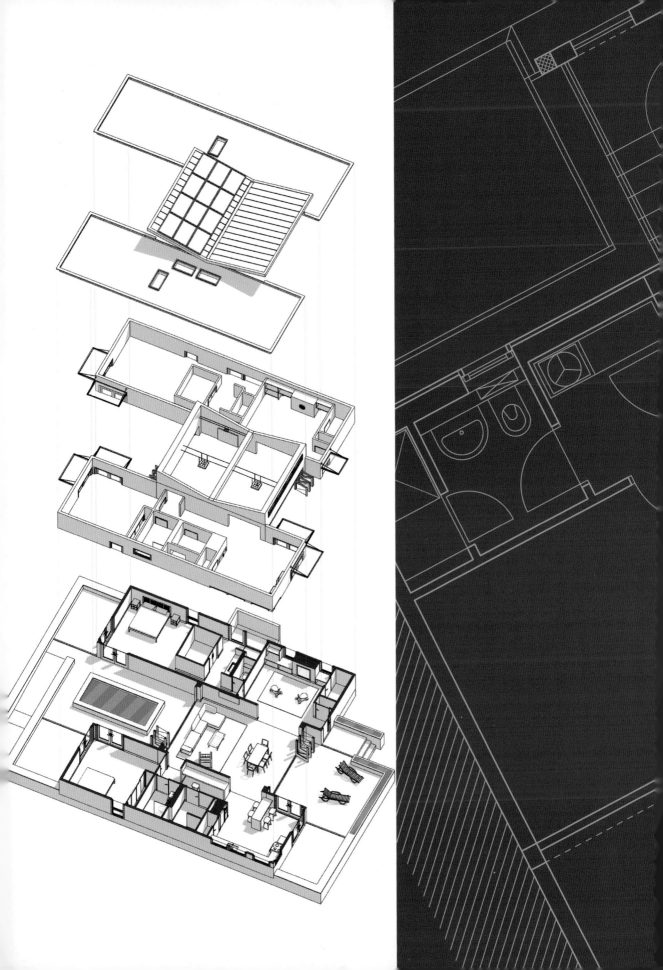

Layout으로
도면 Template 만들기

PART
07

Layout 그리기 도구를 활용한 Logo Design

이번 장에서는 Layout의 Drawing Tool을 익히기 위해 간단한 Logo Design을 해 보겠습니다.

01

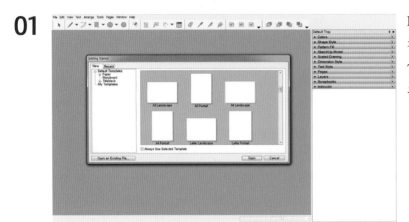

Layout을 실행합니다. Getting Started 창에서 그림과 같이 A4 Landscape Template를 선택한 후 Open 버튼을 눌러 줍니다.

02

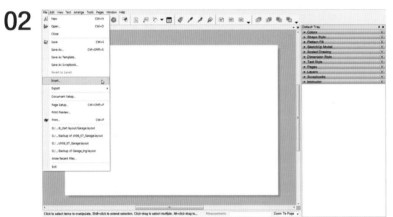

Template으로 활용할 Image를 불러오기 위해 메뉴 File/ Insert를 선택하고 불러 옵니다.

part07/part07_01_logo.png

03

GAAGA 스튜디오의 Logo Image가 Insert됩니다. 이 Image는 Logo Drawing을 위한 배경 Image로 활용할 것입니다. **Layers Tray**에서 새로운 Layer를 추가하고 Layer의 이름을 Logo_Background로 지정합니다.

04

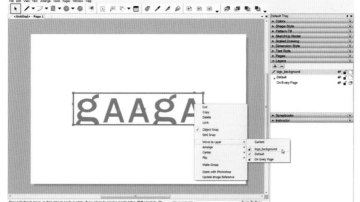

Select Tool로 조금 전에 Insert한 Logo Image를 선택한 후 마우스 우측 클릭/Move to Layer를 선택하고 앞서 만든 logo_background Layer를 선택합니다. Insert한 Image가 logo_background Layer에 포함됩니다.

05

나시 **Layers Tray**에서 새로운 Layer를 추가하고 Layer의 이름을 logo_drawing으로 지정합니다.

06

앞서 만든 logo_background Layer를 Lock 상태로 만들고, logo_drawing Layer의 위치를 그림과 같이 가장 위쪽으로 이동한 후 현재 Layer로 지정합니다.

07

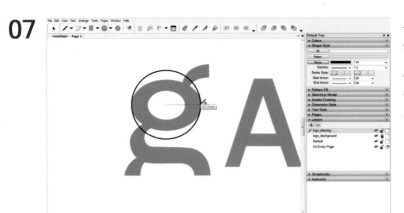

그림과 같이 Logo의 앞부분을 확대합니다. Circle Tool을 선택하고 그림에 표시된 지점을 중심으로 그림과 비슷한 크기의 Circle을 그립니다.

08

Select Tool로 조금 전에 그린 Circle을 선택하고 그림과 같이 Circle의 크기를 줄입니다. 이때 Alt키를 함께 사용하면 Circle의 중심을 기준으로 크기를 줄일 수 있습니다.

09

Ctrl 키와 Alt 키를 누른 채로 조금 전에 그린 Circle의 크기를 줄입니다. Ctrl 키를 누른 채로 Object를 이동, 회전, 크기조정을 하게 되면 Object가 복사되면서 이동, 회전, 크기조정됩니다. 특히 크기조정을 할 때 Alt 키를 누르면 Object의 중심을 기준으로 크기를 조정할 수 있습니다.

10

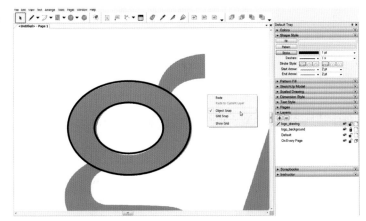

이번에는 Line Tool로 형태를 그려 보겠습니다. 선을 그릴 때 Object Snap이 Check되어 있으면 자유롭게 그리기 힘든 경우가 있습니다. 먼저 Page의 빈 곳을 마우스 오른쪽으로 클릭하고 Object Snap을 해제합니다.

11 그림에 표시된 첫 번째 지점을 짧게 클릭하여 Line의 시작점을 지정합니다. 다음으로 그림에 표시된 두 번째 지점은 클릭-드래그하면서 그림과 비슷한 모양의 Line 만들어 지도록 조정한 후 선 그리기를 끝내기 위해 Esc키를 누릅니다.

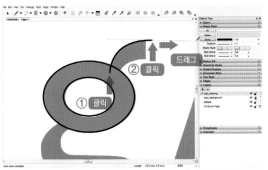
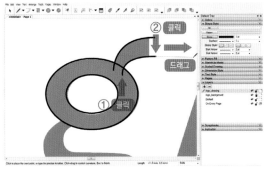

12

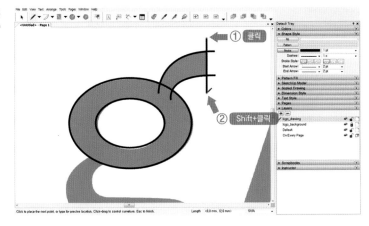

다음으로 그림에 표시된 시작점을 클릭하고 Shift키를 누른 채로 끝점을 클릭하여 수직선을 그립니다. 직선을 그리기 위해서는 마우스를 클릭-드래그 하지 않고 짧게 클릭해야 합니다.

13

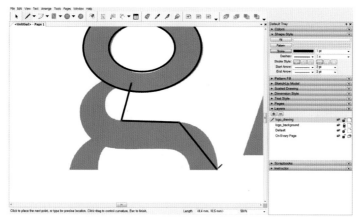

아래 부분을 그리기 위해 다시 Line Tool로 대강의 형태를 직선으로 그립니다.

14

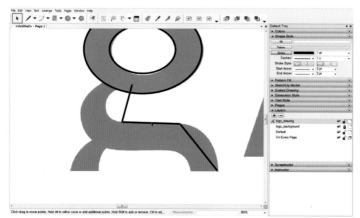

앞서 그린 직선을 Select Tool로 더블 클릭하여 편집 상태로 만듭니다.

15

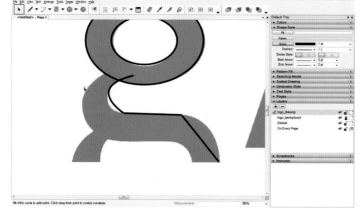

Alt키를 누른 채로 Line 위의 Point를 클릭 드래그하면 그림과 같이 방향 조절 Grip이 만들어 집니다. Grip을 클릭 드래그 하여 그림과 같이 배경 Image에 맞추어 형태를 조정합니다.

16

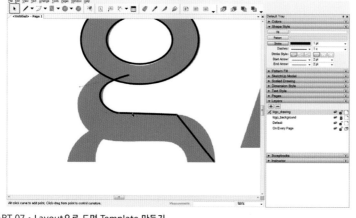

Line의 중간 지점에 있는 Point를 Alt키를 누른 채 클릭 드래그 하면 Point 양쪽으로 Grip이 생성됩니다. 기본적으로 한 쪽 Grip을 조정하면 반대편 Grip도 그에 따라 함께 조정됩니다. 만약 한쪽 Grip만 조정하고 싶은 경우에는 Alt키를 누른 채로 클릭 드래그 합니다.

17 동일한 방법으로 Logo에 맞추어 Line의 형태를 조정합니다.

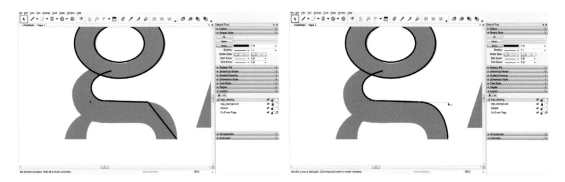

18

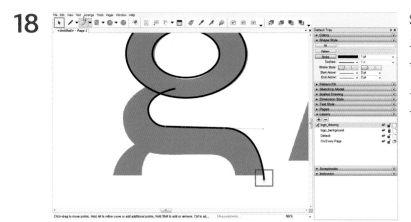

Select Tool로 Point를 선택하여 드래그하면, 선택된 Point를 이동할 수 있습니다. 그림과 같이 Line의 끝 부분 Point를 선택하여 이동합니다.

19

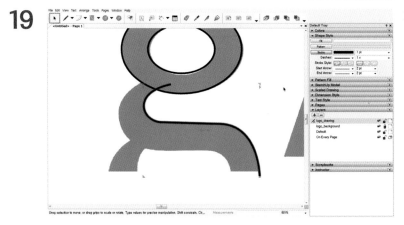

Line의 형태를 알맞게 조정한 후 Select Tool로 화면의 빈 곳을 더블 클릭하여 Line 편집 상태를 닫습니다.

20

Select Tool과 Ctrl 키를 함께 사용하여 앞서 그린 Line을 그림과 같이 복사 이동합니다.

21 앞선 방법과 동일하게 복사된 Line을 Logo의 형태에 맞추어 그림과 같이 편집합니다.

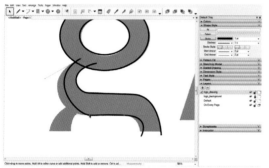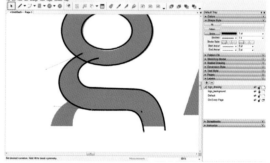

22 다시 Line Tool을 이용하여 그림과 같이 Logo에 맞추어 Line을 추가합니다.

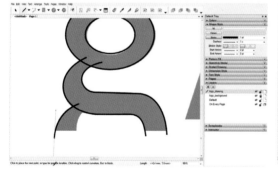

23

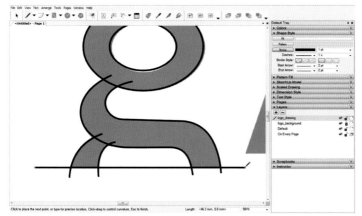

그림과 같이 Logo의 아래 부분에 맞추어 수평선을 그립니다. (수직 수평선을 그릴 때에는 Shift 키를 함께 사용합니다.)

24

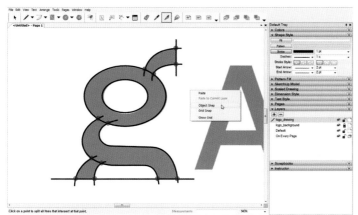

이제 Line의 교차지점을 중심으로 Line을 Trim시키면서 전체적인 형태를 정리해 보겠습니다. Line의 교차지점을 정확히 확인하기 위해 화면의 빈 곳을 마우스 우측으로 클릭하고 Object Snap을 선택하여 다시 Object Snap을 활성화 합니다.

25

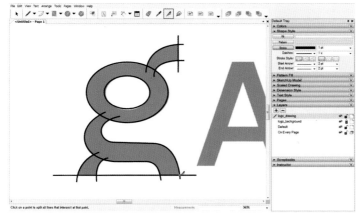

Split Tool을 선택하고 그림에 표시된 Line들의 교차지점들을 클릭합니다. Split Tool은 Line을 끊을 때 사용합니다.

26

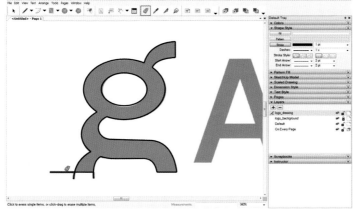

다음으로 Eraser Tool을 선택하고 그림과 같이 끊어진 선들을 클릭하여 지웁니다.

27

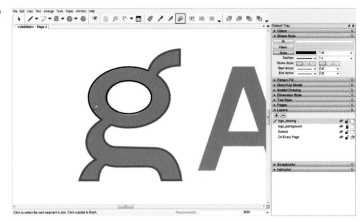

다음으로 Join Tool을 선택하고 선들을 차례대로 클릭하여 하나의 이어진 선으로 만들어 줍니다.

28 다음으로 Logo의 색상을 바꾸어 보겠습니다. 테두리가 없는 Shape로 만들기 위해 앞서 그린 Shape가 선택되어 있는 상태에서 **Shape Style Tray**의 Stroke을 해제합니다. Shape를 다른 색상으로 채우기 위해 **Shape Style Tray**에서 Fill을 클릭합니다. Fill에 지정되어 있는 색상으로 Shape 안쪽이 채워집니다. Fill Color를 바꾸기 위해 Fill Color를 클릭합니다. **Colors Tray**가 펼쳐집니다. 이어서 **Colors Tray**에서 그림과 같이 색상을 조정하면 Shape를 채우고 있는 색상이 함께 변경됩니다. 새로 만들어진 색상을 그림과 같이 **Colors Tray**의 팔레트에 추가합니다.

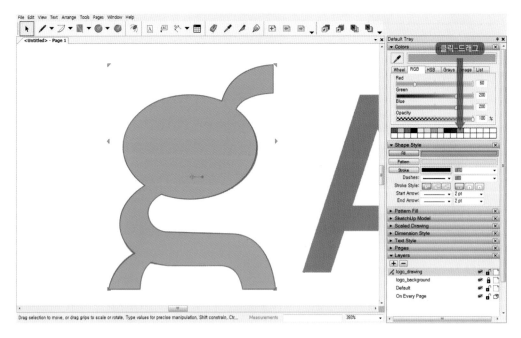

29 Fill이 채워지면서 Object 안쪽에 있는 Circle 형태의 Object가 가려져 보이지 않게 되었습니다. 안쪽의 Circle 형태의 Object가 나타나도록 순서를 변경하기 위해 연두색 Fill이 채워진 Object를 선택하고 마우스 우측 클릭/ Arrange/ Send to back을 선택합니다. 연두색 Fill이 채워진 Object가 뒤쪽으로 이동되면서 Circle 형태의 Object가 나타납니다.

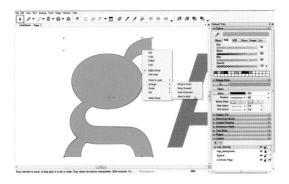

30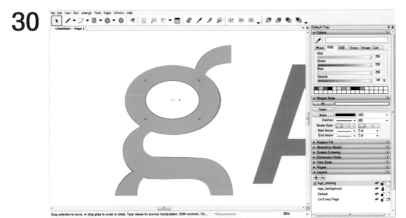

Circle 형태의 Object를 선택하고 그림과 같이 Fill Color를 흰색으로 바꾼 후 Stroke을 해제합니다.

31 앞서 그린 두 개의 Object를 모두 선택하고 마우스 우측 클릭/ Group을 선택하여 하나의 Group으로 만들어 줍니다.

32

Group으로 만든 Object를 Select Tool과 Ctrl키, Shift키를 함께 사용하여 오른쪽으로 복사합니다.

33

다음으로 Logo의 A 문자를 만들어 보겠습니다. 이번에는 Object Snap 을 사용하여 형태를 그려 보겠습니다. Object Snap이 활성화되어 있는 지를 확인하기 위해 메뉴 바 Arrange를 선택하고 그림과 같이 Object Snap on 상태를 확인합니다. Object Snap이 Off 상태이면 다시 클릭하여 On 상태로 변경합니다.

34

Polygon Tool을 선택합니다. 삼각형을 그리기 위해 먼저 키보드로 3s를 입력하고 Enter 키를 누릅니다. 다음으로 그림에 표시된 지점을 삼각형의 중심으로 지정합니다.

35

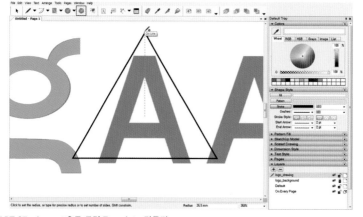

마우스 커서를 수직으로 이동하여 그림과 같은 형태의 삼각형을 그립니다.

36 Select Tool을 선택하고 앞서 그린 삼각형의 크기를 밑그림에 맞추어 조정합니다. 이때 Alt키를 누른 채로 폭을 줄이면 삼각형의 중심을 기준으로 크기를 줄일 수가 있어서 편리합니다.

37 그림과 같이 삼각형을 아래 쪽으로 복사하고 밑그림에 맞추어 수평선들을 그립니다.

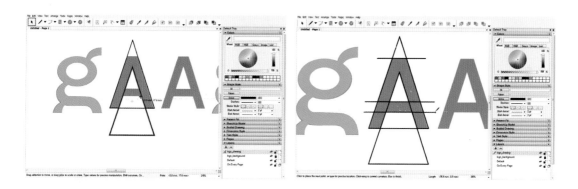

38 앞서 Logo의 g 문자를 만들었던 것처럼 그림과 같이 Split, Eraser, Join Tool을 이용하여 A문자의 선들을 완성합니다. A문자의 경우 안쪽에 있는 삼각형도 Join Tool을 이용하여 이어주어야 합니다.

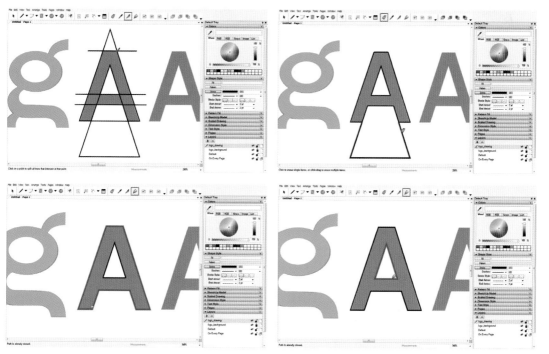

39

이번에는 Style Tool을 이용하여 Shape의 Style을 복사해 적용해 보겠습니다. Style Tool을 선택하고 그림에 표시된 지점을 클릭하여 클릭한 지점의 Style을 정보를 수집합니다. 클릭한 지점은 Stroke 없이 Fill Color가 흰색입니다.

40

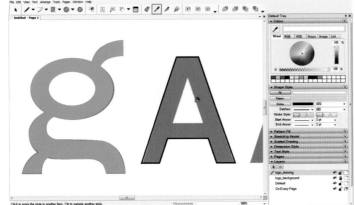

Style Tool로 정보를 수집하게 되면 커서가 페인트 통의 형태로 바뀝니다. 이어서 A 문자 안쪽의 삼각형을 클릭하여 수집된 Style을 적용합니다. 안쪽의 삼각형이 Stroke 없이 Fill Color가 흰색인 Style로 변경됩니다.

41 동일한 방법으로 그림과 같이 g 문자의 연두색 Style을 복사하여 A 문자에도 적용합니다.

42 완성된 A 문자를 구성하는 요소들을 모두 선택하여 Group으로 만들고, 밑그림에 맞추어 복사 이동 합니다.

43

밑그림을 사용한 Image를 제거하기 위해 **Layers Tray**에서 logo_drawing Layer를 Hide 합니다. logo_background Layer의 Lock 상태를 해제한 후 Select Tool로 그림과 같이 배경 Image를 선택하고 Delete 키를 눌러 삭제합니다.

44 Logo Shape 뒤쪽으로 색상을 채운 배경을 만들어 보겠습니다. 먼저 **Layers Tray**에서 logo_drawing Layer를 Visible 상태로 만들고, logo_background Layer를 현재 Layer로 지정한 후 그림과 같이 Object Snap을 이용하여 2개의 Line을 교차해서 그립니다.

45

Rectangle Tool을 선택합니다. **Shape Style Tray**에서 Stroke을 비활성화하고, Fill Color를 활성화한 후 그림과 같이 Fill Color 색상을 지정합니다. Object Snap을 이용하여 그림과 같은 크기의 Rectangle을 그립니다.

46

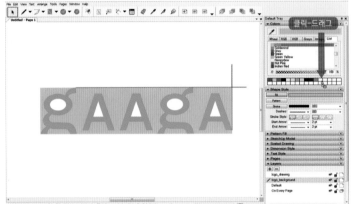

앞서 **Colors Tray**에서 지정한 색상을 다른 부분에도 활용하기 위해 그림과 같이 **Colors Tray**의 팔레트에 등록합니다.

47

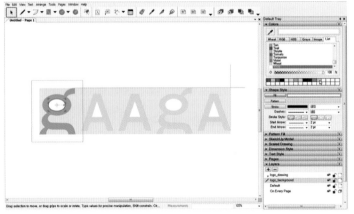

Select Tool로 그림과 같이 'g' Shape Group을 더블 클릭하여 Group 편집 상태로 만듭니다. 흰색으로 Fill되어 있는 Circle을 선택하고, 앞서 **Colors Tray**에 등록한 색상을 Fill Color로 지정합니다.

48

동일한 방법으로 그림에 표시된 Shape를 동일한 색상으로 채웁니다.

49

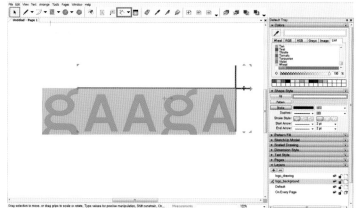

앞서 Rectangle의 크기를 지정하기 위해 그려 놓은 Line을 선택하여 삭제합니다.

50

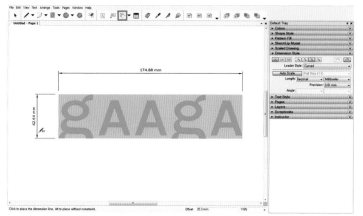

이제 마지막으로 용지의 크기를 조정하여 Logo를 완성해보겠습니다. 먼저 그림과 같이 Dimension Tool을 이용하여 전체 Logo의 치수를 확인하고, 가로와 세로 길이를 메모해 둡니다. 치수를 확인한 후에는 Dimension을 선택하여 삭제합니다.

51

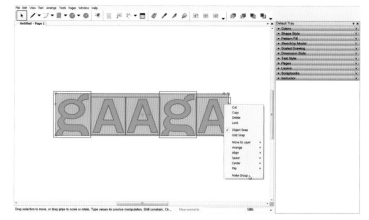

전체 Shape를 선택하여 Group으로 만듭니다.

52

Object Snap이 활성화되어 있는지 확인합니다.

53

앞서 만든 Logo Group을 Page의
오른쪽 상단으로 이동합니다.

54 그림과 같이 Logo Group의 중심점을 클릭 드래그 하여 Logo Group의 오른쪽 상단 모서리로 이동시킨 후
Logo Group을 이동하여 Logo의 오른쪽 상단 모서리와 Page의 오른쪽 상단 모서리를 정확하게 맞춥니다.

55

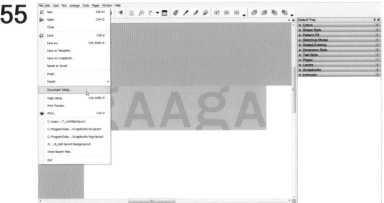

다음으로 Page의 크기를 조정하
기 위해 메뉴 바 File/Document
Setup을 선택합니다.

56

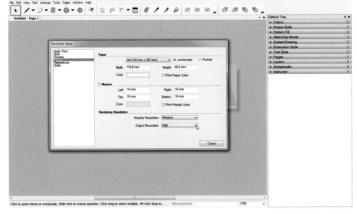

Document Setup 대화상자가 나타
나면 Paper 설정에서 앞서 메모해
놓은 Logo의 실제 크기를 Paper Size
로 입력하고, Rendering Resolution
의 Output Resolution을 High로 설정
한 후 Close 버튼을 클릭합니다.

57

Logo의 크기에 따라 Page의 크기가 조정되었습니다. 완성된 Logo를 Image File로 만들기 위해 메뉴 바 File/Export/Image를 선택합니다.

58

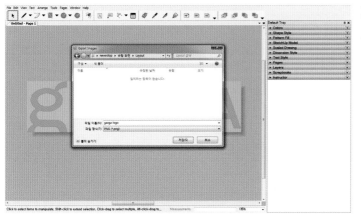

Image가 저장될 경로, 이름, 형식을 지정한 후 저장 버튼을 클릭합니다.

59

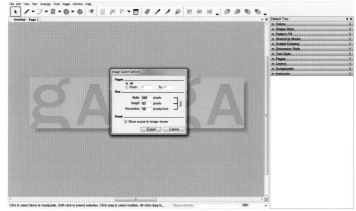

Image Export Options 대화상자가 나타납니다. 원하는 Image 해상도를 입력한 후 Export 버튼을 클릭합니다. 완성된 Logo가 Image File 형태로 저장됩니다.

Layout Template 제작 준비하기

이번 장에서는 도면작업에 반복적으로 사용되는 도면 양식을 Template으로 저장하여 활용하는 방법을 알아 보겠습니다.

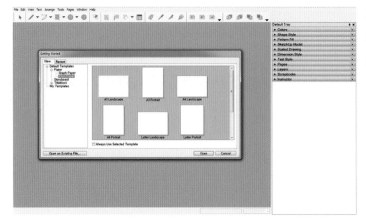

Layout을 실행하고 Getting Started 대화상자에서 비어있는 A3 Landscape Sheet를 꺼냅니다.

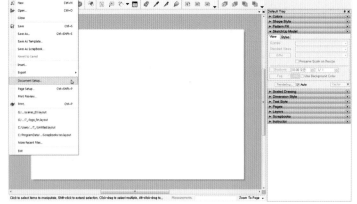

먼저 도면의 단위, 크기 등을 설정하기 위해 메뉴 바 File/Document Setup을 선택합니다.

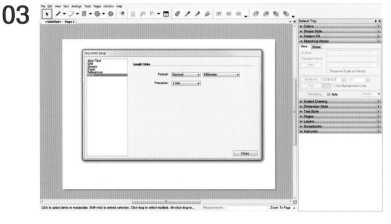

Document의 입력 단위를 밀리미터로 지정하기 위해 Units 설정을 그림과 같이 조정하고, 일반적인 건축·인테리어 도면의 치수 표기에 따라 오차 범위를 1mm로 지정합니다.

04

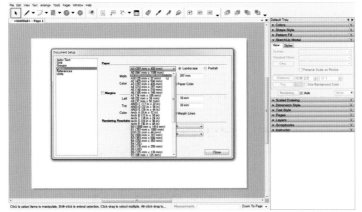

Template의 도면 크기를 A1으로 지정하기 위해 Paper의 크기를 A1(594mm *841mm)으로 선택합니다.

05

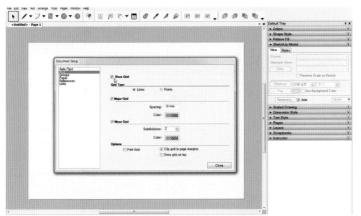

다음으로 Grid를 활용하여 10mm 여백의 도면 외곽선을 그리기 위해, Grid 설정에서 Show Grid에 Check 하고 Major Grid 간격을 10mm 로, Minor Grid를 2로 설정한 후 Document Setup 창을 닫습니다.

06

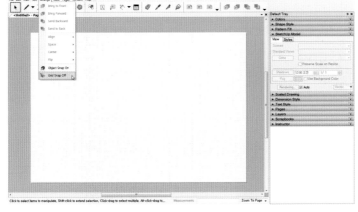

Page에 10mm 간격의 Major Grid 가 나타납니다. Major Grid 사이에 는 Major Grid를 2등분하는 Minor Grid가 보입니다. Grid는 Page 의 오른쪽 상단에서 시작됩니다. Grid Snap을 이용하기 위해 Grid Snap을 On 상태로 변경합니다.

07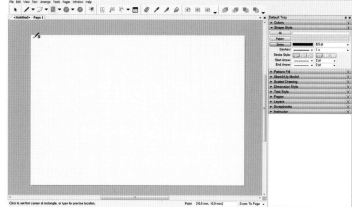

Rectangle Tool을 선택합니다. Rectangle의 안쪽을 채우지 않고, 선만 그리기 위해 Rectangle을 그리기 전에 **Shape Style Tray**에서 Fill을 해제합니다. (Rectangle을 그리고 난 후 Rectangle이 선택된 상태에서 Fill을 해제해도 됩니다.) 그림과 같이 오른쪽 상단 구석에서 대각선 방향으로 10mm 간격이 되는 지점을 Rectangle의 시작점으로 클릭합니다.

08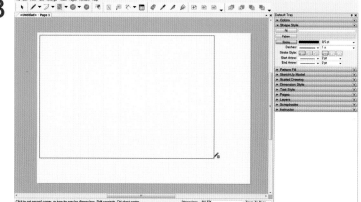

키보드로 821, 574을 입력하고 Enter 키를 누릅니다. 이 크기는 도면의 가장자리부터 테두리선까지의 거리를 10mm로 지정하기 위해 A1 용지 크기보다 가로 세로 폭을 20mm 줄인 크기입니다.

09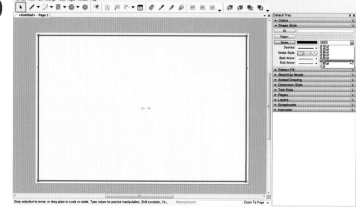

일반적으로 도면 외곽선은 굵은 선으로 표현합니다. 선의 굵기를 조정하기 위해 조금 전에 그린 외곽선이 선택되어 있는 상태에서 Stroke 굵기를 1pt로 지정합니다. 도면 외곽선이 완성되었습니다. Select Tool을 선택하고 화면의 빈 곳을 클릭하여 선택을 해제합니다.

10

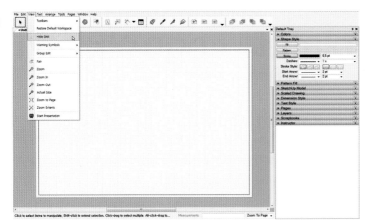

다음 작업을 위해 Document Setup 대화상자를 열고, Grid 설정에서 Hide Grid를 선택합니다.

LESSON 03

Template에 Logo 삽입하기

이번 장에서는 앞서 그린 **Logo**를 **Template**에 배치해 보겠습니다.

01 사무실 Logo를 불러와서 도면 왼쪽 하단에 배치하기 위해 메뉴 바 File>Insert를 선택합니다. 준비된 사무실 Logo File을 선택한 후 열기 버튼을 클릭합니다.

part07/part07_03.layout
part07/part07_03_gaaga logo.png

02

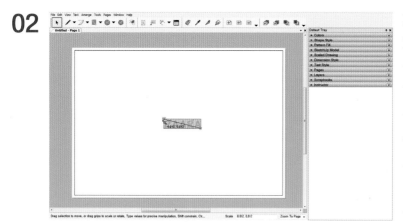

Logo가 Page에 Insert됩니다. Image File이 Insert되면 Image 주변으로 파란색 삼각형이 나타납니다. 이 삼각형을 클릭 드래그하여 Image의 크기를 조정할 수 있습니다. Image의 크기를 조정할 때 가로 세로의 비율을 유지하려면 Shift 키를 함께 사용합니다. 정확한 크기로 조정하기 전에 Shift키를 함께 사용하여 그림과 같이 먼저 적당한 크기로 Logo를 조정합니다.

03 Logo를 도면 외곽선 오른쪽 하단 구석에 정확하게 맞추기 위해 먼저 Object Snap을 활성화 합니다. Grid Snap은 Off 상태로 만듭니다.

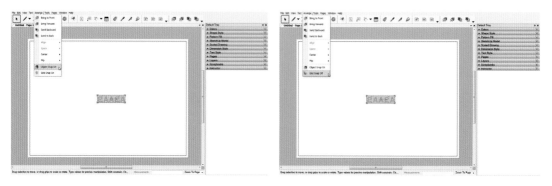

04

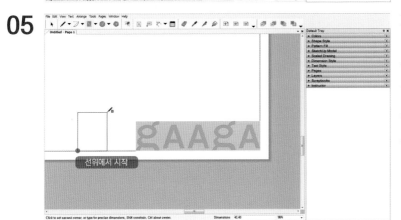

그림과 같이 Select Tool이 선택되어 있는 상태에서 Logo를 클릭 드래그하여 도면 외곽선의 오른쪽 하단 구석으로 이동합니다.

05

Logo의 높이를 40mm으로 정확하게 조정해 보겠습니다. Rectangle Tool을 선택하고 그림과 같이 도면 외곽선 오른쪽 하단에서 시작하는 Rectangle을 그린 후 키보드로 40,40을 입력하고 Enter 키를 누릅니다.

06

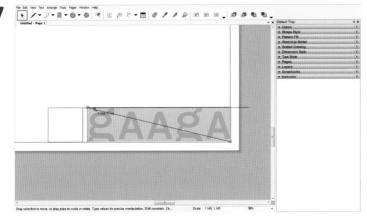

Line Tool을 이용하여 그림과 같이 높이가 40mm가 되는 위치에 직선을 그립니다.

07

Logo를 선택하고 Shift키를 누른 채로 앞서 그린 Line에 맞추어 크기를 조정합니다.

08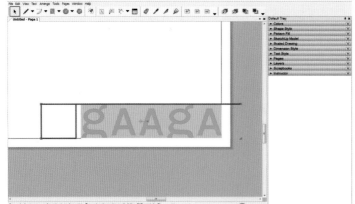

Logo의 크기가 조정되면 앞서 그린 Rectangle과 Line을 선택하고 Delete 키를 눌러 삭제합니다.

09

Logo가 앞서 그린 도면 테두리 선 아래쪽에 위치하도록, Logo를 마우스 우측으로 클릭하고 Arrange>Send to Back을 선택합니다. Logo가 원하는 크기에 따라 조정되고, 도면 테두리에 맞추어 정확히 이동되었습니다.

LESSON 04

Table을 이용하여
도면 Legend 만들기

이번 장에서는 Table Tool을 이용하여 도면의 Table를 만들어 보겠습니다.

01

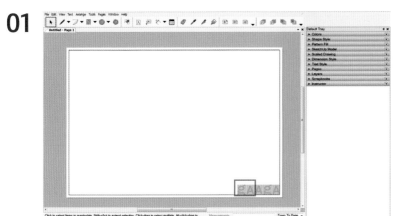

도면 오른쪽 하단의 Logo가 위치한 부분에 도면 Table를 만들기 위해 그림에 표시된 부분을 확대합니다.

part07/part07_04.layout

02

Table Tool을 클릭하고 그림과 같이 Logo의 끝부분을 시작점으로 지정합니다.

03

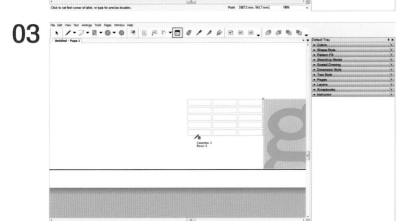

표의 가로열의 개수와 세로열의 개수를 각각 3개, 5개로 지정하기 위해 키보드로 3c, 5r를 입력하고 Enter키를 누릅니다.

04

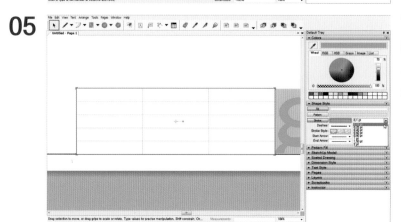

계속해서 Logo의 왼편으로 전체 크기가 120mm*40mm인 도면 Table를 만들기 위해 키보드로 -120,40을 입력한 후 Enter키를 누릅니다.

05

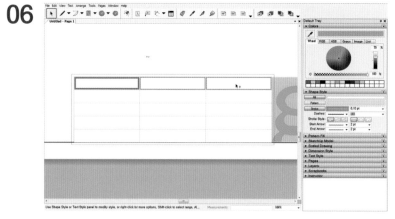

Table가 선택되어 있는 상태에서 **Shape Style Tray**를 펼치고, Table의 선 두께와 색상을 그림과 같이 지정합니다.

06

Table를 편집하여 Table에 필요한 요소를 넣어 보겠습니다. Table를 편집하는 방법은 Group Element를 편집하는 방법과 동일합니다. Select Tool을 선택하고, Table를 더블 클릭합니다. Table 편집 상태가 되면, Shift 키를 누른 채로 그림에 표시된 세 개 셀을 선택합니다. (창을 그려 선택할 수도 있습니다.)

07

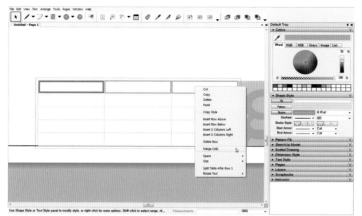

선택된 3개의 셀을 합치기 위해 셀 위에서 마우스 우측을 클릭하고 Merge Cells를 선택합니다.

08

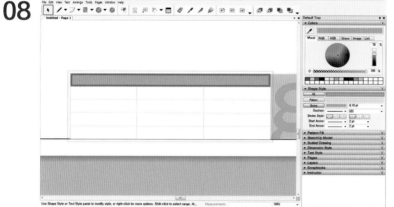

합쳐진 셀이 선택되어 있는 상태에서 **Shape Style Tray**에서 Fill Color를 클릭한 후 색상을 그림과 같이 변경합니다.

09

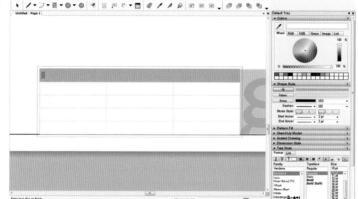

셀 안에 Text를 넣기 위해 그림과 같이 셀을 더블 클릭하여 Text 입력 상태로 만듭니다.

10

Text Style Tray에서 폰트의 종류와 크기, Text의 색상과 위치를 그림과 같이 지정한 후 Text를 입력합니다.

11

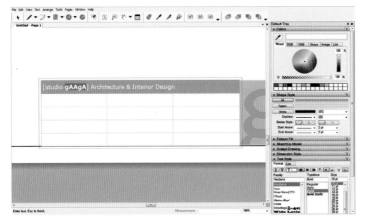

일반적인 Text 편집 작업과 마찬가지로, Text 편집 상태에서 그림과 같이 전체 Text의 일부분만을 선택하여 편집할 수도 있습니다.

12

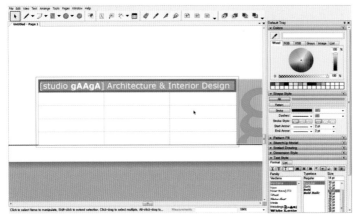

Text 편집을 마무리하기 위해 Table의 다른 곳을 클릭합니다. 그림에 표시된 셀이 선택되어 있는 상태에서 셀에 입력한 전체 Text의 크기를 그림과 같이 조정합니다.

13 나머지 도면 요소를 기입할 셀을 만들기 위해 그림과 같이 merge Cells를 이용하여 그림에 표시된 셀들을 병합합니다.

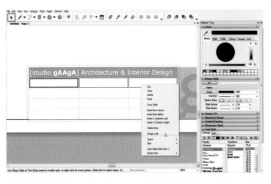

14

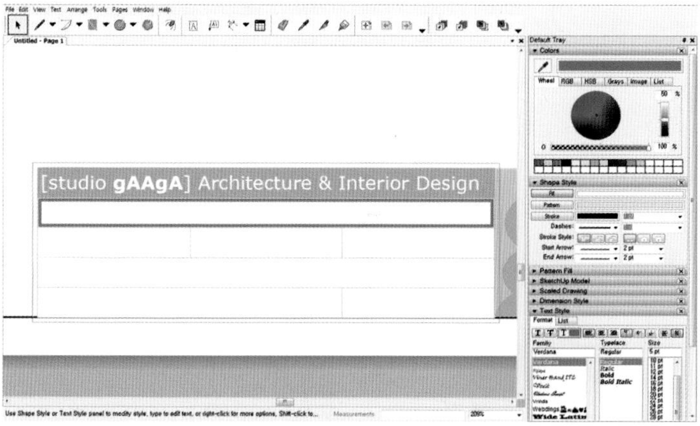

병합된 셀 중 그림에 표시된 셀을 더블 클릭하여 Text 입력 상태로 만들고, **Text Style Tray**에서 그림과 같이 Text의 폰트, 크기, 색상, 위치 등을 설정합니다.

15

Project라는 Text를 입력한 후 Text 입력 상태를 종료하기 위해 셀의 다른 부분을 클릭합니다.

16

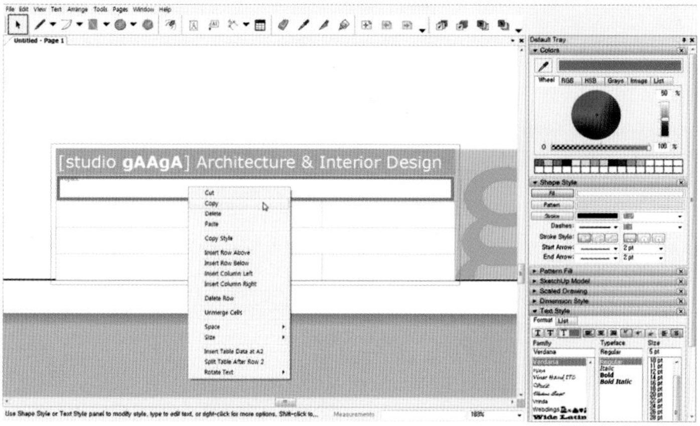

도면의 다른 요소들을 입력할 셀의 Text들을 Project 셀과 동일한 타입으로 만들기 위해 먼저 Project 셀을 선택하고 마우스 우측 클릭 Copy를 선택합니다.

17

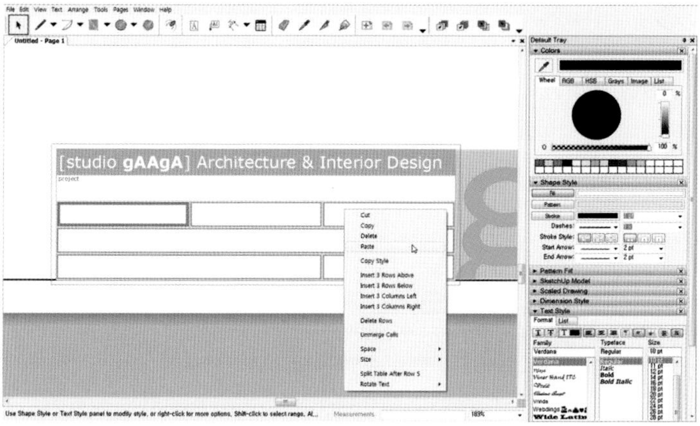

Shift키를 누른 상태에서 그림에 표시된 나머지 셀들을 선택한 후 마우스 우측 클릭/Paste를 선택합니다.

18

셀에 입력된 Text를 수정하기 위해 그림에 표시된 셀을 더블 클릭합니다.

19

Text 입력 상태에서 그림과 같이 Text를 수정합니다.

20

동일한 방법으로 나머지 셀들도 그림과 같이 Text를 수정한 후 Table의 편집 상태를 종료하기 위해 Table의 바깥쪽을 클릭합니다.

21

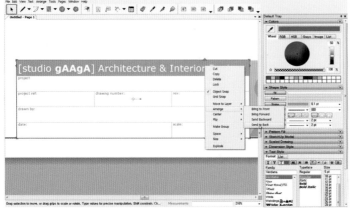

Table의 위치를 도면 테두리선과 Logo의 뒤쪽으로 배치하기 위해 Table을 마우스 우측으로 클릭하고 Arrange/Send to Back을 선택합니다.

22

현재까지 작업된 도면 테두리선, 회사 Logo, Table은 모든 Page에 반복되어 나타나야하는 요소이므로 모든 Page에 공유되도록 설정할 필요가 있습니다. 메뉴 바 Edit/Select All을 선택하여 현재 Page에 있는 모든 Element를 선택합니다.

23

Layers Tray를 펼치고 On Every Page를 클릭하여 현재 Layer로 지정합니다. On Every Page Layer는 그림과 같이 Page 공유 상태로 설정되어 있습니다. 현재 선택된 모든 Element들이 모든 Page에 공유되도록 마우스 우측 클릭 Move to Layer/Current를 선택하여 현재 Layer인 On Every page Layer로 이동 시킵니다.

24

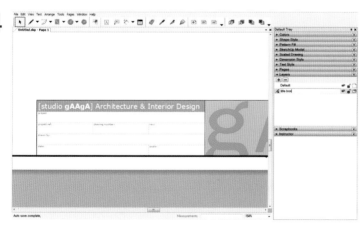

Layers Tray에서 On Every page Layer를 더블 클릭한 후 Layer의 이름을 'title box' 로 지정합니다.

25

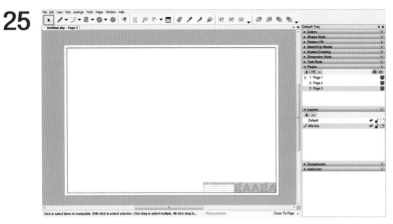

Shift키+Z키를 눌러 Zoom to Page 합니다. **Pages Tray**에서 Page 추가 버튼을 클릭하여 Page를 추가해 보면 앞서 작업한 요소들이 Page마다 반복적으로 나타나는 것을 볼 수 있습니다.

Template에 Project 정보 추가하기

이번 장에서는 Auto-Text 기능을 살펴보겠습니다. 특정 프로젝트에 반복적으로 기입해 넣어야 하는 도면정보를 Auto Text 기능을 활용하여 Template에 포함시켜 놓으면 편리합니다.

01

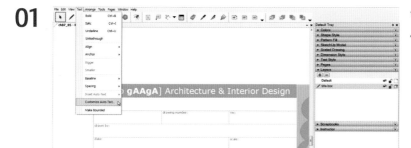

메뉴 바 Text>Customize Auto-Text을 선택합니다.

part07/part07_05.layout

02

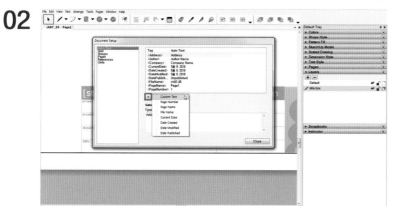

Document Setup 창의 Auto-Text 설정이 나타납니다. Add a New Text 버튼을 클릭하고, Custom Text를 선택합니다.

03

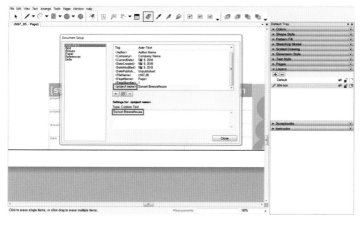

Auto-Text 설정 창에 새로운 Tag가 추가됩니다. 새로 추가된 Tag를 클릭하고, Tag의 이름을 project name으로 설정합니다. ⟨project name⟩ Tag를 선택한 상태에서 하단의 Settings for 설정 창에 프로젝트명을 기입합니다.

04 동일한 방법으로 〈project ref〉 Tag를 추가하고, Settings for 설정창에 해당 Project와 관련된 Project
Number를 기입합니다.

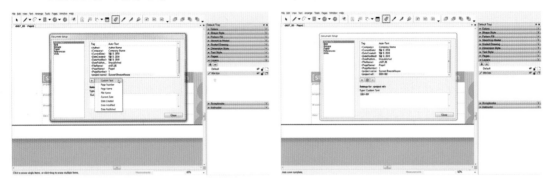

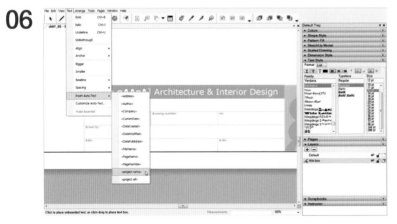

05 이제 Auto-Text로 설정한 〈project name〉과 〈project ref〉를 활용해 보겠습니다. Text Tool을 선택하고 **Text Style Tray**에서 Text의 폰트, 크기 등을 그림과 같이 설정한 후 Table의 Project명 기입란 근처를 클릭합니다.

06 메뉴 바 Text/Insert Auto-Text를 선택하고 앞서 Auto Text 설정에서 만든 Tag인 〈project name〉을 선택합니다.

07

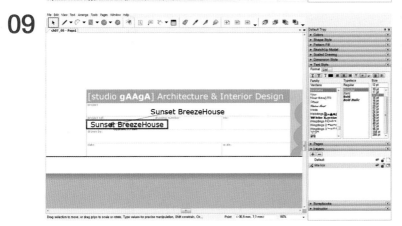

화면에 〈project name〉이 나타나고, 화면의 다른 곳을 클릭하여 Text 입력을 마무리하면 앞서 지정한 Project Name으로 자동 입력됩니다.

08

Select Tool로 앞서 입력된 Project 명을 클릭하고 키보드 방향키를 사용하여 그림과 같이 알맞은 위치로 이동합니다.

09

다음으로 project reference Number를 넣기 위해 앞서 입력한 Project 명을 그림과 같은 위치로 복사합니다.

TIP

SketchUp에서와 같이 Select Tool과 Ctrl키를 함께 사용하여 Text를 복사할 수 있습니다.

10

복사된 Text를 Select Tool로 더블 클릭하여 Text 수정 Mode로 만든 후 앞서 Project 명과 동일한 방법으로 〈project ref〉 Auto Text를 지정합니다. 화면의 다른 곳을 클릭하여 Text 입력을 마무리 하면 마찬가지로 앞서 지정한 project ref가 자동입력되어 나타납니다.

11

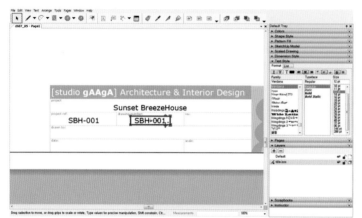

Drawing Number는 기본적으로 지정되어 있는 Auto-Text Tag를 활용해 보겠습니다. 먼저 앞서 입력한 Project Ref. Text를 선택한 후 그림과 같은 위치로 복사합니다.

12

복사된 Text를 더블클릭한 후 그림과 같이 기본적으로 저장되어 있는 Auto Text인 〈PageName〉 지정해 줍니다. Text 입력을 마무리하면 현재 Page의 이름이 나타납니다.

13

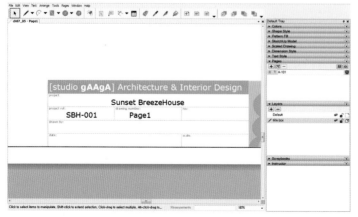

Pages Tray를 열고, Page 1을 선택합니다. **Pages Tray**의 Page 1을 더블 클릭한 후 Page의 이름을 수정하여 도면 번호 등을 입력하면 자동적으로 Table의 도면 번호가 Update 됩니다.

14

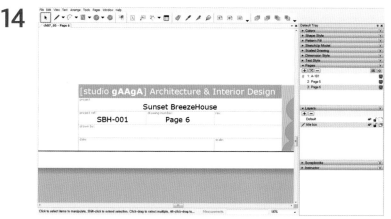

Pages Tray에서 Page들을 추가하고, Page를 이동하면서 Table 안의 drawing number를 확인 해보면, Page이름에 따라 도면 번호가 자동적으로 변경되는 것을 확인할 수 있습니다.

15

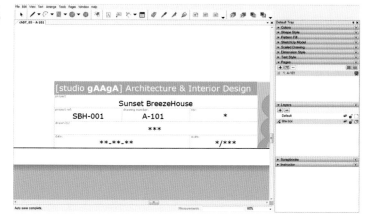

나머지 도면요소는 Auto-Text 기능이 불필요한 요소들이므로, 앞서 입력한 Text를 복사하여 위치를 조정한 후 그림과 같이 임의의 Text를 입력해 놓습니다.

16 앞서 입력한 나머지 도면요소들은 Page 마다 자동적으로 반복되어 나타날 필요가 없는 요소들입니다. 이 요소들을 별도로 관리하기 위해 **Layers Tray**에서 새로운 Layer를 추가한 후 Layer의 이름을 title로 지정하고 현재 Layer로 선택합니다. 앞서 임의의 Text로 입력한 요소들을 선택하고 마우스 우측/Move to Layer Current을 선택하여 Layer를 이동합니다.

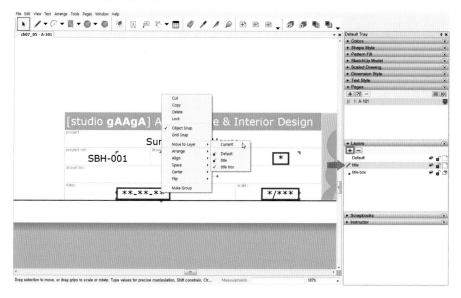

17

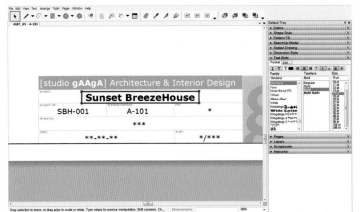

Project Title Text를 선택하고, **Text Style Tray**를 활용하여 그림과 같이 폰트와 크기를 조정합니다.

18

project ref Text의 크기도 그림과 같이 조정합니다.

19 나머지 Text들의 크기도 Project ref Text와 동일한 폰트와 사이즈로 조정하기 위해 Style Tool을 선택하고 project ref text 위를 클릭한 후 커서가 페인트 버킷으로 바뀌면 계속해서 나머지 Text들을 클릭하여 Style을 복사해 줍니다.

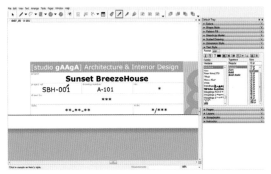
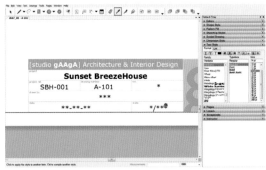

20

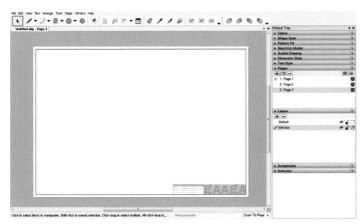

Shift 키 + Z 키를 눌러 Zoom To Page
합니다. A1 크기의 Logo가 들어간 도
면 Template이 완성되었습니다.

Template로 저장하기

01

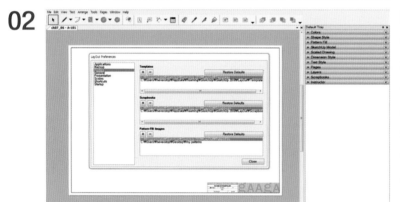

앞서 만들어진 Template을 저장하여 활용하는 방법을 알아보겠습니다. 메뉴 바 Edit>Preferences를 선택합니다.

part07/part07_06.layout

02

Layout Preferences 대화상자의 Folders 설정을 살펴보면, Templates 저장 경로를 확인할 수 있습니다. Layout을 실행하는 과정에서 Preferences 대화상자의 Folders 설정에 저장되어 있는 경로를 참조하여 사용자가 원하는 Template를 선택할 수 있도록 해 줍니다.

03 메뉴 바 File>Save As Template를 선택하면 Preference 대화상자에 Template 폴더 경로로 지정되어 있는 폴더 중 하나를 선택하여 Template를 저장할 수 있습니다.

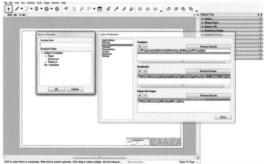

04 나만의 Template 폴더를 만들어 활용하는 방법을 알아보겠습니다. 먼저, 나만의 Template를 보관할 폴더를 Layout 실행 시 자동적으로 참조하도록 그림과 같이 Layout Preferences 대화상자에서 Template 폴더 추가 버튼을 클릭합니다. 폴더 찾아보기 대화상자에서 Template를 저장하고 싶은 폴더를 새로 만들거나, 기존의 폴더를 지정한 후 확인 버튼을 클릭합니다.

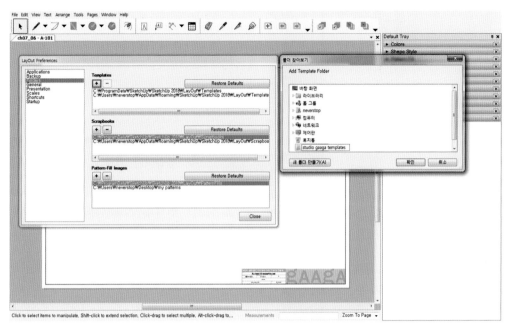

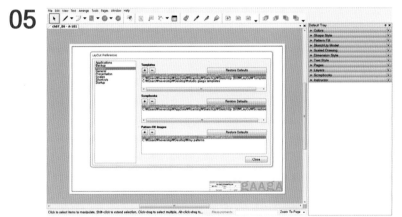

Template를 참조할 새로운 경로가 추가된 것을 볼 수 있습니다. Layout Preferences 대화상자를 닫습니다.

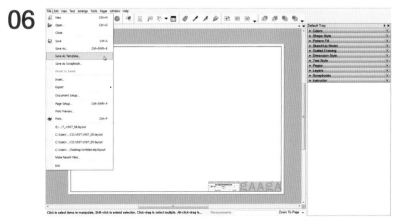

앞서 작업한 A1 도면양식을 Template 로 저장하기 위해 메뉴 바 File>Save As Template를 선택합니다.

07

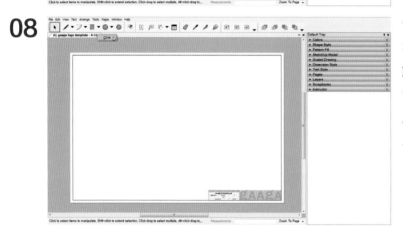

Save As Template 대화상자에서 Template의 이름을 지정한 후 앞서 새로 만든 Template 저장 경로를 지정하고 OK 버튼을 클릭합니다.

08

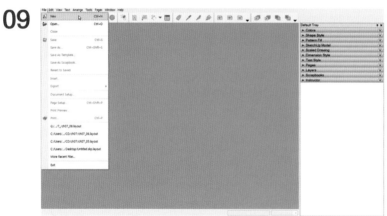

이제 저장된 Template를 불러와 보겠습니다. 먼저 현재 열려있는 A1 Default Template를 닫기 위해 그림과 같이 Page 상단의 Tab을 마우스 오른쪽으로 클릭한 후 Close를 선택하여 Document를 닫습니다.

09

이제 앞서 저장한 Template를 활용해 새로운 Project를 시작해 보겠습니다. 메뉴 바 File>New를 선택합니다.

10 Getting Started 대화상자가 나타납니다. 대화상자의 New Tab을 살펴보면 앞서 Template를 저장한 폴더의 경로가 추가되어 있는 것을 볼 수 있습니다. 앞서 추가한 Template 폴더를 선택하면 Template으로 만들어 놓은 File의 이름이 나타납니다. 해당 File을 선택하면 화면에 앞서 저장한 도면양식과 Layer 등이 포함된 Template Document가 화면에 나타납니다.

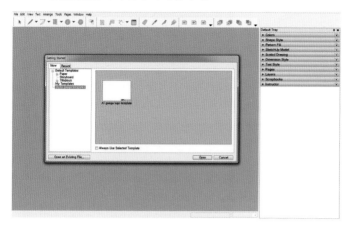

11 Template File을 열게 되면 기본적으로 File명이 Untitled로 지정되어 있습니다. 새로운 Project를 시작하기 전 먼저 메뉴 바 File>Save를 선택하고, 새로운 Project에 알맞은 이름을 지정하여 Document를 저장합니다. 이렇게 Project 마다 반복적으로 사용되는 도면양식, Layer, Color, Pattern, Scrapbook 등을 도면의 크기 별도로 저장하여 활용하면, 불필요한 반복 작업에 소요되는 시간을 절약할 수 있습니다.

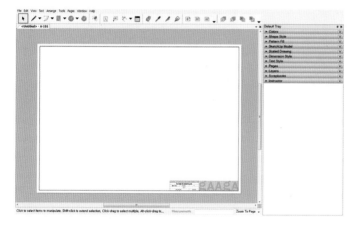

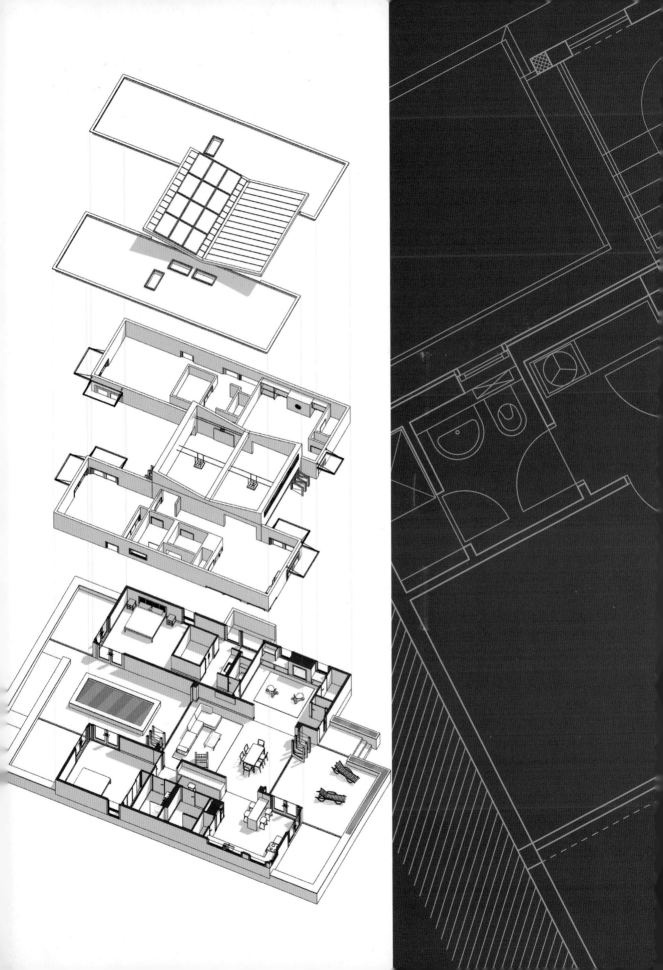

Layout을 활용하여
건축·인테리어
Presentation 도면 만들기

PART
08

LESSON 01

Template 준비하기

이번 장에서는 작업에 필요한 Template을 등록하여 활용하는 방법을 살펴보겠습니다.

01

다음 작업에 활용할 Template이 담긴 [gaaga template] 폴더를 복사한 후 바탕화면에 붙여넣기 합니다.   part08/gaaga template

02

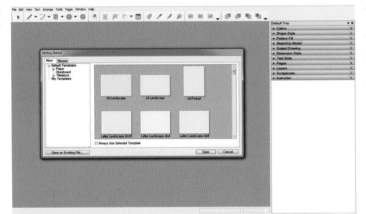

Template을 등록하기 위해 우선 Layout을 실행합니다. Getting Started 대화상자가 나타나면 A3 Landscape 용지를 선택하고 Open 합니다.

03

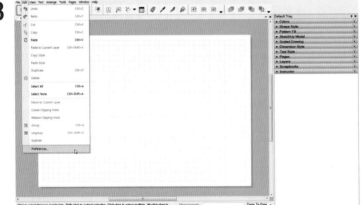

Template이 담긴 폴더의 경로를 지정하기 위해 메뉴 바>Edit> Preferences를 선택합니다.

04

Preferences 대화상자에서 Folders 설정을 선택합니다. Templates Option에서 Add 버튼을 클릭하고, 바탕화면에 복사한 gaaga template 폴더를 지정합니다. 이제 Layout을 실행할 때 Getting Started 창에서 앞서 지정한 Template 폴더에 있는 Template들을 선택할 수 있습니다. Layout을 닫습니다. (File을 저장할 필요는 없습니다.)

05

Layout을 다시 실행합니다. Getting Started 창의 New Tab을 보면 앞서 지정한 gaaga template가 List에 나타납니다. gaaga template를 선택하면 폴더에 저장되어 있는 3가지 크기의 Template가 나타납니다. A1 gaaga template를 선택하고 Open 합니다.

06

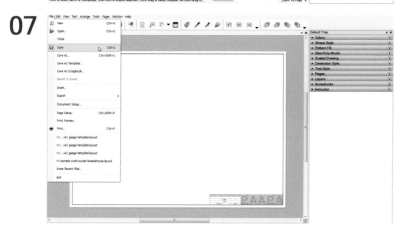

Logo와 도면 양식이 준비된 A1 (841mm*594mm) 크기의 Page가 나타납니다. Template를 처음 불러오면 File 이름이 자동적으로 'Untitled'로 지정됩니다.

07

Project를 시작하기 전 먼저 File을 저장해야 합니다. 메뉴 바 File>Save 를 선택하고, Project명을 File 이름으로 지정하여 저장합니다.

입면도를 활용하여 표지 디자인하기

이번 장에서는 Mask 기능을 활용하여 Project의 표지를 만들어 보겠습니다.

01

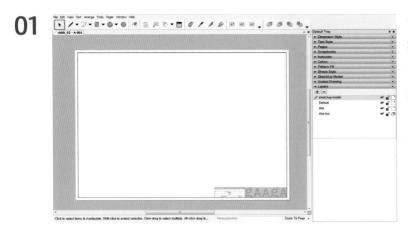

준비된 File을 불러 옵니다. Page에 SketchUp Model을 Insert하기 전 먼저 **Layers Tray**를 열고 새로운 Layer를 추가한 후 Layer의 이름을 'sketchup model'로 지정하고 현재 Layer로 만듭니다.

part08/part08_02.layout

02 메뉴 바 File>Insert를 선택합니다. 예제 Part 8 폴더에서 sunset breezehouse를 선택한 후 열기 합니다.

part08/sunset breezehouse.skp

03

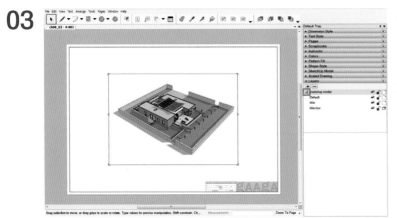

SketchUp Model이 Page의 가운데 부분으로 Insert됩니다. 현재 Layer 로 지정되어 있는 SketchUp Model Layer에 포함된 것을 볼 수 있습니다.

04

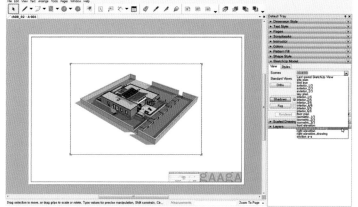

표지에는 SketchUp Model의 입면도를 활용해 보겠습니다. **SketchUp Model Tray**를 펼치고 Scenes List에서 front elevation_drawing을 선택합니다.

05

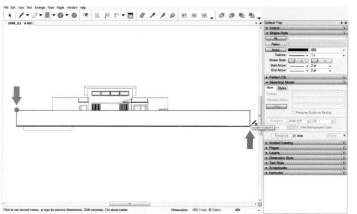

도면의 폭을 전체 도면 틀에 맞추기 위해 그림과 같이 입면도 위에 Snap을 이용하여 Rectangle을 그립니다.

06

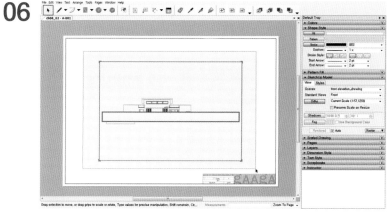

그림과 같이 Select Tool로 입면도와 앞서 그린 Rectangle을 모두 선택합니다.

07

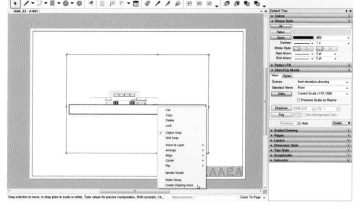

마우스 우측을 클릭하고, Create Clipping Mask를 선택합니다. 앞서 그린 Rectangle의 크기대로 입면도가 Clipping됩니다.

08

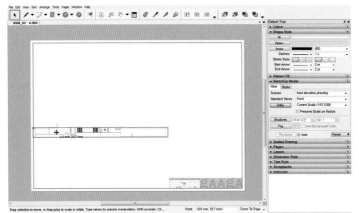

그림과 같이 Clipping된 입면도의 오른쪽 끝부분이 도면 틀에 접하도록 이동합니다.

09

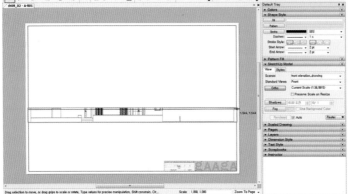

Shift 키를 누른 채로 그림과 같이 반대편 도면 틀까지 입면도의 크기를 늘립니다. 크기가 늘어난 입면도 위에서 마우스 우측을 클릭하고, Release Clipping Mask를 선택한 후 앞서 그린 Rectangle을 선택하여 삭제합니다.

10

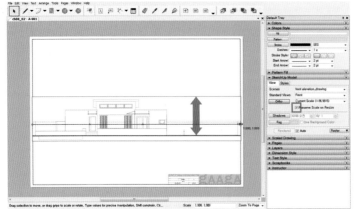

SketchUp Model Tray에서 Preserve Scale on Resize에 Check한 후 그림과 같이 SketchUp Model의 위 아래 폭을 조정합니다.

11

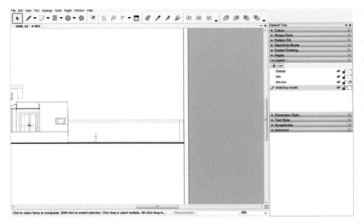

입면도가 도면 틀 위로 올라와 있어서 자연스럽지 않게 보입니다. **Layers Tray**에서 그림과 같이 sketchup model layer를 title box 아래쪽으로 이동합니다.

12

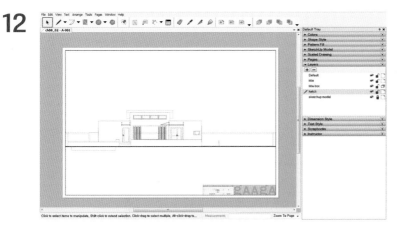

다음으로 입면도에 Hatching을 해 보겠습니다. **Layers Tray**에서 새로운 Layer를 추가하고 이름을 'hatch'로 지정 합니다.

13 주택의 담장을 Block 느낌의 Pattern으로 hatching해 보겠습니다. 그림과 같이 입면도 왼편의 외벽 부분을 확대합니다. Rectangle Tool을 선택하고, **Shape Style Tray**를 펼칩니다. Stroke을 해제하고, Fill을 Check 한 후 Fill Color를 클릭하고 그림과 같이 색상과 투명도를 지정합니다. 다음으로 Pattern을 Check한 후 Pattern Color를 클릭합니다. **Pattern Fill Tray**가 자동적으로 펼쳐집니다. **Pattern Fill Tray**에서 Geometric Tiles를 선택하고, 다음으로 White Linework을 선택합니다.

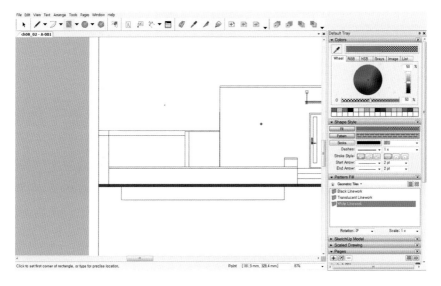

14

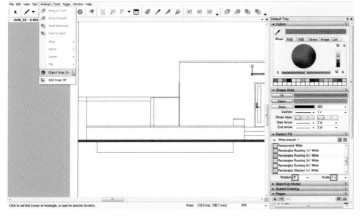

White Linework에 포함된 Pattern 중 Rectangles Running 2x1 White 를 선택한 후 Rotation과 Scale을 그림과 같이 지정합니다. 메뉴 바 Arrange를 펼치고 그림과 같이 Object Snap이 On 상태인지를 확인 합니다.(Off 상태일 경우 On 상태 로 변경합니다.)

15

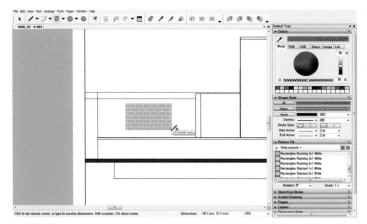

Rectangle Tool을 이용하여 hatching
을 채울 부분 안쪽으로 작은 크기의
Rectangle을 그립니다.

16

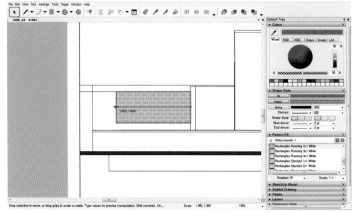

앞서 그린 Rectangle을 선택하고
그림과 같이 크기를 늘려 외벽 부
분을 채웁니다. 단순한 형태는 이
러한 방식으로 Rectangle을 활용하
여 hatching하면 좋습니다. (이 장
마지막 부분에서 완성된 표지를 참
조하세요.)

17 다음으로 입면도의 왼쪽 담장부분을 확대합니다. 이번에는 Line Tool을 사용하여 좀 더 복잡한 형태의
hatching을 해보겠습니다. Line Tool을 이용할 경우 hatching이 들어갈 부분이 바깥 쪽 테두리의 꼭지점들을
잇는 선을 그려서 hatching을 넣을 수도 있습니다. 하지만 이 경우 Snap이 잡히지 않는 Point에는 반복적으로
Inference를 활용해야하는 불편한 부분이 있습니다. 그래서 이번에는 Line Tool을 이용하여 대강의 형태를 그
린 후 편집하는 방법으로 작업을 진행해 보겠습니다. Line Tool을 선택하고, 그림과 같이 hatching될 부분의
형태와 비슷한 형태를 그립니다.

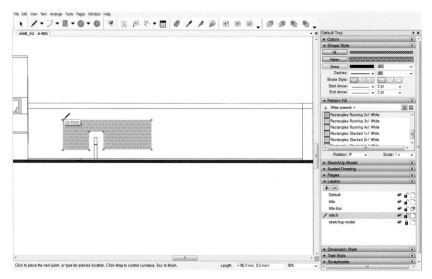

18 앞서 그린 Shape를 Select Tool로 더블 클릭하여 편집 상태로 만듭니다. 다음으로 Shape를 구성하는 선의 위치를 Hatching될 영역에 맞추어 이동하면서 형태를 조정합니다. 이때 SketchUp 작업과 같이 Inference Lock 기능(이동하는 방향을 고정시키기 위해 이동하면서 Shift키를 함께 사용)을 활용하면 편리합니다.

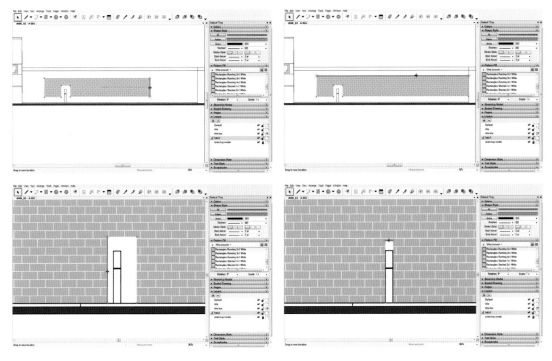

19 주택의 현관 부분 외벽을 확대합니다. 외벽을 사이딩 느낌으로 Hatching 하기 위해 그림과 같이 **Shape Style Tray**를 열고 Fill Color를 그림과 같이 흰색으로 지정합니다. Pattern Color 를 클릭하고, **Pattern Fill Tray**에서 Tonal Patterns의 Lines을 선택합니다.

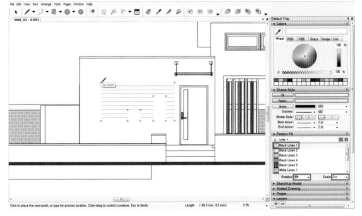

20 Black Lines 1을 선택한 후 Rotation 과 Scale을 그림과 같이 지정합니다. Line Tool을 이용하여 앞선 방법과 동일하게 Hatching이 들어가게 될 부분의 형태와 비슷한 Shape 를 그립니다.

21

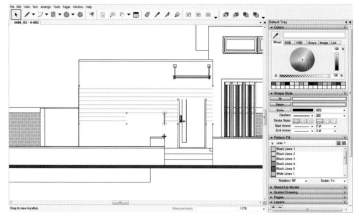

앞서 그린 Shape를 Select Tool로 더블 클릭하여 편집 상태로 만든 후 앞선 Hatching과 동일한 방식으로 Inference 기능을 사용하여 Shape를 구성하는 선들을 이동해 Hatching이 들어갈 부분을 채웁니다.

22

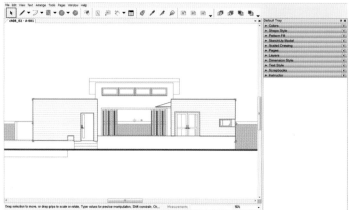

앞선 방법과 동일하게 그림과 같이 주택 외벽의 Hatching을 마무리 합니다.

23 Select Tool로 SketchUp Model을 선택합니다. (hatching을 넣은 부분이 아닌 다른 부분을 클릭하여 선택합니다.) **SketchUp Model Tray**를 열고 Shadow를 활성화한 후 날짜와 시간을 그림과 같이 지정합니다. 입면도에 입체감이 더해 집니다. 다음으로 Clipping Mask 기능을 이용해 입면도의 일부분을 Coloring 해보겠습니다. **Layers Tray**를 펼치고, sketchup model_font라는 이름의 Layer를 새롭게 추가한 후 현재 Layer로 지정합니다.

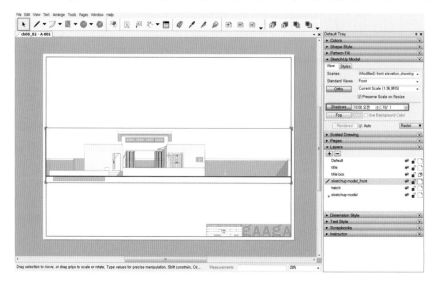

24 그림과 같이 현재 선택되어 있는 SketchUp Model을 복사한 후 이어서 현재 Layer에 붙여넣기 합니다.

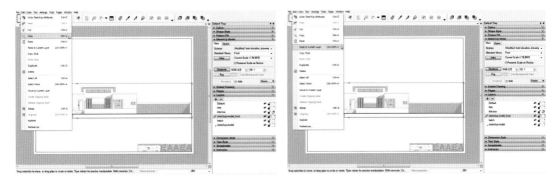

25

붙여넣기 된 SketchUp Model이 선택되어 있는 상태에서 **SketchUp Model Tray**를 펼치고 그림과 같이 front elevation Scene으로 변경합니다.

26

Project 이름에 포함된 breeze의 느낌을 표지에 넣기 위해 그림과 같이 Line Tool로 바람의 형태를 대략적으로 그립니다.

27

앞서 Line Tool로 그린 Shape를 Select Tool로 더블 클릭하여 편집 상태로 만듭니다. Alt키를 누른 채로 Point를 클릭 드래그하여 그림과 같이 곡선 형태로 만든 후 Grip을 조정하여 형태를 편집합니다.

28

Shape를 구성하는 Point와 Grip의 위치를 조정하여 그림과 같이 전체적으로 자연스러운 바람의 형태를 만듭니다.

29

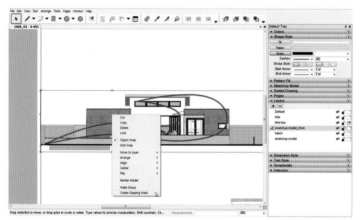

SketchUp Model(Front Elevation)과 앞서 그린 Shape를 선택한 후 마우스 우측 클릭>Create Clipping Mask를 선택합니다.

30

바람이 부는 형태의 컬러링된 입면도가 더해져 흥미로운 표지 Image가 완성되었습니다. 이렇게 Clipping Mask 기능을 활용하면 Camera 위치가 동일한 Scene 위에 다양한 느낌을 오버랩하여 보여 줄 수 있습니다.

31

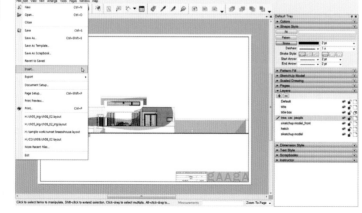

다음으로 나무, 자동차 등 부가적인 요소를 추가해 보겠습니다. 먼저 **Layers Tray**에서 새로운 Layer를 추가하고 이름을 Tree, Car, People로 지정합니다. 메뉴 바 File>Insert를 선택합니다.

32

준비된 2개의 나무 Image를 선택하고 열기
합니다.

part08/tree_background_black1.png
part08/tree_background_black2.png

33

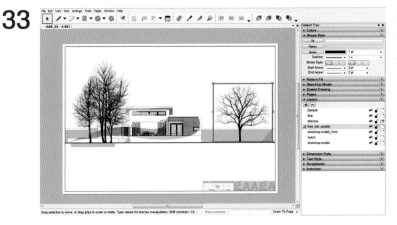

Insert된 2개의 나무 Image의 위치
와 크기를 조정하여 그림과 같이
배치합니다.

34

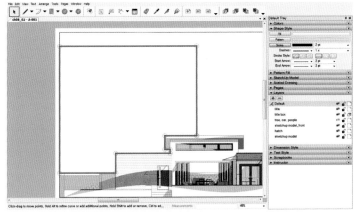

나무가 주택 담장 바깥쪽에 있는
것으로 보이도록 Clipping Mask를
활용해 보겠습니다. 먼저 **Layers
Tray**에서 tree, car, people Layer를
Invisible 상태로 만듭니다. Default
Layer를 현재 Layer로 지정한 후
그림과 같이 Line Tool을 이용하여
Clipping Mask로 활용할 Shape를
그립니다.

35

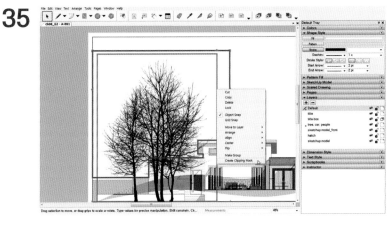

Layers Tray에서 tree, car, people
Layer를 다시 Visible 상태로 만듭니다.
앞서 그린 Shape와 나무 Image를 함께
선택한 후 마우스 우측 클릭>Create
Clipping Mask를 선택합니다.

36 입면도 왼편에도 동일한 방법을 활용하여 나무 Image를 Clipping Mask 합니다.

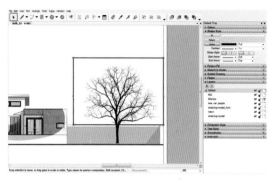 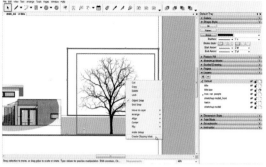

37

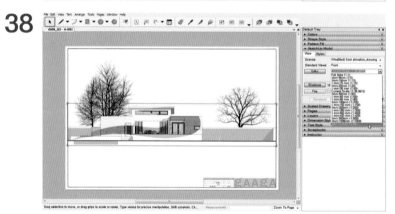

다음으로 도면의 Scale에 맞는 자동차 입면을 추가해 넣어 보겠습니다. 먼저 Select Tool로 SketchUp Model을 선택하고, **SketchUp Model Tray** 를 펼쳐 현재 도면의 Scale을 확인하고 메모합니다.

38

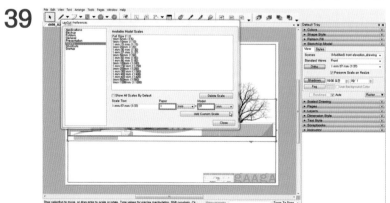

그림과 같이 Scale List를 펼치고, 도면 Scale과 동일한 Scale을 List에 추가하기 위해 Add Custom Scale 을 선택합니다.

39

Layout Preferences 대화상자가 나타나면, 그림과 같이 앞서 메모한 Scale과 단위를 입력한 후 Add Custom Scale 버튼을 클릭하여 새로운 Scale을 추가하고 창을 닫습니다.

40 다음으로 자동차의 크기를 가늠할 Rectangle을 추가해 보겠습니다. **Layers Tray**에서 tree, car, people Layer를 현재 Layer로 지정합니다. Rectangle Tool을 선택합니다. 다음으로 **Scaled Drawing Tray**를 펼치고, Make Scaled Drawing 버튼을 클릭한 후 Scale List에서 앞서 추가한 Scale을 선택합니다.

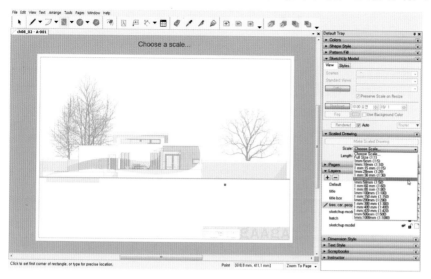

41 H사의 SUV 제원을 확인해보면 길이와 높이가 대략 4800mm, 1700mm 정도로 나타납니다. 그림과 같이 4800mm*1700mm 크기의 Rectangle을 그립니다. (Rectangle의 시작점을 클릭하고 키보드로 4800, 1700을 입력한 후 Enter키를 누릅니다.)

42 **Scrapbooks Tray**에서 동일한 크기의 SUV 자동차 Detail과 실루엣을 선택하여, 클릭-드래그해서 Page 위로 가져옵니다.

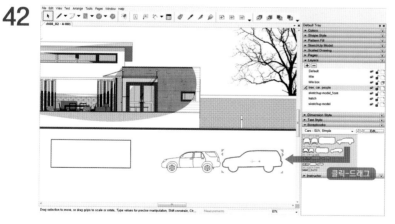

43 Page로 가져온 SUV 자동차 Detail과 실루엣을 모두 선택한 후 메뉴 바 Arrange>Align>Vertically, Horizontally를 차례로 적용하여 위치를 정확하게 일치시킵니다.

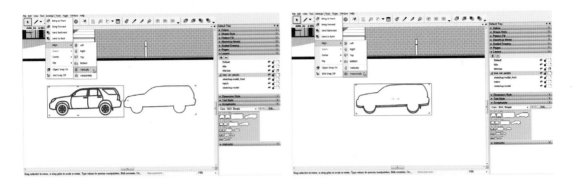

44

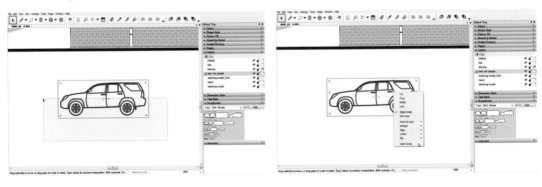

자동차의 실루엣이 Detail 앞에 있을 경우 실루엣을 Detail 뒤편으로 보내기 위해 실루엣을 마우스 우측으로 클릭하고 Arrange>Send to Back을 선택합니다.

45 자동차의 Detail이 앞에 있는 상태에서 그림과 같이 Detail과 실루엣을 모두 선택하고, 마우스 우측 클릭>Make Group을 선택하여 Group Element로 만듭니다.

46

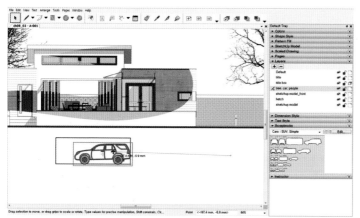

자동차 Group Element를 앞서 입면도 Scale에 맞추어 그린 Rectangle의 오른쪽 아래 코너에 맞추어 이동합니다.

47

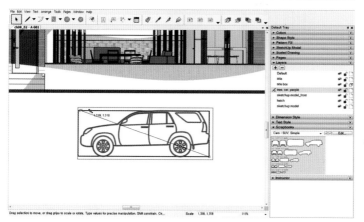

Shift 키를 누른 채로 자동차의 크기를 늘려 그림과 같이 Rectangle의 크기와 비슷하게 조정합니다. 이렇게 하면, 도면 Scale과 맞는 자동차 입면이 만들어 집니다.

.

48

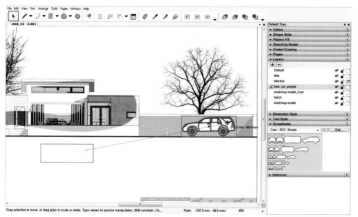

그림과 같이 자동차를 주택의 주차장 부분으로 이동하고, 앞서 그린 Rectangle은 선택하여 삭제합니다.

49

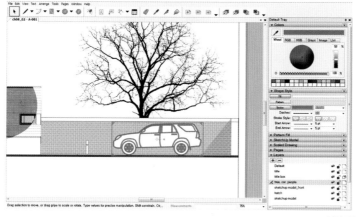

자동차 Detail의 선두께를 조정하고 싶은 경우 자동차 Group Element를 선택하고, **Shape Style Tray**를 펼쳐 Stroke의 색상과 두께를 조정합니다.

50 다음으로 표지에 넣을 Project Title을 만들어 보겠습니다. **Layers Tray**에서 sketch up Model_front Layer를 현재 Layer로 지정합니다. Rectangle Tool을 선택하고, **Shape Style Tray**에서 Fill과 Pattern을 해제한 후 Stroke의 색상과 두께를 그림과 같이 지정하여 35mm*35mm 크기의 Rectangle을 그립니다.

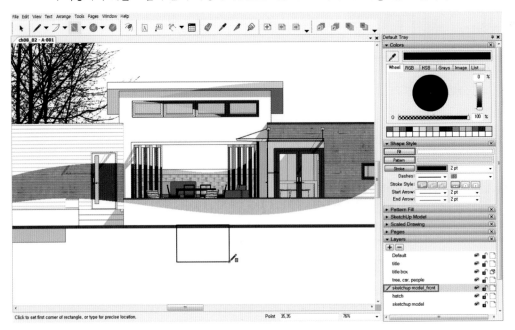

51 앞서 그린 Rectangle의 크기를 도면의 전체 폭에 맞추어 늘려줍니다.

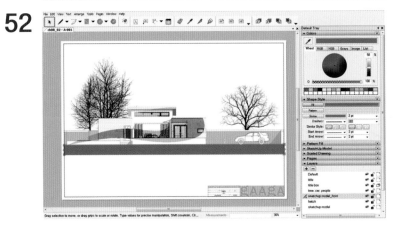

52 앞서 그린 Rectangle을 지면의 단면 느낌으로 표현하기 위해, Rectangle이 선택되어 있는 상태에서 **Shape Style Tray**에서 Stroke을 해제하고 Fill을 그림과 같이 설정합니다.

53

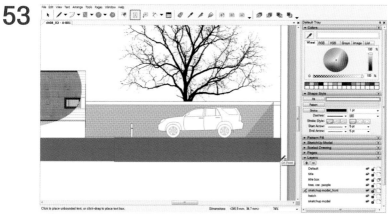

마지막으로 Title을 추가하기 위해 Text Tool을 선택하고, 그림과 같이 앞서 그린 Rectangle의 높이에 맞추어 Text Box를 그립니다.

54 **Text Style Tray**를 펼치고 Text의 폰트, 두께, 크기를 지정한 후 Title Text를 기입해 넣습니다.

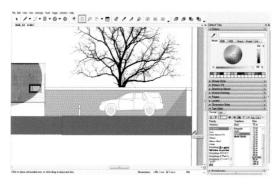 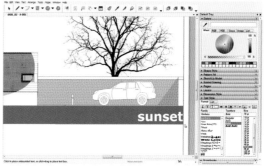

55 처음 만든 Text Box가 전체 내용을 담지 못하는 경우 Box 하단에 빨간색 화살표가 나타납니다. 이러한 경우 Select Tool을 이용하여 Box의 크기를 키우거나 Text의 크기를 줄여서 해결할 수 있습니다. Select Tool로 Text Box를 선택하고 그림과 같이 왼쪽으로 크기를 늘려 줍니다.

56

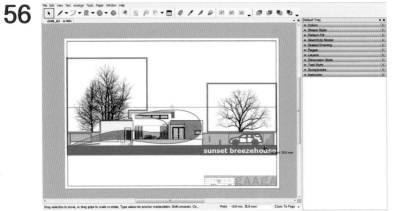

전체적인 배치를 조정하기 위해 Page에 생성한 모든 Object를 선택하고, Page의 위(혹은 아래) 방향으로 이동합니다. 키보드의 방향키를 이용하면 좀 더 세밀하게 이동할 수 있습니다.

57

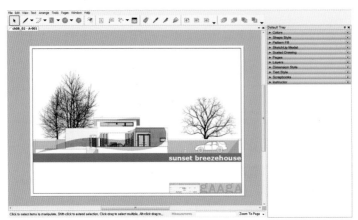

표지 Page가 완성되었습니다. 현재까지 작업을 저장합니다.

Location Plan과 Site Plan 보드 만들기

이번 장에서는 Guide Line을 이용하여 SketchUp Model을 배치하는 방법을 살펴보겠습니다.

▪ Guide Line 그리기

01

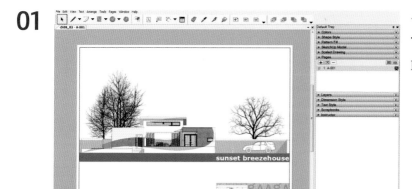

준비된 File을 불러 옵니다. **Pages Tray**를 펼쳐보면 표지 Page인 A-001 Page가 만들어져 있습니다.

part08/part08_03.layout

02

Pages Tray에서 Add Page 버튼을 클릭하여 새로운 Page를 추가하고, Page의 이름을 A-002로 지정합니다. 도면 Table를 보면 Drawing Number가 자동으로 Update된 것을 볼 수 있습니다.

03

Guide Line을 그리기 전에 먼저 guide line이란 이름의 새로운 Layer를 추가합니다. Line Tool을 선택하고, Guide Line이 다른 선들과 잘 구별될 수 있도록 Stroke의 색상과 두께를 그림과 같이 지정합니다.

04

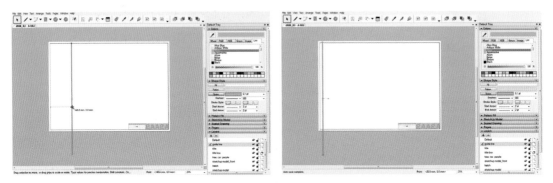

도면의 상단 왼쪽 모서리를 기준으로 Guide Line을 생성하기 위해 그림과 같이 세로 방향으로 Line을 그립니다. 나중에 삭제하기 쉽도록 충분히 길게 그려줍니다.

05 앞서 그린 Line을 Ctrl키를 누른채 오른쪽 평행한 방향으로 이동하여 복사합니다. 키보드로 20을 입력하고 Enter키를 눌러 앞서 그린 Line과의 간격을 20mm로 조정합니다.

06

동일한 방법으로 그림과 같이 세로 방향 Guide Line을 생성합니다.

07

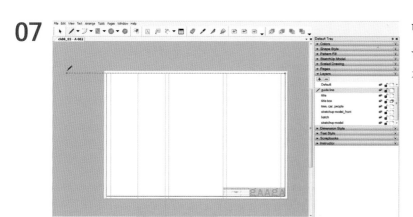

다음으로 도면의 오른쪽 상단 구석을 기준으로 그림과 같이 충분한 길이의 가로선을 그립니다.

08 앞서 그린 Line을 아래쪽으로 평행한 방향으로 복사한 후 키보드로 20을 입력하고 Enter키를 누릅니다.

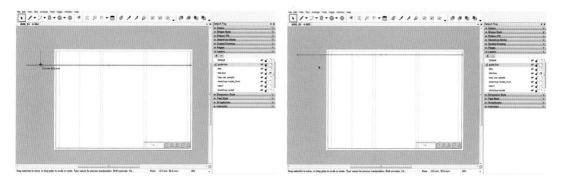

09

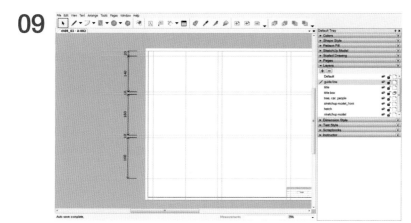

동일한 방법으로 그림과 같은 간격으로 가로 방향의 Guide Line을 추가합니다.

10

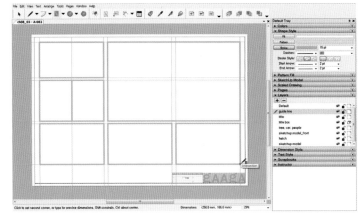

SketchUp Model과 Text Box가 들어갈 부분이 쉽게 구분되도록 Rectangle Tool을 이용하여 그림과 같이 좀 더 굵은 Guide Line을 추가합니다.

■ Location Plan 배치하기

01

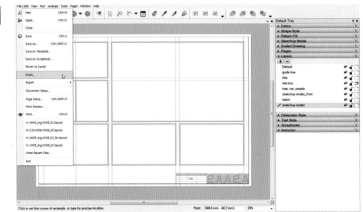

먼저 Location Plan을 Page에 불러와 배치해 보겠습니다. **Layers Tray**에서 현재 Layer를 sketchup model로 지정한 후 메뉴 바 File>Insert를 선택합니다.

02

gaaga template	sunset breezehouse	sunset_location plan	tree_background _black1	tree_background _black2

파일 이름(N): sunset_location plan 　　Insertable Content

열기(O)　　취소

sunset_location plan을 선택하고 열기 합니다.

part08/sunset_location plan.skp

03 Page에 SketchUp Model이 Insert됩니다. **SketchUp Model Tray**를 펼쳐보면 Insert된 SketchUp Model은 Top View이며 가장 최근 저장된 SketchUp View 입니다. 현재 Style에 Ground가 포함되어 있어서, 주변 Site가 Ground 색상과 섞여 원래 색상이 나타나지 않습니다.

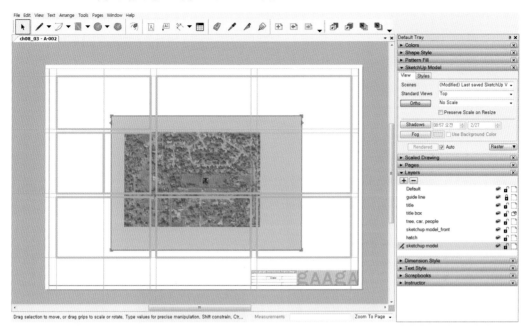

04

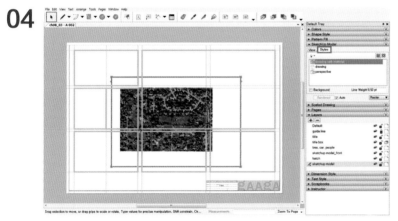

SketchUp Model이 선택되어 있는 상태에서 **SketchUp Model Tray** 의 Styles Tab을 선택합니다. Insert 한 SketchUp File에서 만들어 놓은 Style List가 나타납니다. drawing with material style을 선택합니다. Ground를 표시하지 않는 Style로 변경되면서 원래 Site의 인공위성 사진 색상이 그대로 나타납니다.

05

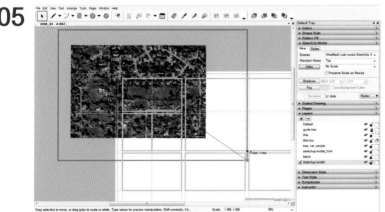

Page 왼쪽 상단 Box 안을 Location Plan으로 채울 계획입니다. 그림 과 같이 sunset breezehouse가 Box 의 가운데에 위치하도록 SketchUp Model을 이동하고 주변 Site의 모습 이 적절하게 들어가도록 SketchUp Model의 크기를 조정합니다.

06

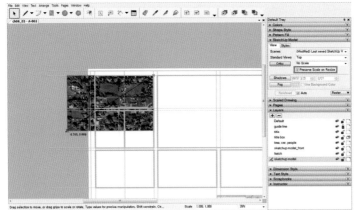

SketchUp Model의 크기가 적절하게 조정되면 **SketchUp Model Tray**에서 Preserve Scale on Resize에 Check한 후 그림과 같이 Box의 크기에 맞추어 SketchUp Model의 크기를 다시 조정합니다.

07 Location Plan에서 sunset breezehouse의 위치를 쉽게 확인할 수 있도록, sunset breezehouse와 주변의 Style을 다르게 지정해 보겠습니다. 먼저 현재 SketchUp Model을 복사한 후 다시 붙여넣기 합니다.

08

SketchUp Model Tray에서 Styles Tab을 선택합니다. SketchUp Model 과 함께 저장되어 있는 3개의 Style 중에서 drawing style을 선택하여 적용합니다.

09

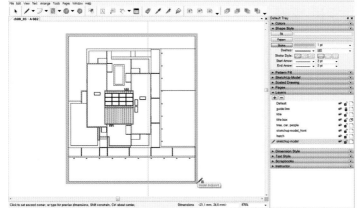

Clipping Mask로 sunset breezehouse 부분만 활용하기 위해서 그림과 같이 sunset breezehouse와 동일한 크기의 Rectangle을 그립니다.

10

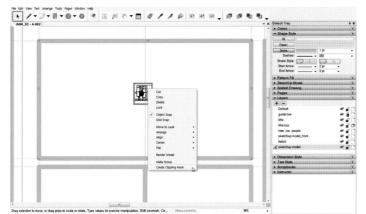

SketchUp Model과 앞서 그린 Rectangle을 동시에 선택하고 마우스 우측 클릭>Create Clipping Mask 를 선택합니다.

11

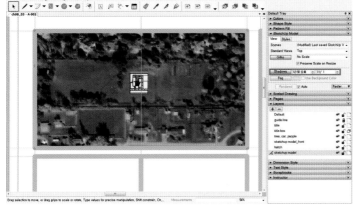

인공위성 사진 위에 Drawing Style의 sunset breeze house가 나타납니다. Clipping Mask된 SketchUp Model이 선택되어 있는 상태에서 **SketchUp Model Tray**를 열고 Shadow Setting 을 조정하여 주변 건물들과 비슷한 방향으로 그림자를 설정합니다.

01

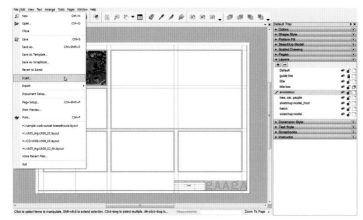

다음으로 sunset breeze house에 대한 설명글을 Insert하여 배치해 보겠습니다. 먼저, **Layers Tray**에서 새로운 Layer를 추가하고 annotation으로 이름을 지정한 후 현재 Layer로 만듭니다. 메뉴 바 File>Insert를 선택합니다.

02

Sunset Breezehouse Text File을 선택하고 열기 합니다.

part08/Sunset Breezehouse.txt

03 Text File은 자동적으로 Text Box 형태로 Insert됩니다. 그림과 같이 Text Box의 크기와 위치를 조정합니다.

04

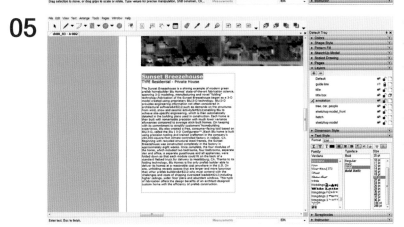

Text Box가 선택되어 있는 상태에서 **Text Style Tray**를 열고 Text의 색상, 폰트, 형태, 크기, 정렬 등을 그림과 같이 조정합니다. (작업의 편의를 위해 잠시 guide line Layer를 Invisible 상태로 만들었습니다.)

05

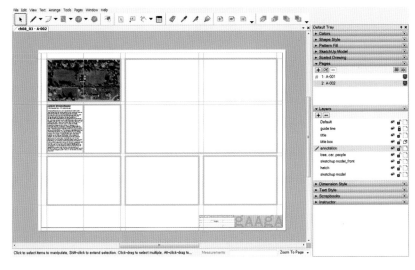

문서 편집 Tool과 동일한 방법으로 Text Box 내의 일부 Text들을 선택하여 부분적으로 변경할 수 있습니다. 그림과 같이 Text의 크기와 형태를 조정하여 제목 부분을 별도로 강조해 줍니다.

■ Site Plan 배치하기

01 'Shift + Z' 키를 눌러 Zoom To Page 합니다. 다음으로 Site Plan을 배치해 보겠습니다. Site Plan은 앞서 표지 Page에서 Insert한 SketchUp Model을 복사하여 활용하겠습니다. 동일한 SketchUp File을 Insert 해야 하는 경우 새롭게 Insert하는 것 보다는 앞서 Insert한 SketchUp Model을 복사하여 활용하는 것이 Update 등의 관리에 편리합니다. **Pages Tray**를 펼칩니다.

02

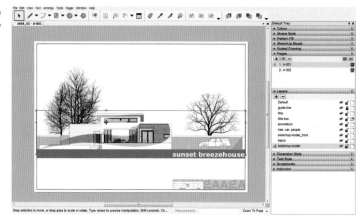

Pages Tray에서 A-001 Page를 선택합니다. sketchup model Layer 를 현재 Layer로 설정한 후 Select Tool로 Page에 있는 SketchUp Model을 선택하고 'Ctrl 키+C'를 눌러 복사합니다.

03 다시 A-002 Page로 이동한 후 'Ctrl+V' 키를 눌러 붙여넣기 합니다. 붙여넣기 된 SketchUp Model이 선택되어 있는 상태에서 **SketchUp Model Tray**를 펼치고 site plan scene으로 변경하고, Site Plan의 Scale을 1:300으로 지정합니다.

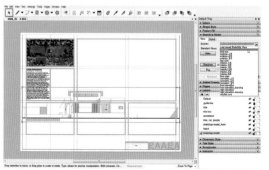 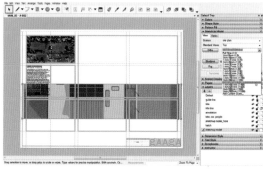

04 Preserve Scale on Resize에 Check하고, 그림과 같이 Site Plan이 위치와 크기를 조정하여 Site Plan을 위한 Guide Line Box에 맞춥니다.

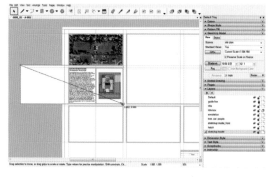 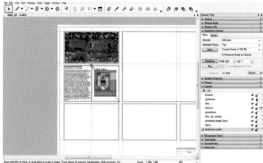

■ Site Plan 나무 배치하기

01

Layers Tray에서 'tree, car, people' Layer를 현재 Layer로 만들고 메뉴 바 File〉Insert를 선택합니다. (작업의 편의를 위해 잠시 guide line Layer를 Invisible 상태로 만들었습니다.)

02

그림과 같이 준비된 2개의 PNG Image를 Insert 합니다.

part08/tree_top1.png
part08/tree_top1_sh.png

03

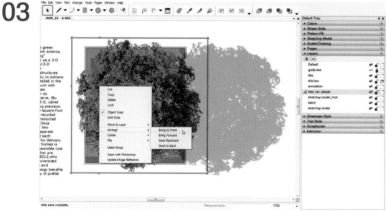

나무 Image가 그림자의 아래쪽에 Insert된 경우는 그림과 같이 나무 Image를 선택하고 마우스 우측 클릭〉Arrange〉Bring to Front를 선택하여 앞쪽으로 이동합니다.

04

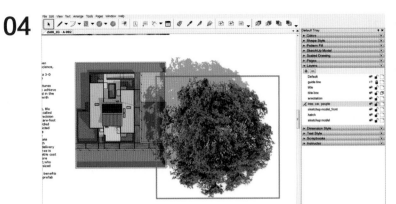

Site Plan의 그림자 방향과 나무의 그림자의 방향이 일치하도록 그림과 같이 나무 Image의 위치를 조정합니다.

05

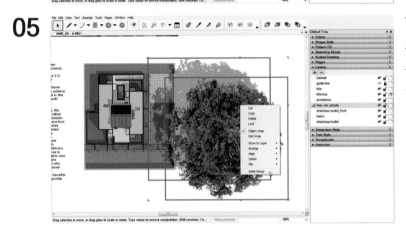

나무 Image와 그림자를 모두 선택하고 마우스 우측 클릭>Make Group을 선택하여 Group Element로 만듭니다.

06 나무의 크기와 위치를 조정하고 적절하게 복사하여 그림과 같이 배치합니다.

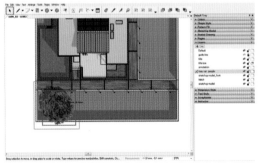

■ Scale에 맞는 자동차 평면 배치하기

01

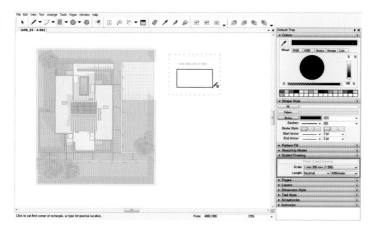

1:300 비율로 축소된 자동차의 크기를 가늠하기 위해 그림과 같이 Scaled Drawing을 활용하여 4800mm*1900mm의 Rectangle을 그립니다. (4800mm*1900mm 크기는 H사의 SUV 제원을 참고한 크기입니다.)

02 그림과 같이 Scrapbook에서 동일한 크기의 SUV 자동차의 Detailed, Simple, Translucent Image를 가져온 후 Detailed, Simple Image를 동일한 위치에 정렬하고(Detailed가 위쪽에 위치하도록 Element의 위치도 조정) Group으로 만듭니다.

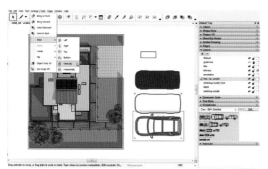
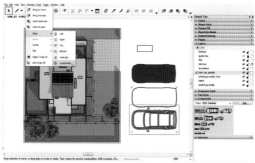

03 앞서 만든 Group이 자동차 그림자 위쪽에 위치하도록 Bring to Front 하고 그림과 같이 Site Plan의 그림자 방향을 참조하여 위치를 이동합니다. 그림자의 위치가 알맞게 표현되면 그림자와 앞서 만든 자동차 Group을 다시 하나의 Group으로 만듭니다.

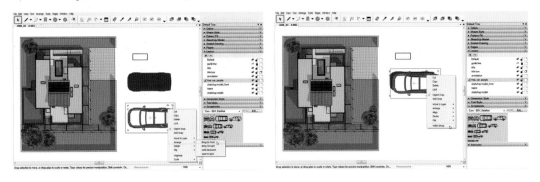

04 그림자까지 포함된 자동차 Group Element를 앞서 1:300 Scale로 그린 Rectangle의 크기에 맞추어 축소한 후 Site Plan의 주차장 위치로 이동, 회전, 복사하여 알맞게 배치합니다.

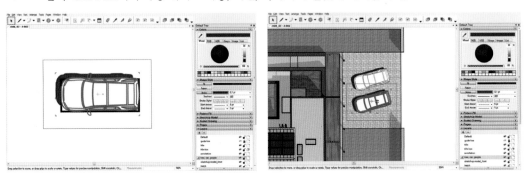

▪ Bird's Eye View 배치하기

01

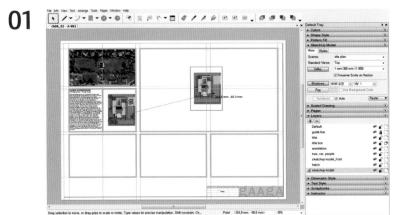

Bird's Eye View는 Site Plan SketchUp Model을 복사해서 활용하겠습니다. **SketchUp Model Layer**를 현재 Layer로 만들고 그림과 같이 Site Plan SketchUp Model을 Bird's Eye View를 배치할 영역으로 복사합니다.

02 복사된 SketchUp Model의 Scene을 bird eye로 변경하고, Preserve Scale on Resize 체크를 해제한 후 그림과 같이 Grid Box에 맞추어 크기를 조정합니다.

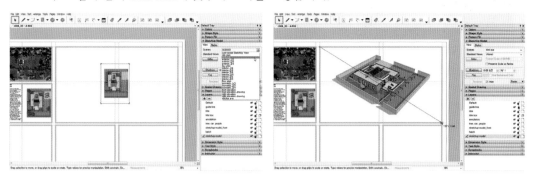

03

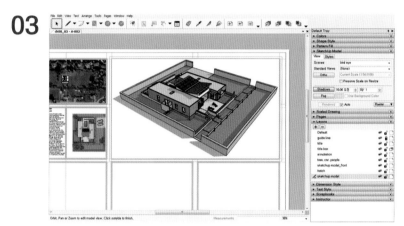

SketchUp Model을 Select Tool로 더블 클릭하면, SketchUp과 동일한 방식으로 View를 변경할 수 있습니다. Bird's Eye View를 좀 더 알맞게 변경하기 위해 Select Tool로 더블 클릭하고, Guide Line Box에 Bird's Eye View가 가득차도록 SketchUp Model을 Zoom, Orbit, Pan 합니다.

■ Perspective 배치하기

04

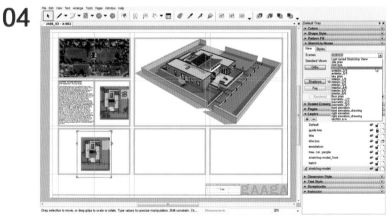

Site Plan SketchUp Model을 그림과 같이 Perspective View를 배치할 첫 번째 Grid Box로 복사합니다.

05

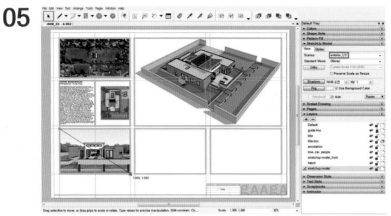

복사된 SketchUp Model의 Scene을 exterior_1/3으로 변경하고, 그림과 같이 첫 번째 Perspective View Grid Box에 가득 차도록 크기를 조정합니다.

06 나머지 Perspective View의 크기는 첫 번째 Perspective View와 동일합니다. 크기를 다시 조정하지 않도록 첫 번째 Perspective View를 그림과 같이 Snap을 이용하여 복사하고 키보드로 2*를 입력한 후 Enter키를 누릅니다.

07

복사된 2개의 SketchUp Model의 Scene을 각각 exterior_2/3, exterior_3/3으로 변경합니다.

08 Site Plan의 경우 Parallel Projection View이므로, Vector 형식의 Line으로 표현하면 더욱 깨끗한 출력물을 얻을 수 있습니다. Site Plan SketchUp Model을 선택하고, **SketchUp Model Tray**의 Styles Tab을 선택한 후 Rendering 타입을 Hybrid로 변경하고 Line Weight를 0.1pt로 조정합니다. Scale이 작아질수록 Line weight를 낮추어 선을 가늘게 표현해야 선이 뭉개져 출력되는 현상을 막을 수 있습니다.

09 Bird's Eye View와 Perspective View들을 선택하고, Line Weight를 0.3pt로 조정합니다. Perpective View의 Line Weight를 두껍게 하는 경우 Toon 혹은 투시도와 같은 느낌이 만들어지며, 가늘게 하면 좀 더 자연스러운 Image가 만들어 집니다. Perpective View에 Hybrid를 적용하면 Line의 두께가 가늘어질 경우 픽셀이 채워지지 않는 부분이 생기는 경우가 있고, 투명도를 가진 Object 뒷면에 나타나는 Object에는 Edge가 표현되지 않아 어색해 보이는 경우가 있습니다. 때문에, Perpective View는 Raster 형식으로 Rendering할 것을 권하며, Hybrid로 Rendering하는 경우는 어색한 부분이 없는 지 꼼꼼히 살필 필요가 있습니다.

10

마지막으로 Scrapbook 에 준비되어 있는 도면 명을 가져와 각각 배치 하고, 각각의 View에 맞는 도면명과 Scale을 기입합니다.

Key Plan과 Perspective 보드 만들기

이번 장에서는 Key Plan을 이용한 Interior Perspective View Page를 구성하고 Table을 이용해 도면 Legend를 만들어보겠습니다.

■ Key Plan 배치하기

01

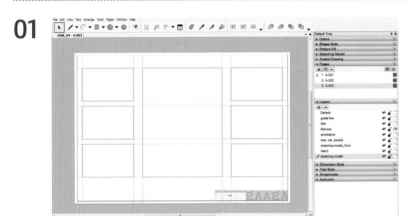

준비된 파일을 불러 옵니다. 3페이지를 보면 Key Plan과 Interior Perspective 6 장면을 넣을 Grid Line과 Box가 준비 되어 있습니다.

part08/part08_04.layout

02

Key Plan을 표현할 SketchUp Model 을 만들기 위해 A-002 Page로 이동 합니다. Select Tool로 Site Plan을 구 성하는 Element 모두를 선택하고 복 사(Ctrl+C)합니다. sketchUp model Layer를 현재 Layer로 지정합니다.

다시 A-003 Page로 이동합니다. 앞서 복사한 Element를 붙여넣기(Ctrl+C) 합니다. 복사된 Element들 중 나무와 자동차는 별도로 선택하여 그림과 같 이 Page의 한쪽으로 이동시켜 놓습 니다. Site Plan SketchUp Model을 선택하고, [key plan] Scene으로 변 경합니다. Render로 인한 시간을 절 약하기 위해 Render 형식을 다시 Raster 형식으로 변환합니다.

03

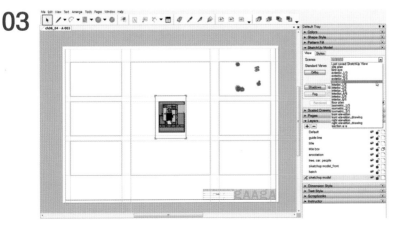

04 [key plan] Scene을 1:100로 변경하고 Preserve Scale on Resize에 Check한 후 그림과 같이 가운데 Grid Box의 크기에 맞추어 위치와 크기를 조정합니다.

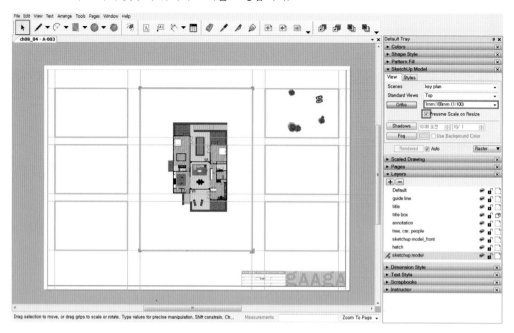

05 앞서 SketchUp 작업에서 주택의 외부 공간과 관련된 Layer를 모두 Invisible한 상태에서 Key Plan Scene을 생성했기 때문에 현재 주택의 외부 공간이 나타나지 않습니다. 주택의 외부 공간이 Key Plan에 나타나도록 연결된 SketchUp File을 수정해 보겠습니다. SketchUp Model이 선택되어 있는 상태에서 마우스 우측을 클릭하고 Open with SketchUp을 선택합니다.

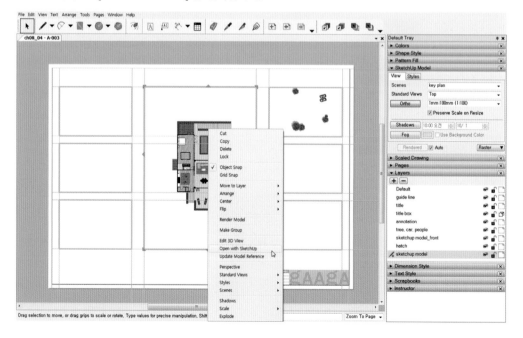

06

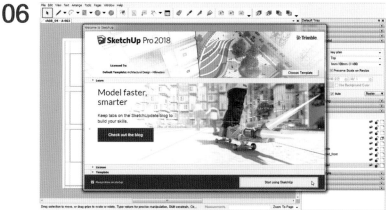

SketchUp이 실행됩니다. Welcome to SketchUp 창이 나타나면 Start using SketchUp 버튼을 클릭하여 SketchUp을 시작합니다.

07

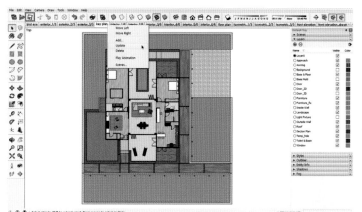

SketchUp이 실행되면 [key plan] Scene을 선택하고, **Layers Tray**에서 그림에 표시된 외부공간 관련 Layer들을 모두 Visible 상태로 만든 후 key plan을 Update 합니다. Update 후에는 반드시 현재 상태를 Save하여 File에 저장합니다.

08

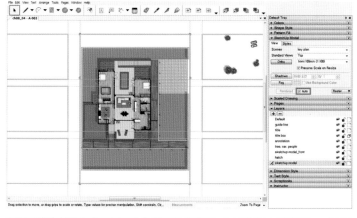

다시 Layout으로 돌아옵니다. Auto Rendered에 체크되어 있기 때문에 SketchUp의 변경사항이 자동적으로 Layout sketchup model에 반영되어 나타납니다. (자동적으로 반영되지 않을 경우 다시 SketchUp 파일을 선택하여 저장한 후 Layout 작업으로 돌아오면 됩니다.

09

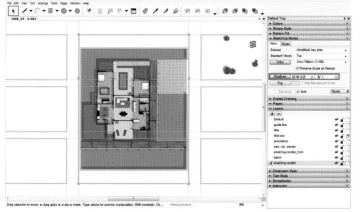

평단면이 입체적으로 보이도록 그림과 같이 Shadow 버튼을 클릭하고, 그림자가 너무 길게 나타나지 않도록 날짜와 시간을 조정합니다.

10 주방 부분을 확대해 보면 SketchUp에서 Section Plane에 의해 냉장고 Model이 잘리면서 단면이 벽체와 같이 검은색으로 Fill되어 있는 것을 볼 수 있습니다. 냉장고 단면을 다른 색상으로 채워주는 것이 출력물에서 더 자연스럽게 나타날 것입니다. SketchUp Model의 Rendering 방식이 Raster 방식인 경우 Display 해상도에 따라 Detail이 다르게 표현되는데, 현재의 Display 해상도에서는 냉장고와 벽체의 경계가 구분하기 어려운 상태입니다. Display 해상도를 변경하기 위해 메뉴 바 File>Document Setup을 선택합니다.

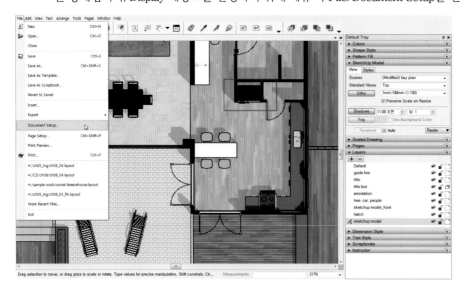

11 Paper 설정에서 Rendering Resolution의 Display Resolution을 High로 변경합니다.

12 화면의 해상도가 높아지면서 선의 구분이 가능해졌습니다. 컴퓨터의 사양이 좋은 경우에는 Display Display Resolution을 High로 설정해 놓으면 더 정확하게 Snap을 활용할 수 있습니다. 하지만, Rendering 에 불필요한 시간이 소요될 수 있기 때문에 일반적으로는 Medium 수준으로 설정한 상태로 작업을 진행합 니다. 그림과 같이 Shape Style을 설정한 후 Rectangle Tool을 이용하여 냉장고 단면 부분에 Shape를 그려 채워줍니다.

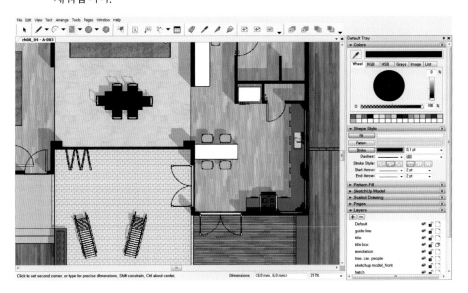

13

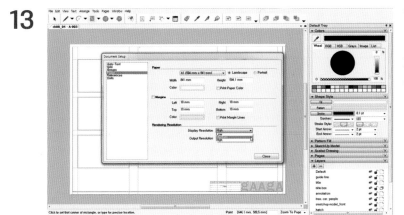

메뉴 바 File>Document Setup을 선 택하고, Paper 설정에서 Rendering Resolution의 Display Resolution을 다시 Medium으로 변경합니다.

14

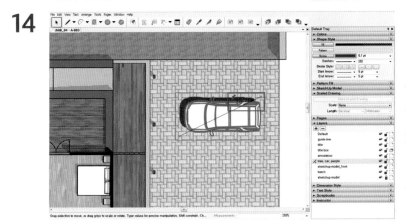

앞서 Site Plan의 Scale이 1:300 이 었으므로, 현재 Key Plan의 Scale 1:100에 맞는 자동차를 표현하기 위 해서는 자동차가 3배 확대되어야 합니다. 앞서 복사한 자동차를 Key Plan의 주차창 위치로 이동하고, 그 림과 같이 Shift키를 누른 채로 자동 차의 크기를 3배 정도 확대합니다.

15

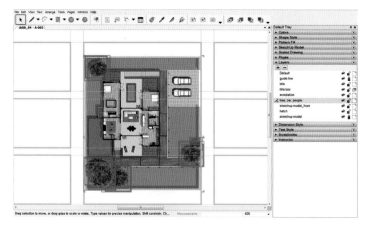

앞서 복제한 나무들도 1:100 Scale에 맞추어 알맞게 크기를 조정한 후 그림과 같이 Key Plan에 배치합니다.

■ Interior Perspective 배치하기

16 Interior Perspective는 총 6장면이 준비되어 있으며, Rounded Rectangle을 Clipping Mask로 활용하여 표현해 보겠습니다. 먼저, sketchup model Layer를 현재 Layer로 만듭니다. 그림과 같이 Rounded Rectangle을 선택하고 Page 왼쪽 상단에 있는 Grid Box의 크기에 맞게 Rounded Rectangle을 그립니다.

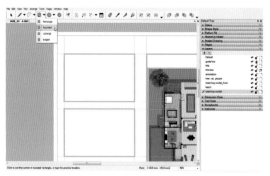 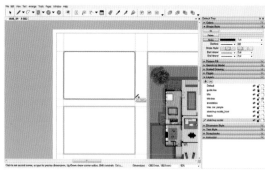

17

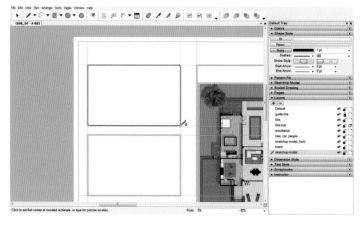

Rounded Rectangle의 모서리 반지름을 20mm로 지정하기 위해 키보드로 20r을 입력한 후 Enter키를 누릅니다. 모서리가 20mm Fillet 처리된 Rectangle이 그려집니다.

18

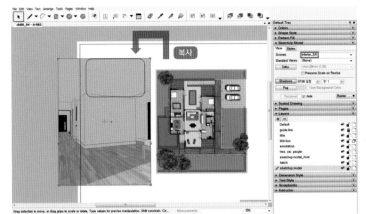

첫 번째 Interior Perspective Scene을 구성하기 위해 Key Plan SketchUp Model을 복사합니다. 복사된 SketchUp Model의 Scene을 interior_3/6으로 지정합니다.

19

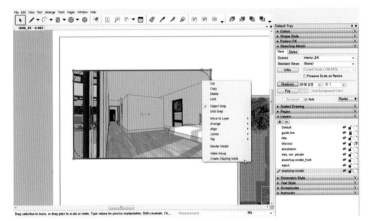

앞서 복사한 Scene의 크기를 그림과 같이 Rounded Rectangle의 크기에 맞추어 조정한 후 Rounded Rectangle을 이용하여 Clipping Mask 합니다.

20

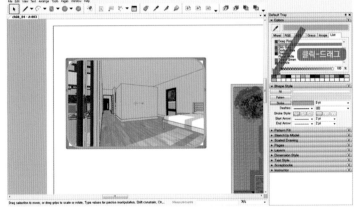

Clipping Mask된 SketchUp Model에 Stroke을 넣기 위해 **Shape Style Tray**을 열고 Fill을 해제한 후 Stroke의 두께와 색상을 그림과 같이 설정합니다. Stroke에 활용한 색상을 다시 활용하기 위해 **Colors Tray**의 팔레트에 색상을 복사해 놓습니다.

21

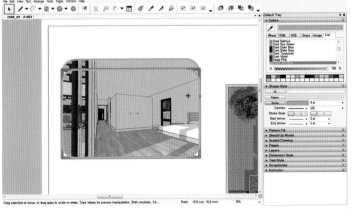

동일한 형태의 Shape를 활용해 Perspective Scene의 Title을 만들어 보겠습니다. Interior Perspective_3/6 SketchUp Model을 그림과 같이 아래쪽으로 복사한 후 키보드로 15를 입력하고 Enter키를 누릅니다.

22

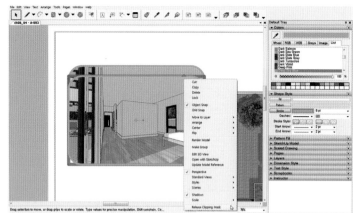

앞서 Clipping Mask로 활용한 Rectangle 을 활용하기 위해 마우스 우측 클릭 >Release Clipping Mask를 선택하여 Clipping Mask를 해제합니다.

23

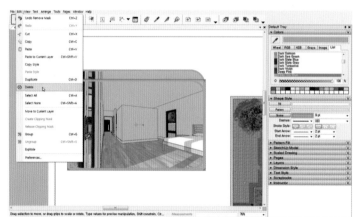

Clipping Mask가 Release되면서 Rounded Rectangle과 SketchUp Model로 분리됩니다. 그림과 같이 SketchUp Model을 선택하고 삭제 합니다.

24

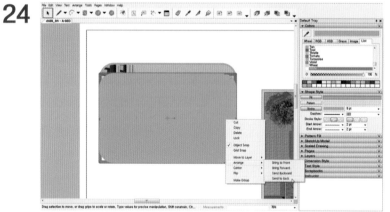

남아 있는 Rounded Rectangle을 선택합니다. Fill을 적용한 후 Fill 의 색상을 앞서 Stroke에 지정한 색 상과 동일한 색상으로 지정하고, SketchUp Model 뒤쪽으로 위치를 이동합니다.

25

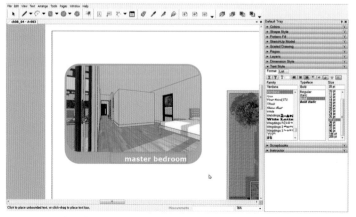

Text Tool을 이용하여 그림과 같이 SketchUp Model 아래 쪽에 Interior Perspective 장면의 Title을 입력합 니다.

26 Interior Perspective를 배치하기 위해 만든 Guide Box는 크기와 간격이 동일합니다. 앞서 만든 SketchUp Model, Rounded Rectangle, Text를 모두 선택하고, Grid에 맞추어 아래쪽으로 복사한 후 키보드로 2를 입력하고 Enter키를 누릅니다. 다시 복사된 3개의 개체들을 모두 선택하여 반대편 Grid Box에 맞추어 다시 복사한 후 SketchUp Model의 Scene을 Interior6/1~Interior 6/6으로 각각 변경합니다.

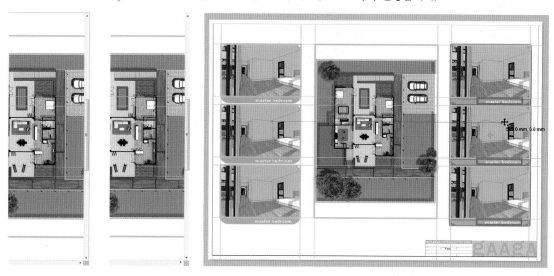

27 각각의 Interior Perspective View가 어떤 실내 공간과 관련되어 있는지를 표기하기 위해 Line의 Stroke Style을 활용해 보겠습니다. Line Tool을 선택하고 Shape Style을 그림과 같이 지정합니다. Key Plan SketchUp Model과 Interior Perspective SketchUp Model 가운데 지점에 Guide Line을 추가한 후 그림에 표시된 순서로 Line을 그립니다.

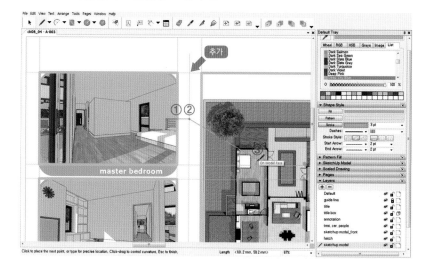

28

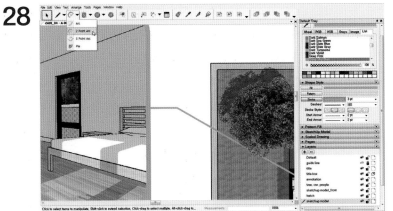

SketchUp 2018에서는 2 Point Arc를 활용하여 직선으로 연결된 모서리를 Fillet하는 기능이 추가되었습니다. 그림과 같이 2 Point Arc Tool을 선택합니다.

29 그림에 표시된 Midpoint를 Arc의 시작점으로 지정하고, 커서를 두 번째 지점으로 이동하면서 Arc Tangent가 되는 지점을 찾습니다. Arc Tangent 기호가 나타나는 지점에서 더블 클릭하면 Fillet이 완성됩니다.

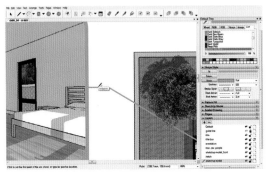 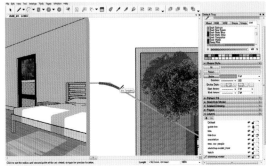

30

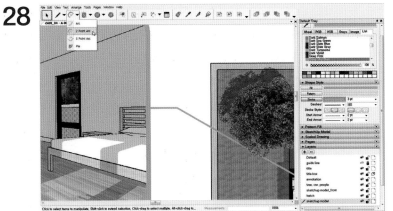

다시 Select Tool로 앞서 그린 Line을 선택하고, **Shape Style Tray**에서 Line의 시작점과 끝점의 Arrow Style을 그림과 같이 변경합니다.

31

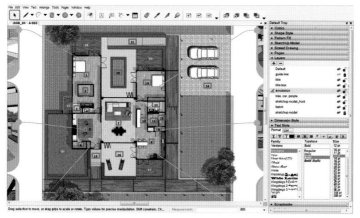

나머지 Interior Perspective View도 동일한 방법으로 해당 실내 공간과 연결해 줍니다. 다음으로 Key Plan 의 Legend를 만들기 위해 annotation Layer를 현재 Layer로 지정합니다. Text Tool을 이용하여 그림과 같이 각 공간에 대한 Numbering 작업을 합니다.

■ Table을 이용하여 도면 Legend 만들기

01

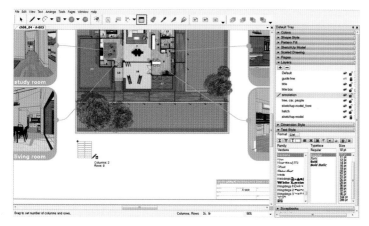

Key Plan의 Legend를 Table을 활용하여 만들어 보겠습니다. Table Tool을 선택하고 Legend가 위치할 적당한 지점을 선택하여 시작점을 클릭합니다. 마우스를 드래그하며 Columns:2, Rows:8 이 되는 지점에서 다시 클릭합니다.

02

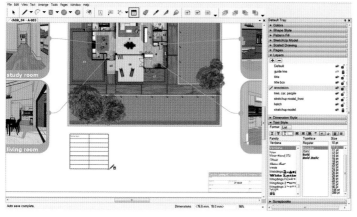

다시 마우스 커서를 움직여 Legend 의 전체 크기를 결정합니다. 각 셀의 크기는 차후 변경 가능하므로, 일단 대강의 크기로 table을 만듭니다.

03

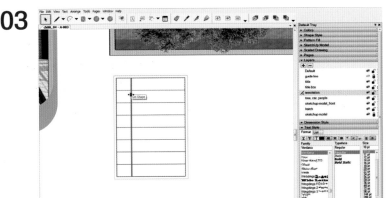

Select Tool로 앞서 만든 Table을 더블 클릭하여 편집 상태로 만듭니다. 그림과 같이 셀의 경계선을 클릭 드래그하여 Number가 들어갈 왼쪽 셀의 너비를 축소합니다.

04

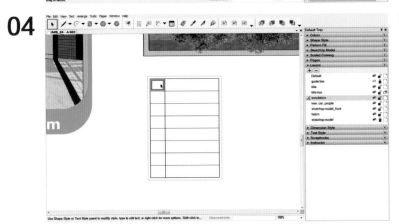

Select Tool로 왼쪽 상단의 셀을 클릭하여 선택하고 키보드에서 1을 입력합니다. Table 편집 상태에서는 Text Tool을 사용할 필요가 없습니다.

05

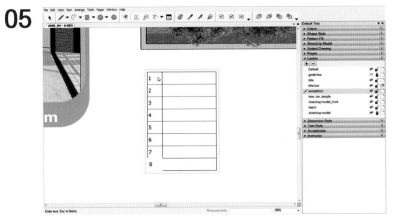

아래쪽 방향으로 순차적으로 Number를 입력합니다. Enter키를 누르면 바로 아래 셀로 커서가 이동합니다.

06

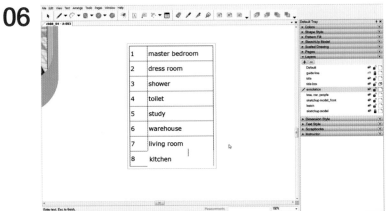

동일한 방법으로 Key Plan에 넣은 Numbering에 따라 공간 명을 기입합니다.

07

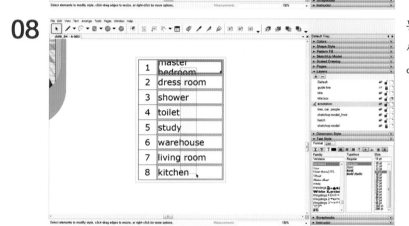

그림과 같이 Select Tool로 창을 그려 Number를 입력한 셀들을 모두 선택하고, 선택된 셀 전체에 동일한 Text Style을 적용합니다.

08

동일한 방법으로 공간명이 입력된 셀에도 Number를 입력한 셀과 동일한 Text Style을 적용합니다.

09

Text Style이 변경되면서 셀의 크기에 비해 Text의 크기가 너무 커지는 경우가 있습니다. 그러한 경우 셀의 오른쪽 하단에 빨간색 화살표가 나타납니다. 셀의 폭을 Text의 분량에 맞추기 위해 셀들이 선택되어 있는 상태에서 마우스 우측 클릭>Size>Column To Fit을 선택합니다.

10

나머지 공간들도 Legend에 포함시키기 위해 셀을 추가할 필요가 있습니다. Select Tool로 창을 그려 전체 셀들을 선택한 후 마우스 우측 클릭>insert 2 Columns Right를 선택합니다. 선택되어 있는 셀의 가장 오른쪽에 2줄의 세로 방향 셀이 추가됩니다.

11

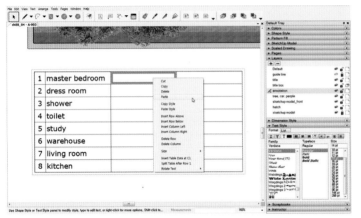

앞서 입력한 Number와 공간명 셀들이 선택되어 있는 상태에서 마우스 우측 클릭>Copy를 선택하여 복사합니다.

12

그림과 같이 추가된 셀의 왼쪽 상단 셀을 마우스 우측으로 클릭하고 Paste를 선택하여 앞서 복사한 내용을 붙여넣기 한 후 각 셀을 선택하여 셀의 내용을 수정합니다.

13

셀들의 폭을 동일하게 조정하고 싶은 경우에는 원하는 셀들을 선택한 후 마우스 우측 클릭>Space>Column Equally를 선택합니다.

TIP

셀들을 추가 선택하려면 Shift키를 함께 사용합니다.

14

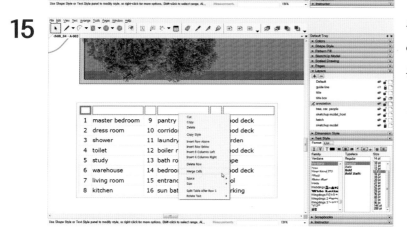

Table의 Title을 추가하기 위해 가장 위쪽의 가로 셀을 모두 선택하고 마우스 우측 클릭>Insert Row Above 를 선택하여 셀을 추가합니다.

15

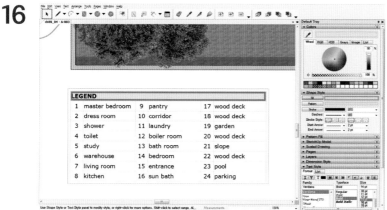

추가된 셀들이 선택되어 있는 상태에서 마우스 우측 클릭>Merge Cells 를 선택합니다.

16

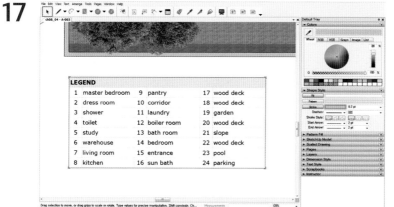

합쳐진 셀에 Table의 Title을 입력하고 Text Style과 셀의 Shape Style을 그림과 같이 변경합니다. 셀 편집이 마무리되면 Page의 빈 곳을 클릭하여 셀 편집 상태를 종료 합니다.

17

Table의 선 색상과 두께를 수정하기 위해 Select Tool로 다시 Table을 선택하고 **Shape Style Tray** 에서 Stroke의 색상과 두께를 그림과 같이 수정합니다.

18

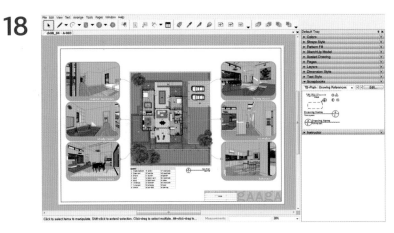

Legend의 위치를 최종적으로 조정하고, Scrapbook을 이용하여 Key Plan의 도면명과 Scale을 입력합니다. A-003 Page가 완성되었습니다.

Floor Plan 보드 만들기 – 평면도 만들고 치수 기입하기

이번 장에서는 평면도에 벽체 중심선을 추가하여 치수를 기입하는 방법을 살펴보겠습니다.

■ 벽체 중심선 만들기

01

준비된 File을 불러 옵니다. sketchup model Layer 잠금을 해제하고, Page 가운데 부분에 있는 Key Plan SketchUp Model을 선택한 후 복사 (Ctrl+C)합니다.

part08/part08_05.layout

02 **Pages Tray**에서 새로운 Page를 추가하고 Page의 이름을 A-004로 지정합니다. 앞서 복사한 SketchUp Model을 새로 만든 Page에 붙여넣기 하고 그림과 같이 floor plan, 1:60 Scale로 변경합니다. Preserve Scale on Resize에 Check하고 그림과 같이 SketchUp Model의 크기를 조정한 후 치수 기입을 위해 Render 타입을 Vector로 변경합니다.

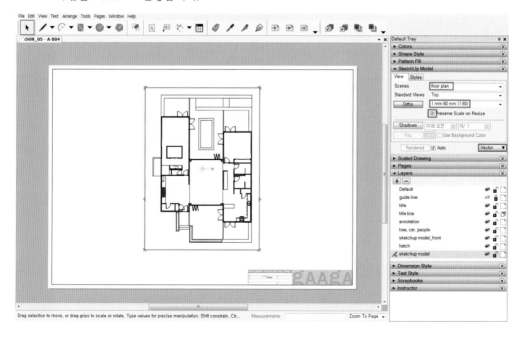

03 일반적으로 건축·Interior 평면도는 벽체의 중심선을 기준으로 작성하지만, SketchUp Model에는 벽체의 중심선이 나타나지 않습니다. 조금 번거로운 작업이 될 수도 있지만, Layout에서 벽체 중심선을 넣어, 중심선을 기준으로 한 치수기입을 하게 되면, 도면을 수정 보완하거나, 건축·Interior 현장에서 시공작업을 하는데 편리하게 활용할 수 있습니다. 중심선을 넣기 위해 먼저 그림과 같이 'center line_box', 'center line' 이름의 새로운 Layer를 추가 합니다. 그림과 같이 Shape Style을 지정한 후 'center line_box' Layer에서 임의의 크기의 Rectangle을 그리고,(Rectangle의 크기는 중요하지 않습니다.) 'center line' Layer에서 앞서 그린 Rectangle을 이등분하는 Line을 그립니다.

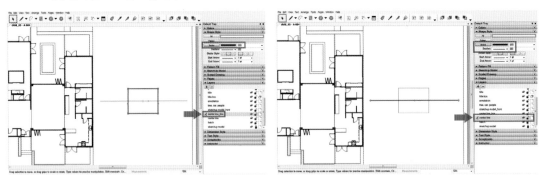

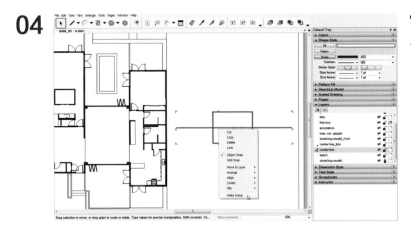

04 앞서 그린 Rectangle과 Line을 모두 선택하여 Group으로 만듭니다.

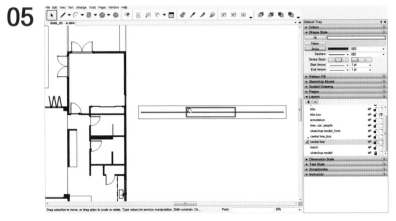

05 그림과 같이 앞서 만든 중심선 Group의 크기가 벽체 두께 보다 약간 두꺼워 지도록 조정합니다. 이제 이 중심선 Group을 가로 방향의 벽체에 복사해 넣을 것입니다. 그림과 같이 중심선 Group의 중심점을 Rectangle의 왼쪽 상단 모서리로 이동합니다.

06

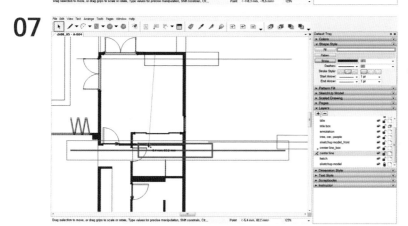

그림과 같이 벽체선 위에 Snap을
잡아 중심선 Group을 이동합니다.

07

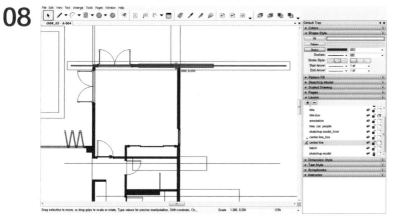

계속해서 그림과 같이 가로 방향의
벽체선 위에 Snap을 잡아 중심선
Group을 복사합니다.

08

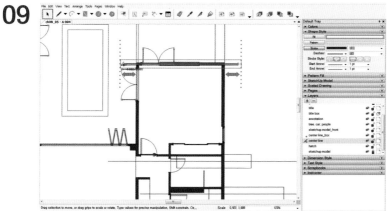

가로 방향의 벽체 위에 중심선
Group을 Snap을 이용하여 복사한
후 중심선 Group의 높이를 그림과
같이 벽체의 두께에 맞추어 조정
합니다.

09

중심선이 벽체로부터 약간 연장되
어 나타나도록 그림과 같이 중심선
Group의 폭을 조정합니다.

10

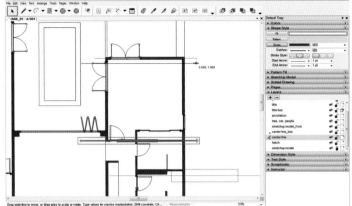

다른 중심선 Group도 동일한 방법으로 벽체의 두께에 맞추어 두께를 조정하고, 앞서 조정한 중심선 Group에 맞추어 폭을 조정해 줍니다.

11

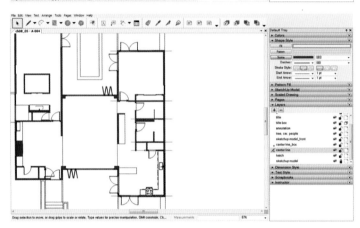

그림과 같이 가로 방향의 벽체 중심선이 전체적으로 정리되어 보이도록 중심선 Group의 폭을 조정합니다.

12

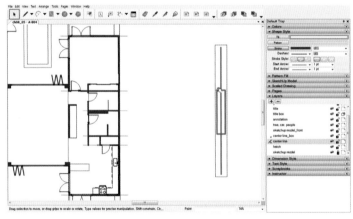

다음으로 세로 방향 벽체에 중심선을 넣기 위해 앞서 만든 중심선 Group을 그림과 같이 90도 회전하고, 이동의 중심점을 Rectangle의 왼쪽 상단으로 이동합니다.

13 가로 방향의 벽체와 마찬가지로 세로 방향의 벽체선에 Snap을 잡아 중심선 Group 복사해 넣습니다.

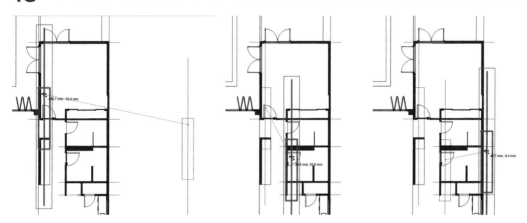

14

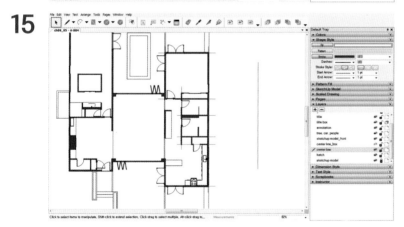

중심선 Group의 폭을 벽체 두께에 알맞게 조정하고, 중심선이 벽체로 부터 연장되어 나타나도록 그림과 같이 높이를 조정합니다.

15

Layers Tray에서 Center line_box Layer를 Invisible하면 도면에서 벽체 중심선만 확인할 수 있습니다.

16

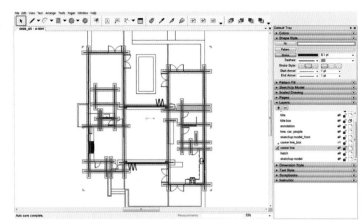

그림과 같이 치수 기입을 위해 중심선이 필요한 벽체마다 동일한 방법으로 중심선을 만들어 줍니다.

■ Guide Line을 이용하여 치수넣기

01 Guide Line Layer를 Visible 상태로 만들고, 현재 Layer로 지정합니다. 먼저 주택 후면부의 치수를 넣어 보겠습니다. Line Tool을 선택하고, Guide Line을 위한 Stroke을 설정한 후 그림과 같이 Guide Line을 추가합니다.

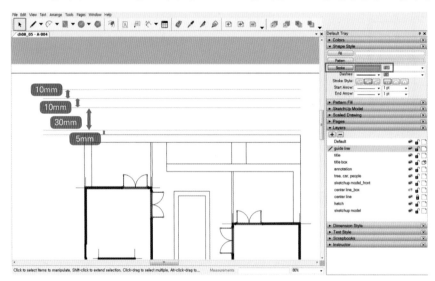

02 Layers Tray에서 'dimension' Layer를 새로 추가한 후 현재 Layer로 지정합니다. SketchUp Model을 직접 참조하여 Dimension을 기입할 경우 Auto Scale이 작동하여 자동적으로 SketchUp Model의 Scale에 따른 치수 기입이 가능합니다. 하지만, Layout에서 별도로 추가한 중심선을 기준으로 Dimension을 기입하는 경우에는 Dimension을 넣기 전에 먼저 알맞은 Scale을 선택해야 합니다. Dimension Tool을 선택하고, **Dimension Style Tray**를 펼칩니다. Auto Scale을 해제하고, Scale List에서 앞서 평면도의 Scale로 지정한 1:60을 선택합니다.

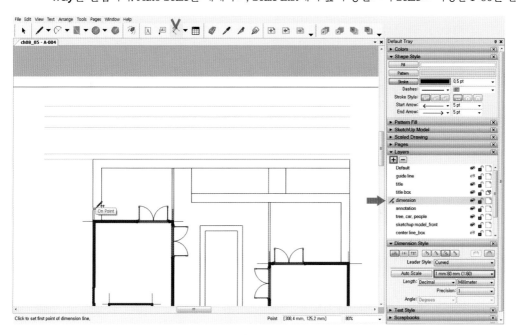

03 그림에 표시된 지점들을 차례로 클릭하여 Dimension을 기입합니다.

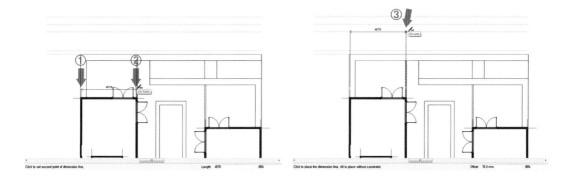

04 이어서 Dimension을 확인해야 할 지점을 Dimension을 기입해 나가는 방향에 따라 차례로 더블 클릭합니다.
(벽체의 경우 중심선의 End Point를 더블 클릭합니다.) 치수선의 위치가 동일하게 유지되면서, 다음 지점까지
의 치수가 기입됩니다.

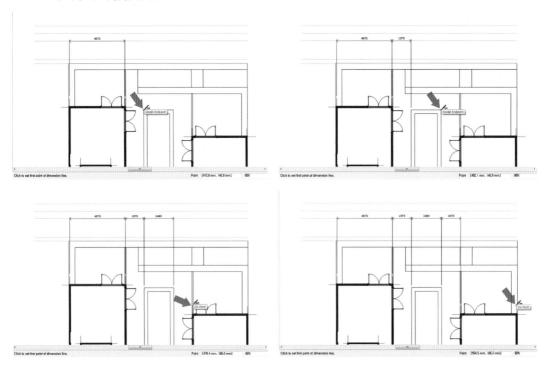

05 다음 상위 수준의 치수를 넣기 위해 그림과 같은 순서에 따라 Dimension을 추가로 기입합니다.

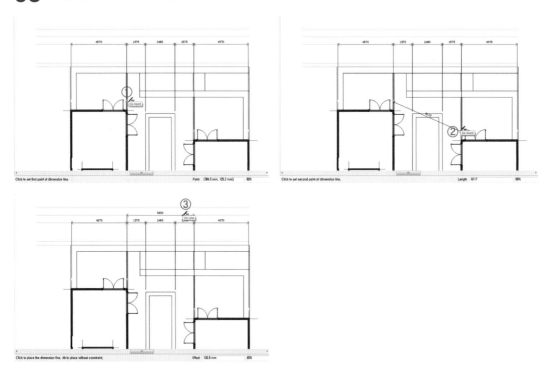

06 마지막으로 최상위 수준의 치수를 넣기 위해 그림과 같은 순서에 따라 Dimension을 추가로 기입합니다.

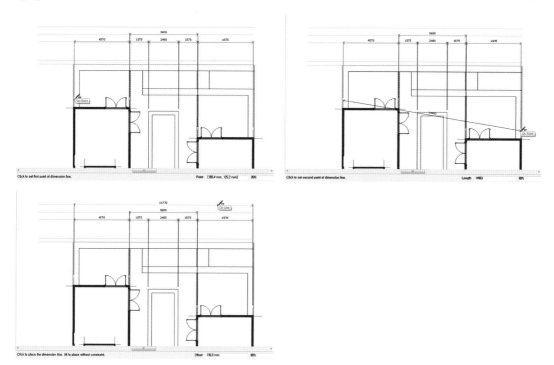

07 Dimension을 기입하다보면 Dimension의 수준을 윗 단계로 조정해야 하는 경우가 있습니다. 이러한 경우에는 Select Tool로 Dimension을 더블 클릭하여 Dimension 편집 상태를 만들고 치수선 끝의 Point 클릭-드래그하여 원하는 수준으로 이동합니다.

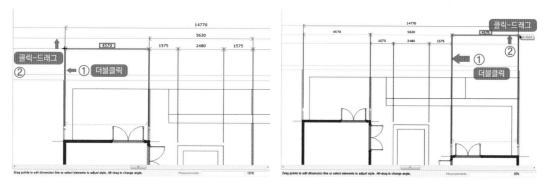

08 치수보조선이 도면과 겹쳐서 나타나면 도면을 이해하기 어렵게 만드는 경우가 있습니다. 이러한 경우 치수
보조선의 길이를 조정할 수 있는데, 이러한 경우에도 Select Tool로 Dimension을 더블 클릭하여 편집 상태
를 만든 후 그림과 같이 치수보조선 위의 Point를 이동하여 치수보조선의 길이를 조정합니다.

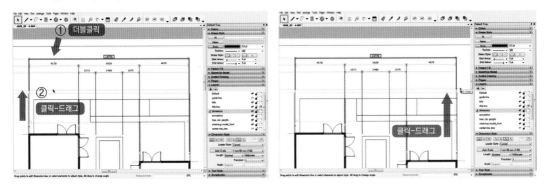

09
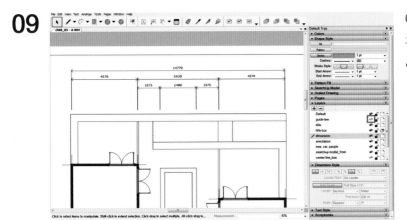

Guide Line에 맞추어 그림과 같이
각각의 치수선의 치수보조선의 길
이를 조정합니다.

10 벽체의 경우 중심선을 기준으로 Dimension을 기입했기 때문에 중심선의 위치가 변경되면, 자동적으로 치수가
Update됩니다. **Layers Tray**에서 SketchUp Model Layer를 Invisible하고 그림과 같이 중심선 선택하여 이동
해 보면 Dimension도 자동적으로 Update되는 것을 볼 수 있습니다.

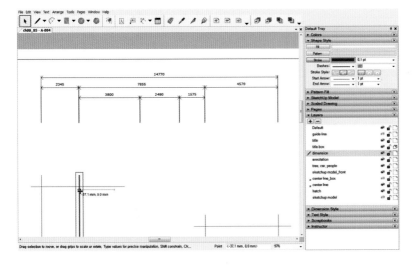

11

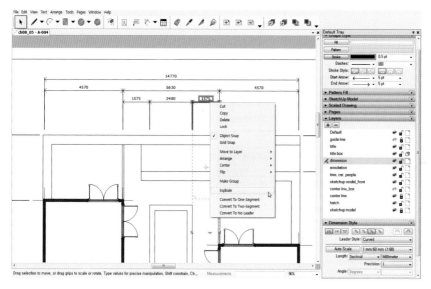

동일한 방법으로 그림과 같이 Guide Line을 추가하여 Dimension을 기입하고, 치수선과 치수보조선을 정리합니다.

■ 치수 수정하기

01 치수 작업을 하다보면, 임의의 치수를 기입해야 하는 경우가 있습니다. 이러한 경우 Dimension을 Explode 하여 편집해야 합니다. 편집을 원하는 Dimension을 선택하고 마우스 우측 클릭>Explode를 선택합니다. Explode한 Dimension은 더 이상 자동적으로 Update되지 않습니다.

02 Dimension이 Explode되면 Text를 수정하는 방법과 동일한 방법으로 내용과 Style을 변경할 수 있습니다.

03 어떤 경우는 치수보조선의 위치를 이동하여 치수를 조정하고 싶은 경우가 있는데, 치수 보조선을 별도로 선택하여 이동할 수는 없습니다. 이러한 경우에는 2018버전에 추가된 Scaled Drawing 기능을 활용할 수 있습니다. 예를 들어 그림에 표시된 주방과 팬트리 공간의 벽체 중심선 간격을 각각 4515mm, 820mm로 조정해 보겠습니다.

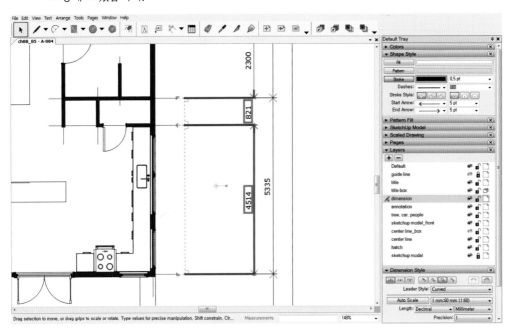

04

그림과 같이 **Scaled Drawing Tray** 에서 Make Scaled Drawing을 활성화 하고 Scale을 1:60으로 지정합니다. Rectangle Tool을 선택하고, 그림과 같이 치수보조선에 Snap을 잡아 시작점을 클릭하고, 키보드로 300, 4515를 입력한 후 Enter키를 누릅니다.

05

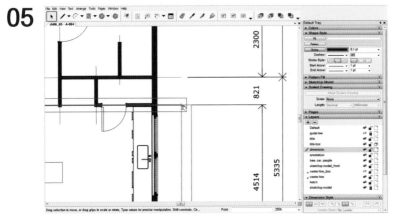

중심선을 앞서 그린 Rectangle에 맞추어 이동하는 방법으로 치수를 조정할 것입니다. 그림과 같이 이동할 중심선을 선택하고, Center Grip을 중심선의 끝부분으로 이동합니다.

06

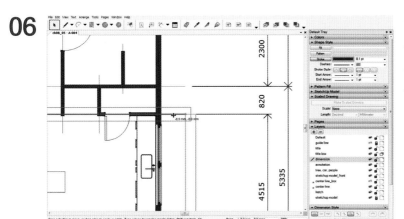

중심선을 앞서 그린 Rectangle의 왼쪽 상단 모서리로 이동합니다. 중심선이 이동함에 따라 치수도 Update되는 것을 볼 수 있습니다.

07 Dimension Text의 위치를 이동하고 싶은 경우 Select Tool로 Dimension을 더블 클릭하여 편집 상태로 만든 후 다시 Text를 클릭-드래그 합니다. Layout에서 제안하는 총 6개의 Text 위치 중 하나를 선택하여 이동할 수도 있고, 개인적으로 원하는 위치로 이동시킬 수도 있습니다.

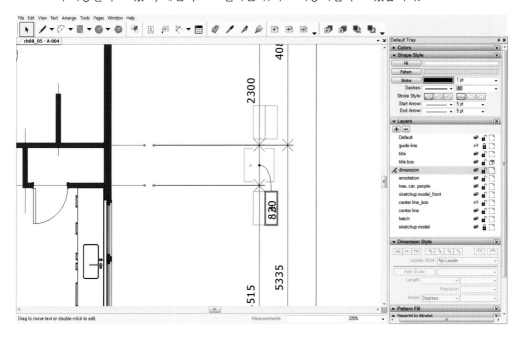

■ 벽체 중심선 편집하기

01 앞서 작업한 벽체 중심선의 Style을 변경하고 싶을 경우에는 center line_box Layer를 Invisible 상태로 만들고, sketchup model, dimension layer를 Lock 상태로 전환한 후에 모든 Center Line을 선택하고 **Shape Style Tray**에서 Stroke의 색상과 Line 타입을 변경합니다.

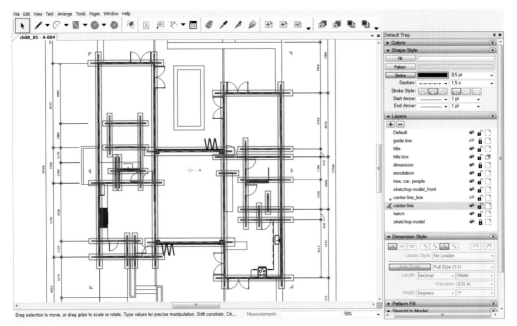

02

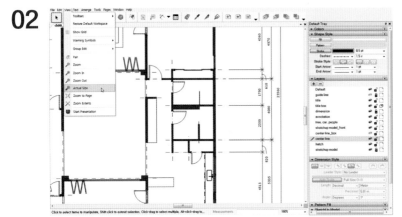

적정한 Scale의 Line 타입을 설정하려면 메뉴 바 View>Actual Size를 선택하고, 화면상에 나타나는 Dash의 간격 및 형태를 확인하면서 조정할 수 있습니다.

Floor Plan 보드 만들기 –
평면도에 주석 추가하기

이번 장에서는 평면도에 주석 넣기, 영역별 Zoning 및 Hatching 작업을 진행해 보겠습니다.

01 준비된 File을 불러 옵니다. annotation Layer를 현재 Layer로 지정합니다. annotation 작업의 편의를 위해 guide line, center line_box, center line Layer를 Invisible 상태로 만들고 sketchup model Layer는 Lock 상태로 만듭니다.

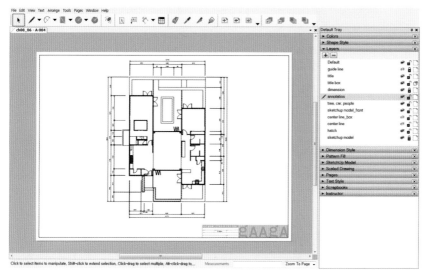

part08/part08_06.layout

02 그림과 같이 도면의 왼쪽 상단 부분을 확대합니다. 먼저, Label Tool을 선택하고, 그림에 표시된 순서에 따라 master bedroom의 Door에 Label을 추가합니다.

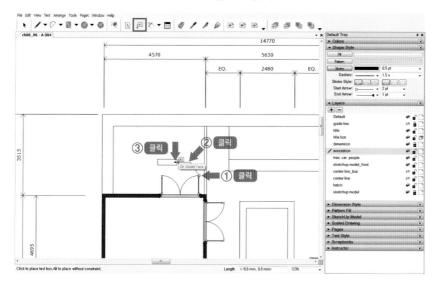

03 SketchUp Component의 경우 Label Point가 위치한 지점과 관련 있는 Component의 이름을 불러와 Label 에 활용할 수 있습니다. Component Definition List를 열고 그림과 같이 Door(D-6)를 더블 클릭하여 선택 합니다.

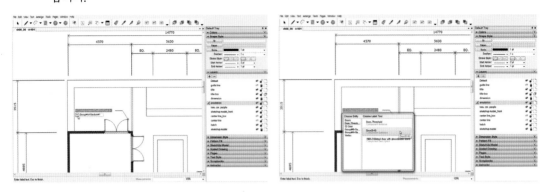

04

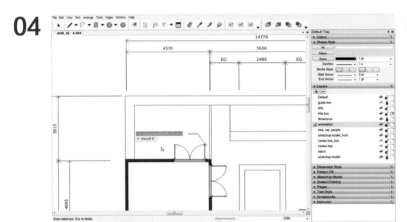

Page의 빈 곳을 클릭하면 앞서 선택 한 Door 기호가 Label Text로 지정 됩니다.

05

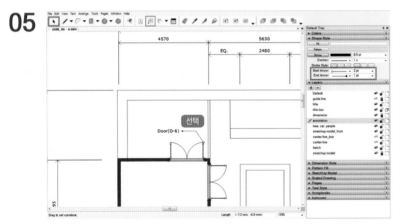

Select Tool로 Label 보조선을 클릭 하여 선택하고, **Shape Style Tray** 에서 Start Arrow, End Arrow의 형태의 크기를 그림과 같이 수정 합니다.

06

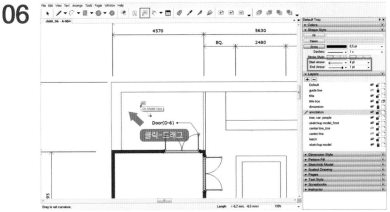

다음으로 Label을 이용하여 바닥에 사용된 재료를 기입해 보겠습니다. 앞서 Door 및 Window 기호 기입과 구분하기 위해 Label Tool을 선택하고, **Shape Style Tray**에서 Start Arrow와 End Arrow의 형태의 크기를 그림과 같이 수정합니다. 이제 재료를 기입할 지점을 클릭-드래그 합니다.

07 다음으로 Text가 입력이 시작되는 지점을 클릭하고 필요한 Text를 입력합니다.

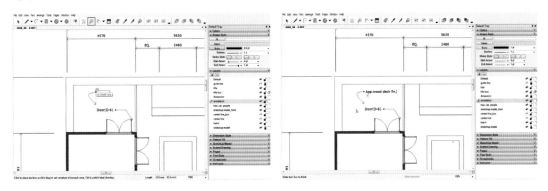

08 Label은 Text와 Line으로 구성되며, Label 전체를 움직일 때에는 Select Tool로 Line을 클릭-드래그하고, Text의 위치만을 수정할 때에는 Select Tool로 Text를 클릭 드래그 합니다.

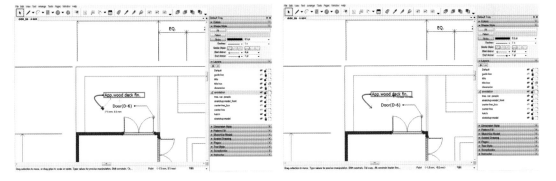

09

Label을 구성하는 Line의 형태를 수정할 때에는 Select Tool로 Line을 더블 클릭하여 편집 상태를 만듭니다. Label을 구성하는 Line을 편집하는 방법은 Shape를 편집하는 방법과 동일합니다.

10

Line Tool과 Text Tool을 함께 사용하여 계단, 슬로프 등 그 밖의 Annotation을 추가할 수 있습니다.

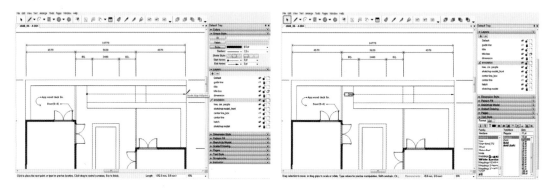

11

재료 표기 등 동일한 성격의 annotation의 경우 Label 표기를 복사하여 동일하게 적용하는 것이 좋습니다. Select Tool과 Ctrl키를 함께 사용하여 Label의 Line 부분을 클릭-드래그하여 Label을 복사하고 해당부분의 재료를 기입합니다.

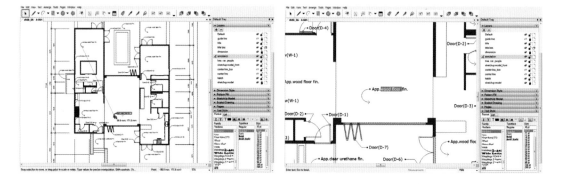

■ 공간별 Zoning과 Hatching 하기

01 공간을 영역별로 Zoning하여 보여 주고자 할 때, 영역별로 별도의 Color를 지정하여 공간마다 색상을 채울 수 있습니다. hatch Layer를 현재 Layer로 지정합니다. 그림과 같이 Rectangle Tool을 선택하고, 채우고자 하는 색상을 Fill Color로 지정한 후 Stroke은 해제 합니다. 앞서 입면도에 Hatching을 넣었던 것과 동일한 방법으로 Rectangle을 그려 넣고, 공간을 모두 덮을 수 있도록 Rectangle의 크기를 조정한 후 동일한 공간을 채운 Rectangle을 하나의 Group으로 만듭니다.

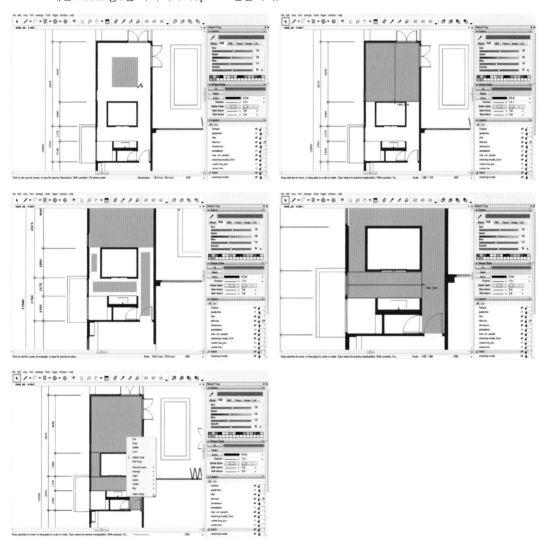

02

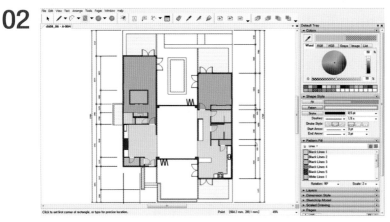

그림과 같이 영역별로 구분된 Color로 공간을 Zoning하여 표현하면, 공간의 성격을 구분하기가 수월해 집니다.

03 색상을 활용하여 Zoning 하는 방법 이외에도, 동일한 Pattern을 적용하여 공간을 Zoning할 수도 있습니다. Pattern을 적용하는 경우도 앞서 색상을 활용하는 방법과 동일하게 Rectangle Tool을 활용하면 편리합니다.

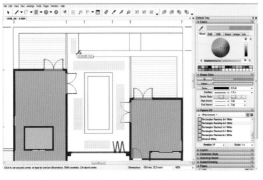

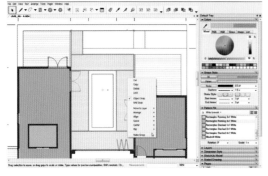

04

주택 입구의 화단과 후면의 정원도 동일한 방법으로 Pattern을 활용해 표현합니다.

▪ Room Name 기입하기

01 Text Tool을 이용하여 Room name을 추가해 보겠습니다. annotation Layer를 현재 Layer로 지정합니다. Text Tool을 선택하고, 그림과 같이 Stroke을 해제하고, Fill Color를 흰색으로 지정한 후 Fill Color의 투명도를 60%로 조정합니다. Text Style에서 원하는 폰트를 지정하고 Text의 크기를 12pt로 지정합니다.

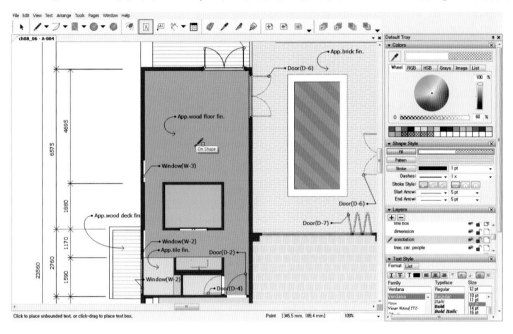

02 Room name을 넣을 위치를 클릭하고 필요한 Text를 입력합니다. 입력을 마무리할 때에는 Esc키를 누릅니다. Room name을 각 공간에 복사하고, Select Tool 혹은 Text Tool로 더블 클릭하여 Text를 수정합니다.

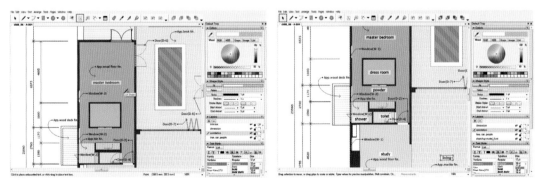

■ 도면 Grid, Section 등 도면 기호 넣기

01 현재 Page에 Isometric 도면을 추가하기 위해 Page의 배치를 변경해 보겠습니다. Page의 배치를 변경할 때 흔히 발생할 수 있는 실수는 Invisible 상태인 Layer에 포함된 개체를 남겨 두고 배치를 변경하는 것입니다. 기존의 배치를 변경하고자 할 때에는 반드시 모든 Layer를 Visible 상태로 만들고, Lock을 해제 합니다.

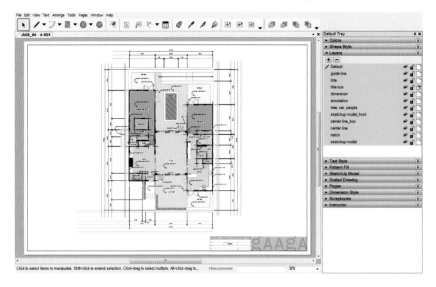

02 Select Tool로 창을 그려 평면도 작업에 포함된 모든 Element를 선택합니다.

03 그림과 같이 Page의 한쪽 부분으로 평면도를 이동합니다.

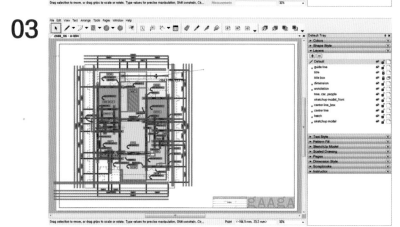

04 작업의 편의를 위해 Default Layer와 annotation Layer를 제외한 모든 Layer를 Lock 상태로 만들고, guide line, center line_box, center line Layer는 Invisible 상태로 만듭니다. annotation Layer를 현재 Layer로 만들고 **Scrapbooks Tray**에서 Column Grid를 선택한 후 Grid 기호를 Page로 클릭-드래그하여 가져옵니다.

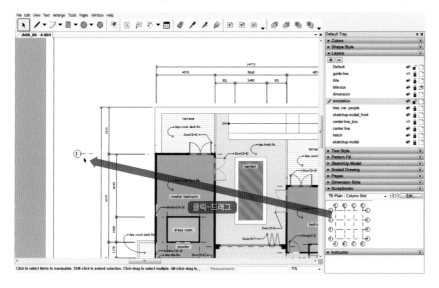

05 도면 Grid 기호는 3가지 Element로 구성된 Group입니다. 도면의 벽체 중심선에 Grid를 맞추기 위해 Grid 기호 Group의 Center Grip을 그림과 같이 Line의 끝부분으로 이동하고, Grid 기호 Group을 중심선의 끝부분에 맞추어 이동합니다.

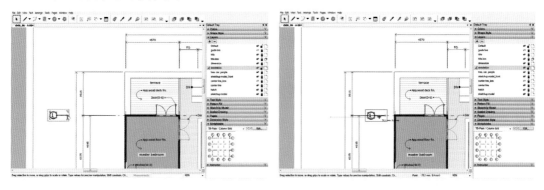

06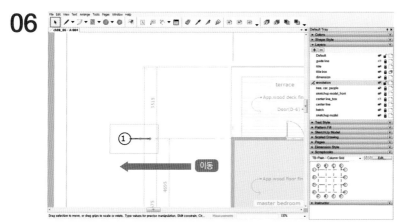

치수선과 도면 Grid 기호가 겹치지 않도록, 그림과 같이 Grid 기호 Group을 치수선 바깥쪽으로 수평 이동합니다. Grid Line을 연장하기 위해 Grid 기호 Group을 Select Tool로 더블 클릭하여 Group 편집 상태로 만듭니다.

07

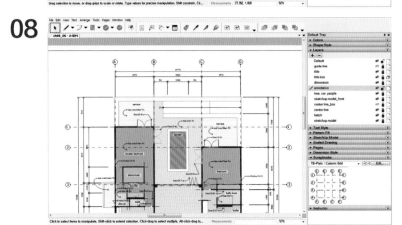

Grid Group 안의 Line을 그림과 같이 반대편 치수선 까지 길게 늘리고, Page의 빈 곳을 클릭하여 Group 편집 상태를 종료합니다.

08

Scrapbooks Tray에서 반대편 도면 Grid 기호를 가져와 Grid를 완성합니다. 동일한 방법으로 주요 벽체에 따라 도면 Grid 기호를 만듭니다.

09 Section 기호, 입면도 기호도 Scrapbook에 준비되어 있는 기호를 활용하여 동일한 방법으로 추가합니다.

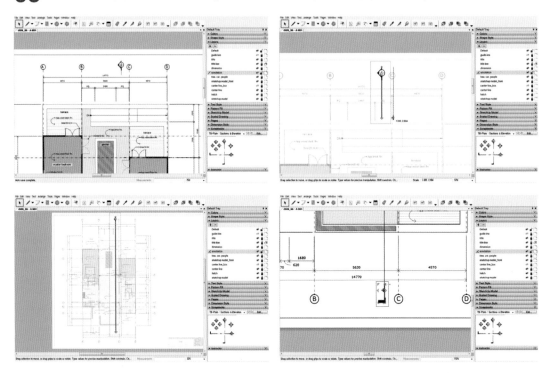

10 floor plan에 그림자를 표현하기 위해 sketchup model Layer를 잠금 해제하고, sketchup model을 선택합니다. **SketchUp Model Tray**에서 Render 타입을 Raster로 전환합니다. Layout에서도 Shadow 버튼을 이용하여 그림자를 표현할 수 있지만, Ground에도 그림자를 표현하기 위해서는 SketchUp의 Shadow 설정을 이용해야 합니다. sketchup model이 선택되어 있는 상태에서 마우스 우측>Open with SketchUp Model을 선택합니다.

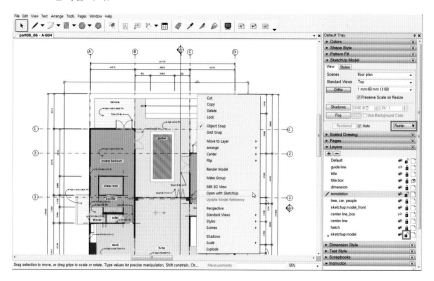

11 SketchUp이 실행되면 [floor plan] Scene으로 전환하고, **Shadows Tray**에서 그림과 같이 Shadow를 활성화하여 시간과 날짜를 설정한 후 On ground에 체크합니다. [floor plan]을 Update하고, 파일을 저장합니다.

12 다시 Layout 작업으로 돌아와보면 floor plan과 ground에 그림자가 만들어 진 것을 볼 수 있습니다. (만약 자동적으로 Render 업데이트가 되지 않을 경우에는 다시 SketchUp 파일을 선택하여 저장 버튼을 눌러 저장한 후 Layout 작업으로 돌아오면 업데이트됩니다.)

13

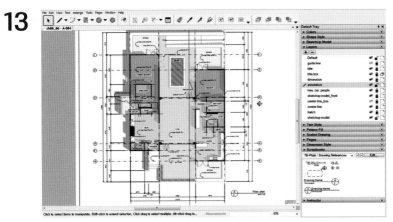

마지막으로 Scrapbook을 이용하여 평면도의 도면명과 Scale을 입력합니다.

Floor Plan 보드 만들기 –
AutoCAD Block을 활용하여 가구배치하기

이번 장에서는 Layout에서 CAD Block 삽입하여 Scale에 맞게 활용하는 방법을 살펴보겠습니다.

■ CAD Block을 Scrapbook에 추가하기

01 준비된 File을 불러 옵니다. AutoCAD를 활용하여 그린 2D 형태의 가구, 세면기 등이 나타납니다. 선 안쪽에 면은 채워져 있지 않습니다. AutoCAD를 활용하지 않더라도, SketchUp에서 3D warehouse를 통해 불러온 각종 가구들을 Parallel Projection Camera의 Top View를 활용해 AutoCAD File 형태로 변환할 수 있습니다.

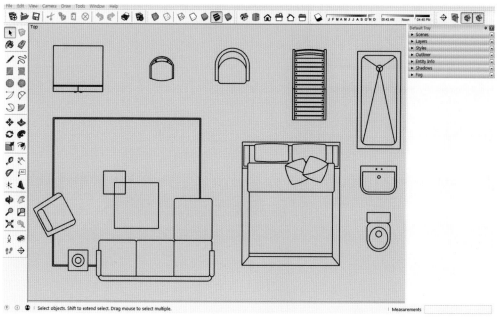

part08/part08_07_furniture.skp

02

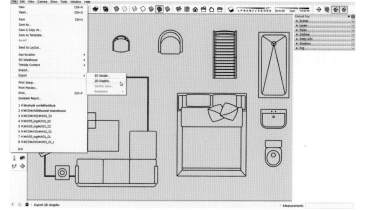

메뉴 바 File>Export>2D Graphic 을 선택합니다.

03

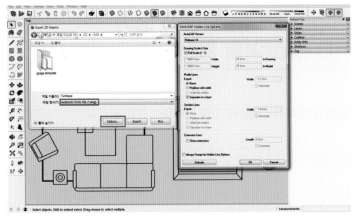

Export 2D Graphic 대화상자에서 File 형식을 AutoCAD DWG File 로 지정하고 Options버튼을 클릭합니다. DWG/DWF Hidden Line Options 대화상자가 나타나면 그림과 같이 Check하고 OK 합니다.

04

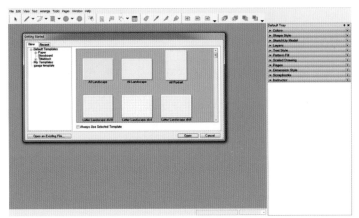

Layout을 실행하고 Grid가 표현된 A3 Landscape 용지를 선택하여 open합니다.

05

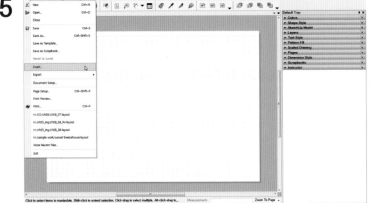

Page가 나타나면 메뉴 바 File>Insert 를 선택합니다.

06

열기 대화상자가 나타나면 File 형식을 AutoCAD Files로 지정한 후 앞서 저장한 File을 선택하여 열기 합니다.

파일 이름(N): furniture   AutoCAD files

열기(O)   취소

part08/part08_07_furniture.dwg

07

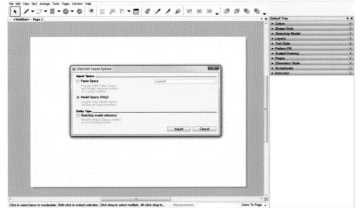

DWG/DWF Import Options 대화상자가 나타나면 Model Space에 Check하고 Import 버튼을 선택합니다.

08

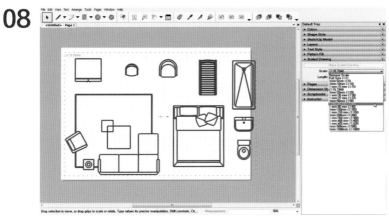

AutoCAD Block이 Import되면, **Scaled Drawing Tray**를 열고 Scale을 조정합니다. Scale 1:60 평면도에 사용할 Scrapbook을 만들기 위해 Scale List에서 1:60 Scale을 선택합니다.

09

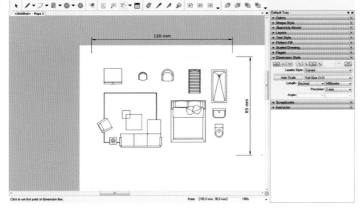

AutoCAD Block의 Scale이 1:60으로 조정됩니다. Dimension Tool을 이용하여 대략적인 가로, 세로 크기를 측정합니다.

10

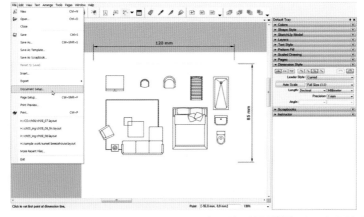

용지의 크기를 현재 AutoCAD Block의 크기에 알맞게 조정하기 위해 메뉴 바 File>Document Setup을 선택합니다.

11

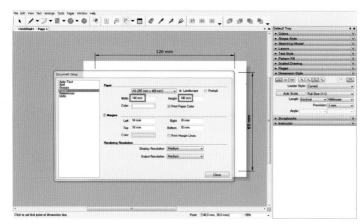

Paper 설정에서 용지의 크기를 앞서 측정한 AutoCAD Block 크기보다 가로, 세로 방향 모두 20mm 정도 큰 수치가 되도록 입력하고 Close 버튼을 선택합니다.

12 AutoCAD Block이 용지의 가운데 부분에 위치하도록 이동합니다. AutoCAD Block을 살펴보면 배경 Grid가 그대로 나타나는 것을 볼 수 있습니다. 흰색 바탕의 Line으로 표현된 도면에 넣을 경우에는 색상을 채우지 않아도 되지만, 그렇지 않은 경우에는 Line 안쪽을 흰색으로 채워야하는 경우가 있습니다. AutoCAD Block을 편집하기 위해 Select Tool로 선택하고 마우스 우측 클릭>Remove Scale을 선택하여 Scale 요소를 지웁니다. (이 단계를 거치면 Scale을 수정할 수 없습니다. 따라서, 여러 가지 Scale별로 Scrapbook을 만들고 싶은 경우 Page를 추가하여 Block을 복사해 넣은 후 이 단계를 진행해야 합니다.)

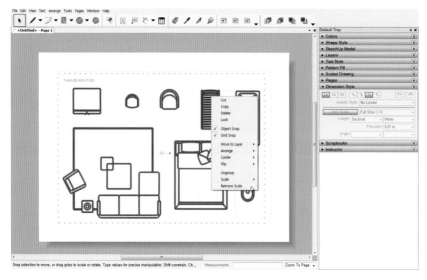

13 다시 전체 AutoCAD Block을 선택하고 마우스 우측 클릭>Ungroup을 선택합니다. 이 과정을 반복하여 모든 Group이 Ungroup되도록 만듭니다.

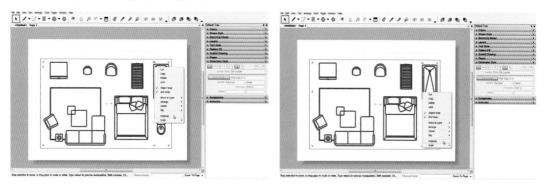

14

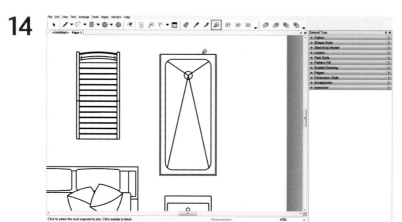

이제 Join Tool을 이용하여 각각의 AutoCAD Block의 외곽선을 하나의 연결된 선으로 만들어야 합니다. 그림에 있는 욕조 형태처럼 외곽선이 하나의 선으로 이어져 있는 경우에는 Join Tool을 사용하여 차례대로 클릭하여 연결합니다.

15

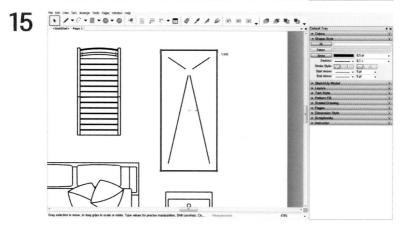

Join Tool을 사용하여 하나로 연결된 Element를 Select Tool로 선택하고 Fill Color를 흰색으로 적용합니다.

16

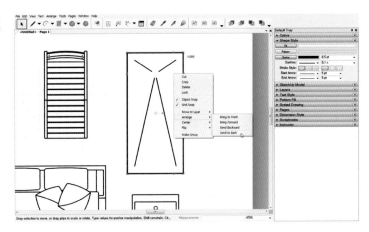

앞서 Fill Color를 적용한 Element
의 순서를 가장 뒤쪽으로 조정합
니다.

17 마지막으로 욕조를 구성하는 전체 요소를 선택하고 Group Element로 만듭니다.

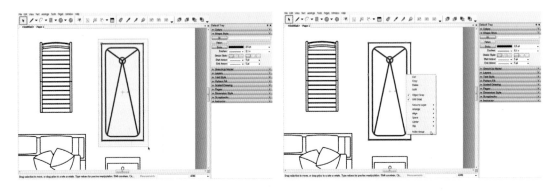

18 가장자리 선이 하나로 연결되지 않고, 그림에 표시된 지점 같이 3개의 선이 만나는 지점이 있는 경우에는
Split Tool을 이용하여 각 지점에 연결된 선을 분리한 후에 Join Tool을 이용하여 외곽선만 하나로 연결되
도록 이어줍니다.

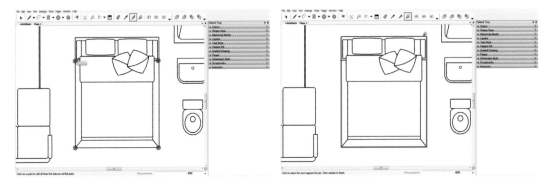

19 앞서 욕조의 경우와 같이 하나로 연결된 Element에 흰색 Fill을 적용하고, Element의 순서를 가장 뒤쪽으로 조정합니다.

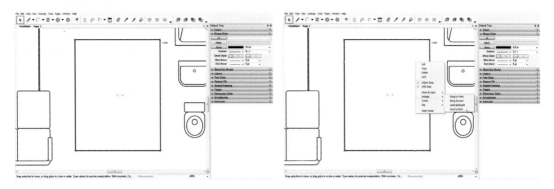

20 전체 Element를 선택하고 Group Element로 만듭니다.

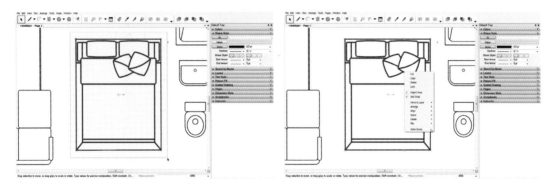

21 Insert된 AutoCAD Block의 곡선 부분은 여러 개로 쪼개진 직선으로 구성되어 있습니다. 이러한 부분은 Join Tool을 이용하여 연결하는데 많은 시간이 소요될 수 있으므로, 그림과 같이 Select Tool로 창을 그려 곡선 부분을 선택하여 삭제하고 2 Point Arc Tool을 이용하여 새로운 선을 그려 줍니다. 하나로 연결해야 하는 외곽선 부분만 이러한 방식으로 새로운 Line을 그려도 됩니다.

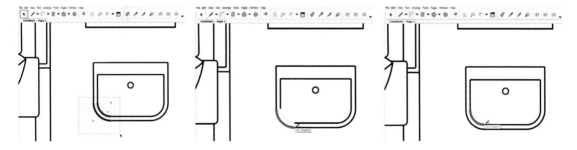

22 앞서와 동일한 방식으로 외곽선을 연결하고 흰색으로 채운 후 가장 뒤쪽으로 순서를 조정합니다. 마지막으로 모든 개체를 선택하여 Group Element로 만듭니다.

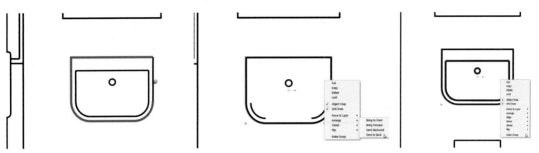

23

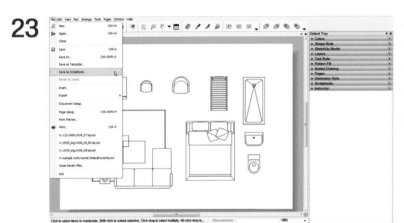

모든 AutoCAD Block을 동일한 방법으로 Group Element로 만든 후 현재 상태를 Scrapbook으로 저장하기 위해 메뉴 바 File>Save As Scrapbook을 선택합니다.

24

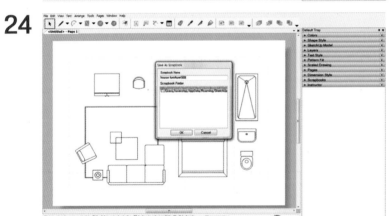

Scrapbook이 저장될 경로와 이름을 지정한 후 OK버튼을 선택합니다.

25

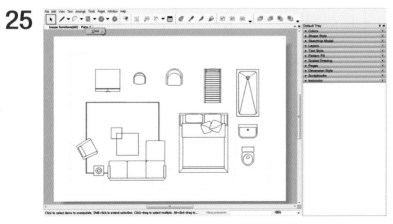

AutoCAD Block을 Insert한 Layout File Tab을 마우스 우측으로 클릭하고 Close 합니다. File을 저장할 필요는 없습니다.

26 준비된 File을 불러 옵니다. Scrapbook에 첨가한 가구를 평면도에 배치해 보겠습니다. 먼저 funiture Layer
를 만들고 현재 Layer로 지정합니다. funiture Layer의 위치는 반드시 SketchUp Model Layer보다는 위쪽
에 위치해야 하며, dimension, annotation Layer보다는 아래쪽에 위치해야 합니다. Scrapbook List를 펼쳐
앞서 추가한 1:60 크기의 가구 Scrapbook을 선택합니다.

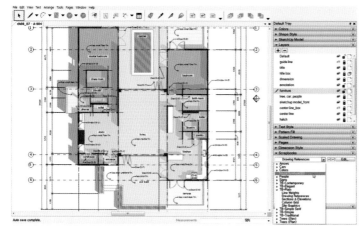

part08/part08_07.layout

27 가구의 Scale과 평면도의 Scale이 동일하기 때문에 크기를 조정할 필요 없이 Scrapbook의 가구들을 그대
로 가져가서 위치와 방향만 조정하면 됩니다.

 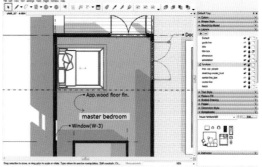

28

공간의 성격에 따라 알맞은 가구를
선택하여 평면도에 배치합니다. 가
구가 추가되어 공간의 성격을 더 쉽
게 파악할 수 있게 되었습니다.

Isometric 보드 만들기

이번 장에서는 SketchUp Scene을 이용하여 Isometric을 표현하는 방법을 살펴보겠습니다.

01

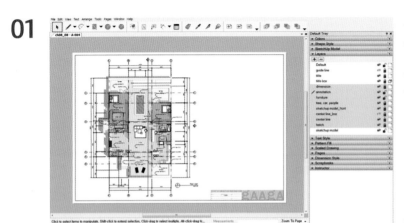

준비된 File을 불러 옵니다. **Layers Tray**에서 그림에 표시된 Layer를 모두 선택하여 Invisible 상태로 만듭니다.

part08/part08_08.layout

02

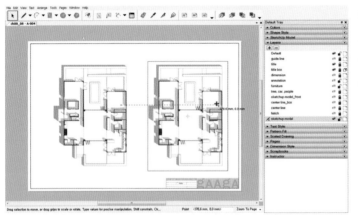

sketchup model Layer를 현재 Layer 로 지정하고, 그림과 같이 평면도에 활용한 SketchUp Model을 Page 오른쪽 빈 곳으로 복사합니다.

03

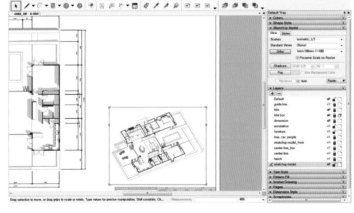

복사된 SketchUp Model의 Scene 을 isometric_1/3으로 변경하고 Scale은 1:100으로 지정합니다. Preserve Scale on Resize에 Check 하고 SketchUp Model의 크기와 위치를 그림과 같이 조정합니다.

04 Isometric에 필요한 부분만 남기기 위해 그림과 같이 Isometric 주변을 따라 Line을 그린 후 SketchUp Model을 Clipping Mask 합니다.

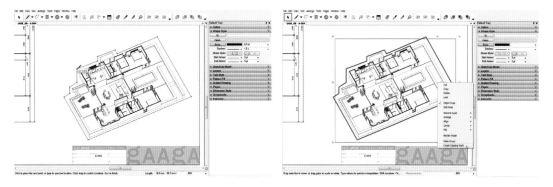

05 isometric_1/3 SketchUp Model 을 수직방향으로 복사합니다.

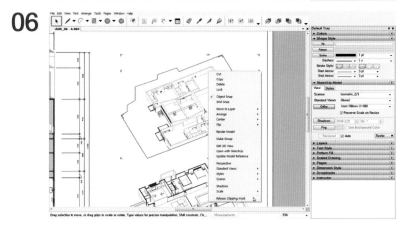

06 복사된 SketchUp Model의 Scene 을 isometric_2/3으로 변경합니다. SketchUp Model의 형태에 맞추어 다시 Clipping Mask하기 위해 SketchUp Model을 마우스 우측으로 클릭하고 Release Clipping mask를 선택합니다.

07 앞서 Clipping Mask를 위해 그린 Line을 삭제하고, isometric_2/3의 형태에 맞는 새로운 Line을 그린 후 Clipping Mask 합니다.

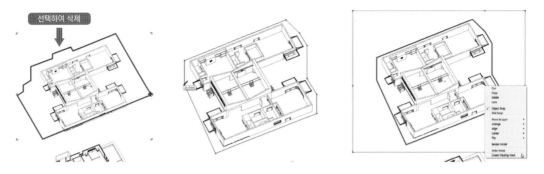

08

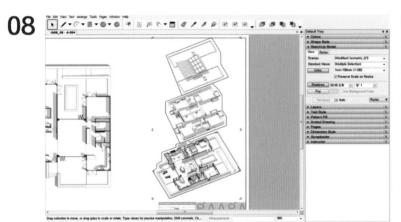

isometric_3/3도 동일한 방법으로 isometric_2/3 SketchUp Model을 복사하여 새로운 Line을 그려 Clipping Mask 합니다.

09 분리된 형태의 연결 관계를 표현하기 위해 Shape Style을 그림과 같이 설정한 후 지붕의 한 끝점에서 시작하는 Line을 수직방향으로 길게 그립니다.

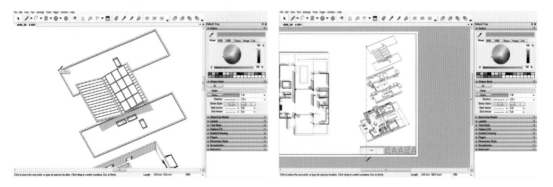

10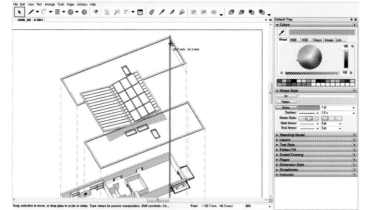

앞서 그린 Line을 그림에 표시된 지붕의 모서리 부분에 복사합니다.

11

isometric_1/3 SketchUp Model의 위치가 지붕에서 내린 수직선의 위치에서 벗어나 있습니다. 수직선에 맞추어 위치를 조정하기 위해 isometric_1/3 SketchUp Model을 선택하고 Center Grip의 위치를 그림에 표시된 지점으로 이동합니다,

12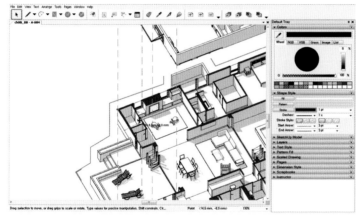

이동된 Center Grip이 지붕에서 내린 수직선 상의 위치에 놓이도록 isometric_1/3 SketchUp Model을 그림과 같이 이동합니다.

13 불필요하게 연장되어 있는 수직선은 Split Tool을 이용하여 분리한 후 삭제합니다.

14 지붕이나 벽체에 의해 수직선이 일부 가려지는 부분도 Split Tool을 이용하여 분리한 후 삭제하여 그림과 같이 정리합니다.

15 추가된 수직선 전체를 선택하고 Shape Style을 알맞게 조정합니다.

16 Isometric에서 출입구 부분 화단과 후면 가든 부분을 강조하기 위해 hatch Layer를 현재 Layer로 만들고 그림과 같이 Line Tool로 화단과 가든의 형태에 따라 흰색 Fill이 채워진 Shape를 그린 후 Style Tool을 이 용하여 평면도에 적용한 Pattern을 복사하여 적용합니다.

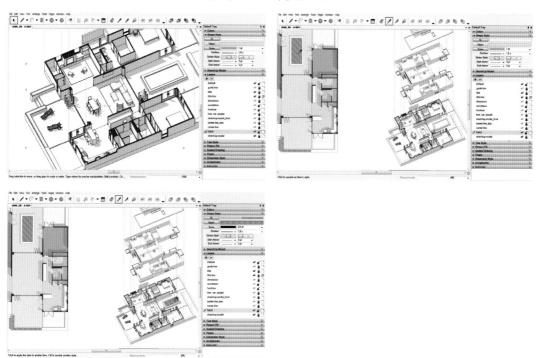

17

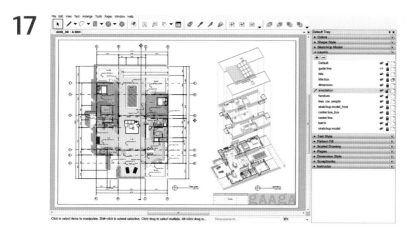

마지막으로 Scrapbook을 이용하 여 Isometric의 도면명과 Scale을 입력합니다. A-004 Page가 완성 되었습니다.

입면도와 단면도 보드 만들기

이번 장에서는 Elevation과 Section을 배치하고 치수, Hatching, 인물 등을 추가하는 방법을 살펴보겠습니다.

01

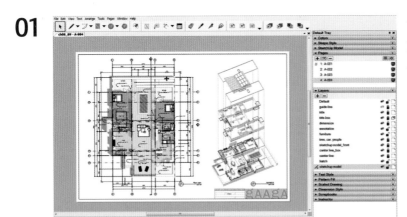

준비된 File을 불러 옵니다. A-004 Page에서 SketchUp Model을 선택하여 복사합니다.

part08/part08_09.layout

02

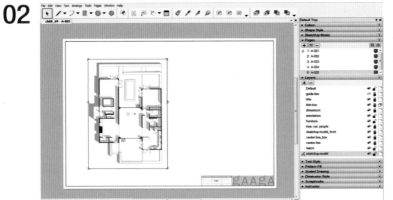

새로운 Page를 추가하고 이름을 A-005로 지정합니다. sketchup model Layer를 현재 Layer로 만들고 앞서 복사한 SketchUp Model을 붙여넣기 합니다.

03

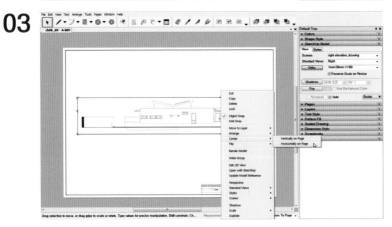

SketchUp Model의 Scene을 right elevation_drawing으로 변경하고, Scale을 1:50으로 지정합니다. Preserve Scale on Resize에 Check 하고 그림과 같이 SketchUp Model 의 크기를 조정한 후 Page의 가운데 위치하도록 마우스 우측 클릭 >Center>Horizontally on Page를 선택합니다.

04 치수선을 배치하는데 참조할 수 있도록 그림과 같이 Guide Line Layer에서 지붕의 가장 끝부분을 기준으로 일정한 간격의 Guide Line을 만들어 줍니다.

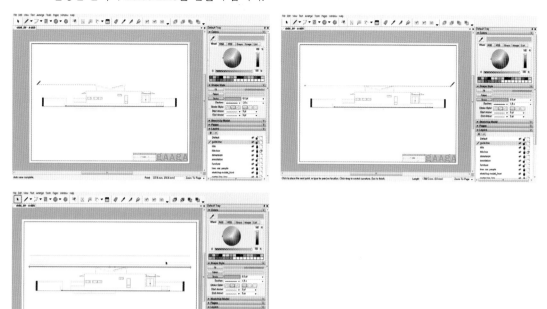

05 dimension Layer를 현재 Layer로 지정하고, 그림과 같이 SketchUp Model을 직접 참조하여 Dimension을 생성합니다. 처음 Dimension을 그려 치수선의 위치를 지정한 후에는 다음 지점을 더블 클릭하여 앞선 Dimension과 동일한 위치에 치수선이 생성되도록 합니다.

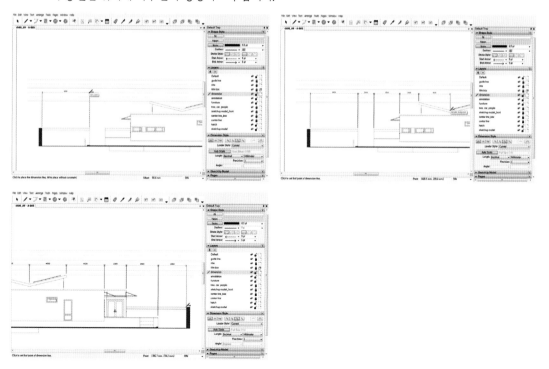

06

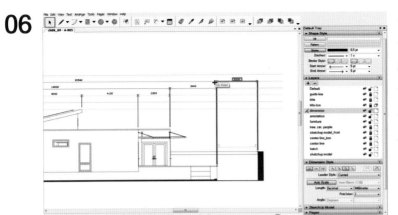

치수선의 위치를 조정해야 할 경우에는 앞서 평면도 작업에서처럼 Select Tool로 Dimension을 더블클릭하여 편집 상태로 만든 후 치수선 양쪽 끝부분의 Point를 클릭 드래그하여 조정합니다.

07

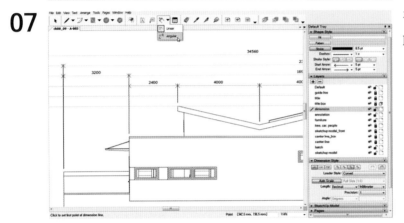

각도 치수를 입력할 경우에는 Angular Dimension Tool을 활용합니다.

08 그림에 표시된 순서에 따라 각도를 측정할 기준선들을 지정하고 최종적으로 Text가 위치할 지점을 지정하여 마무리 합니다.

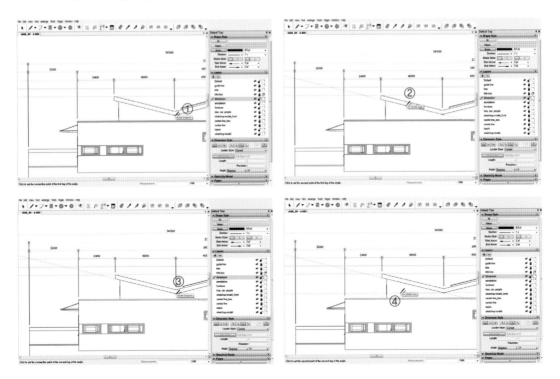

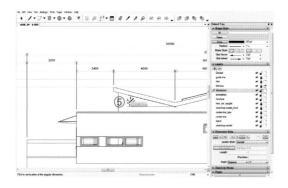

09 높이 방향의 Dimension도 동일하게 Guide Line을 그려 Dimension을 기입합니다.

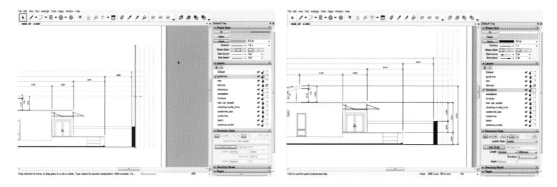

10 치수보조선의 길이를 조정해야할 경우에는 Select Tool로 Dimension을 더블 클릭하여 편집 상태로 만든 후 그림과 같이 치수보조선 끝부분의 Point를 클릭-드래그하여 위치를 이동시킵니다.

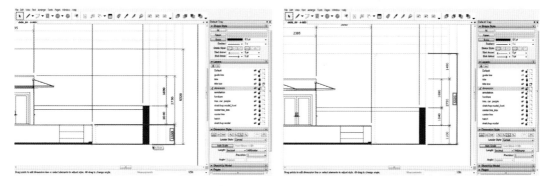

11 건물 외벽의 사이딩을 Hatching으로 표현하기 위해 먼저 Rectangle Tool을 선택하고 Shape Style의 Fill 과 Pattern을 그림과 같이 설정합니다. 앞서 평면도에서의 Zoning 작업과 같이 Hatching이 들어갈 부분에 Rectangle을 그려 넣고 Rectangle의 크기를 조정하여 Hatching이 들어갈 부분을 모두 채웁니다. 마지막으로 Hatching을 구성하는 Rectangle을 모두 선택하여 하나의 Group으로 만듭니다.

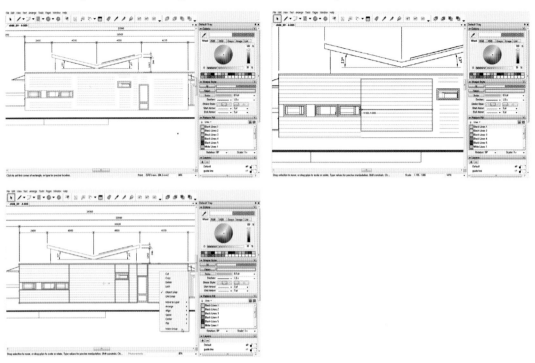

12 앞서 사용한 Pattern을 동일하게 적용하고 싶을 때에는 Pattern을 적용한 Page에서 해당 Pattern이 적용된 Element를 복사하여 현재 작업 중인 Page에 붙여넣기 한 후 Style Tool을 이용하여 Shape Style을 복사해 적용할 수 있습니다.

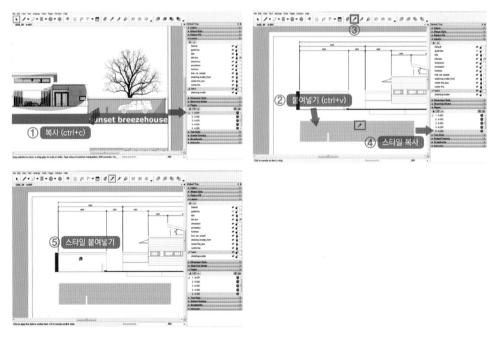

13

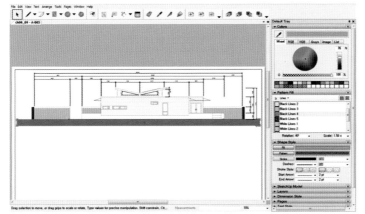

입면도의 모든 요소를 선택하여 그림과 같이 Page의 상단으로 이동한 후 그림과 같은 Shape Style을 적용한 Rectangle을 그려 지면을 표현합니다.

14

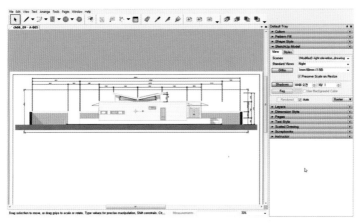

입면도를 입체적으로 표현하기 위해 right elevation_drawing SketchUp Model에 Shadow를 활성화한 후 아래쪽으로 복사하여 새로운 2개의 SketchUp Model을 만듭니다.

15 복사된 2개의 SketchUp Model을 각각 right elevation, section a-a Scene으로 변경한 후 모두 Shadow 를 활성화 합니다.

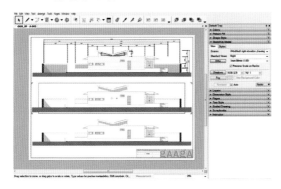
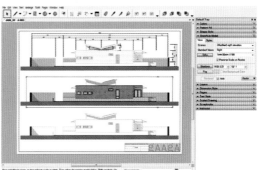

16

section a-a Scene은 내부 공간으로 빛이 유입되도록 그림과 같이 Shadow를 조정합니다.

17

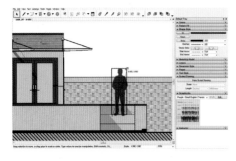

입면도와 단면도에 Scale에 맞는 인물을 추가해 넣기 위해 그림과 같이 Scaled Drawing을 활용하여 높이가 1750mm~1800mm 가량 되는 Rectangle을 그립니다.

18 tree, car, people Layer를 현재 Layer로 지정하고, Scrapbook에서 인물을 가져와 앞서 그린 Rectangle의 높이에 맞추어 크기를 조정한 후 Rectangle을 삭제합니다.

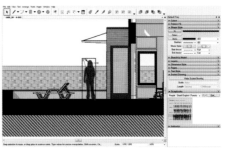

19

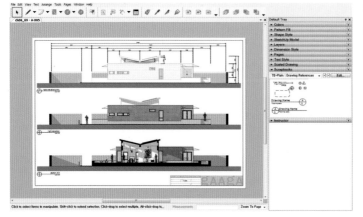

마지막으로 Scrapbook을 이용하여 입면도와 단면도 도면명과 Scale을 입력합니다.

PNG Image File을 활용하여
도면에 조경 추가하기

이번 장에서는 PNG Image를 활용하여 나무, 화초, 잔디 등 조경에 필요한 Scrapbook을 추가하는 방법을 살펴 보겠습니다.

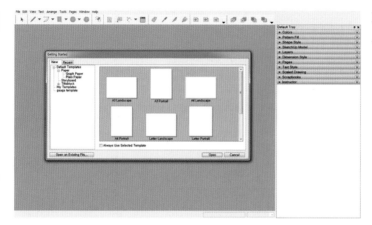

Layout을 실행하고 A4 Landscape 용지를 Open 합니다.

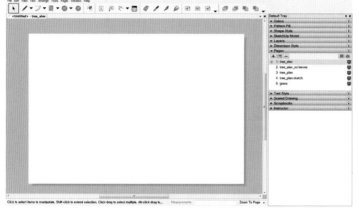

Pages Tray에서 그림과 같은 이름 의 Page들을 추가하고, 1 Page로 이동합니다.

메뉴 바 File>Insert을 선택합니다.

04

준비된 폴더 안의 모든 나무 입면 PNG
Image File을 선택하여 열기 합니다.

part08/trees & plants/tree_elev

05 Insert된 PNG Image File의 크기와 위치를 그림과 같이 조정합니다.

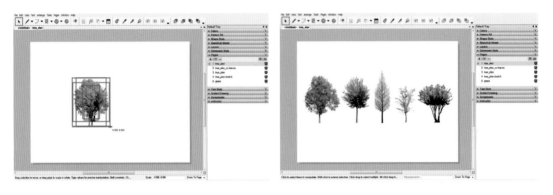

06 다른 Page들에도 동일한 방법으로 Page 이름과 동일한 이름의 폴더에서 PNG File을 Insert하여 그림과 같이
배치합니다.

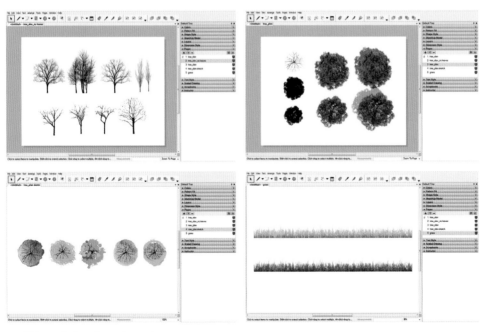

part09/trees & plants/tree_elev_no leaves
part10/trees & plants/tree_plan
part11/trees & plants/tree_plan_sketch
part08/trees & plants/grass

07

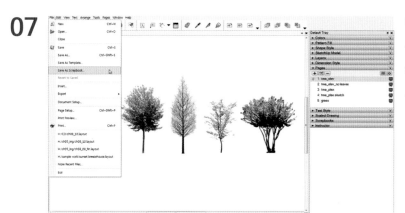

다시 1 Page로 이동하고, 현재 상태를 Scrapbook으로 저장하기 위해 메뉴 바 File>Save As Scrapbook을 선택합니다.

08

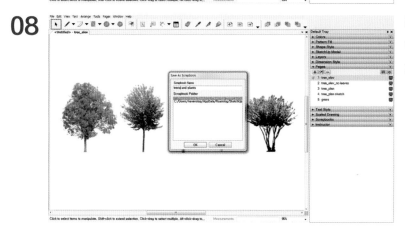

Save As Scrapbook 대화상자가 나타나면 그림과 같이 경로와 이름을 지정한 후 OK 합니다.

09

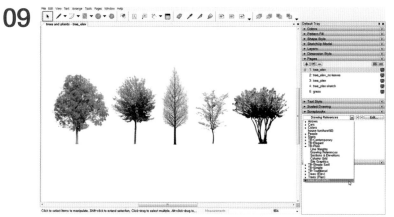

Scrapbook List를 펼쳐보면 앞서 저장한 Scrapbook의 이름이 List에 포함된 것을 볼 수 있습니다.

10

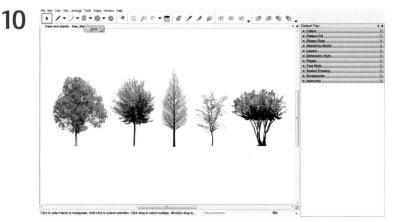

File Tab을 마우스 우측으로 클릭하여 Close 합니다.

11 준비된 File을 불러옵니다. **Layers Tray**에서 tree, car, people Layer를 현재 Layer로 지정합니다. Scrapbook List에서 앞서 저장한 trees and plants를 선택하고, Scrapbook의 페이지를 이동하며도면의 성격에 어울리는 나무의 입면을 가져와서 알맞게 배치합니다.

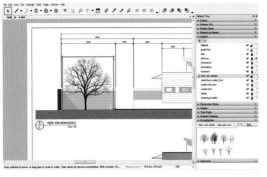
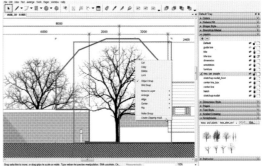
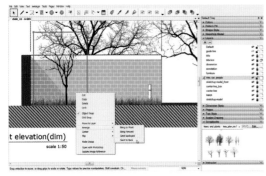

part08/part08_10.layout

12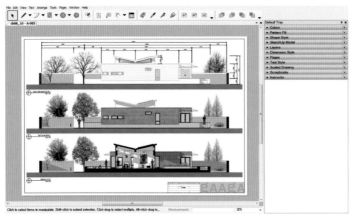

조경 요소를 추가하여 입면도와 단면도가 포함된 A-005 Page가 완성되었습니다.

완성된 보드를 Image, PDF, AutoCAD File로 내보내기

이번 장에서는 Layout 작업 결과물을 다양한 형태로 내보내는 방법을 살펴보겠습니다.

■ Layout Page를 Image File로 내보내기

01

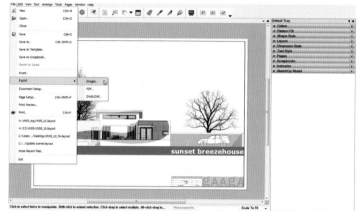

메뉴 바 File> Export> Images를 선택합니다. Export Images 대화 상자가 나타납니다.

part08/part08_11.layout

02

Image가 저장될 경로, File 이름, File 형식을 지정합니다. Page가 여러 장일 경우 지정한 이름 뒤에 자동적으로 번호가 부여되어 저장됩니다. 저장 버튼을 클릭 합니다.

03

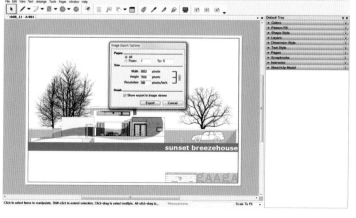

Image Export Option 대화 상자가 나타납니다. Image로 내보낼 Page 의 범위, 해상도, 내보낸 후 Image Viewer를 실행하여 확인할 것인지를 설정한 후 Export 버튼을 클릭 합니다.

01

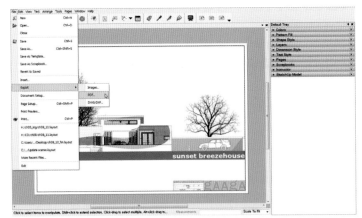

메뉴 바 File> Export> PDF를 선택
합니다.

02

Export PDF 대화 상자가 나타납니다. File 이름을 지정합
니다. File 형식은 PDF로 이미 지정되어 있습니다. 저장 버
튼을 클릭합니다.

03

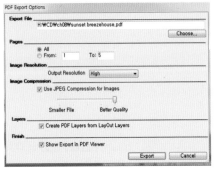

PDF Export Options 대화 상자가 나타납니다. 다음의 사항을
선택한 후 Export 버튼을 클릭합니다.

• **Export File** : 앞서 지정한 File 저장 경로와 File 이름을 변경합니다.

• **Pages** : 내보내고 싶은 Page의 범위를 설정합니다.

• **Image Resolution** : Page에 포함되어 있는 SketchUp Model의 Rendering 품질, Image의 품질을 지정합니다.

• **Image Compression** : PDF의 File 크기를 줄이기 위해 Page에 포함되어 있는 Image를 압축할 것인지를 선택
합니다. Slider를 움직여 Image의 품질과 File 크기를 조정할 수 있습니다.

• **Layers** : LayOut에서 만든 Layer 정보를 PDF File에 남겨 놓을 것인지를 선택합니다.

• **Finish** : PDF File로 내보낸 후 PDF Viewer를 실행하여 확인할 것인지 여부를 선택합니다.

■ Layout Page를 DWG 또는 DXF File로 내보내기

01

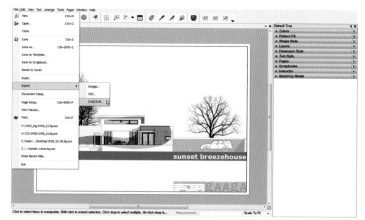

메뉴 바 File> Export> DWG / DXF 를 선택합니다.

02

Export DWG/DXF 대화 상자가 나타납니다. File을 저장할 경로와 이름, File 형식을 지정한 후 저장 버튼을 클릭합니다.

03

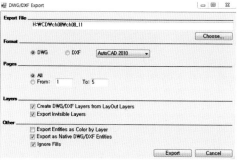

DWG / DXF Export 대화 상자가 나타납니다.

- **Format** : File 형식과 AutoCAD 버전을 선택합니다.

- **Pages** : 내보내고 싶은 Page의 범위를 설정합니다.

- **Layers** : DWG/DXF File에 Layout에서 생성한 Layer 정보를 가져갈 것인지를 설정합니다. Layout에서 숨겨져 있는 Layer도 설정을 통해 DWG/DXF File로 가져갈 수 있습니다.

- **Other** : Layer에 지정한 색상에 따라 Layout Element를 구분하여 내보낼 것인지, Layout에서 생성한 Element를 DWG/DXF Entity로 변환시켜 내보낼 것인지, Layout Element의 Fill Color를 제거할 것인지를 선택합니다.

■ 인쇄하기

01 Page를 인쇄하기 전 먼저 Page의 크기를 확인해야 합니다. 메뉴 바 File>Document Setup을 선택합니다. Page 설정에서 Document의 크기를 확인합니다.

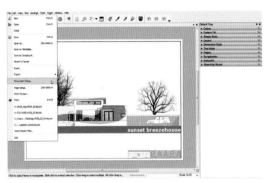 

02 다음으로 Printing할 용지의 크기를 지정하기 위해 메뉴 바 File> Page Setup을 선택하고, 인쇄할 용지의 크기를 지정합니다.

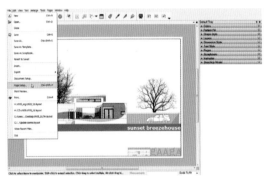 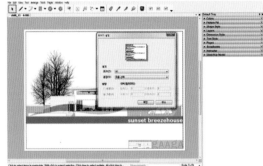

03 메뉴 바 File> Print Preview를 선택합니다. Printing을 하기 전에 미리보기 보기 Option을 사용하여 인쇄될 Page들을 미리 확인합니다.

04 메뉴 바 File> Print를 선택하고, 인쇄할 Print와 인쇄 범위를 설정한 후 인쇄 합니다.

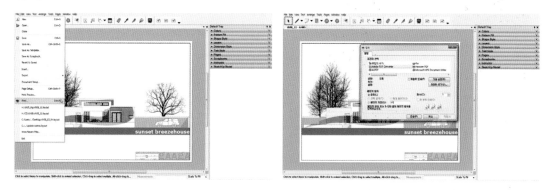

■ Layout을 활용하여 Presentation 하기

01

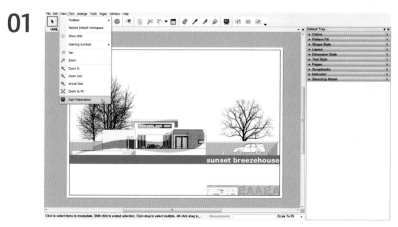

LayOut의 Presentation 기능을 사용하려면 메뉴 바 View> Start Presentation을 선택합니다. Layout Presentation Mode로 변환되면서 현재 Page가 전체 화면에 가득찹니다.

02

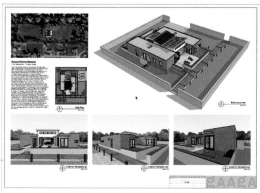

방향키 또는 마우스를 사용하여 Page를 이동할 수 있습니다. 좌우 방향키는 한 Page 씩 앞뒤로 이동하게 되며, 위아래 방향키는 첫 Page와 마지막 Page로 이동합니다. 마우스 왼쪽 버튼은 한 Page 앞으로, 마우스 오른쪽 버튼은 한 Page 뒤로 이동합니다.

03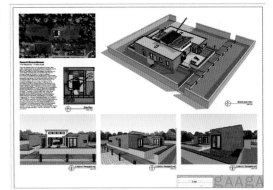

Presentation Mode에서는 Freehand 도구가 활성화됩니다. Presentation 화면에서 클릭 드래그 하면 Freehand Line이 그려지며 필요한 부분에 주석을 추가하여 강조하며 Presentation할 수 있습니다.

04

Layout Page 위에서와 마찬가지로 SketchUp Model을 더블 클릭하면 View를 변경할 수 있습니다. SketchUp Model 위에 마우스 커서를 가져갔을 때 마우스 커서가 Select Tool로 바뀌면 SketchUp Model을 더블 클릭합니다. SketchUp에서와 동일한 방법으로 View를 Orbit, Zoom, Pan할 수 있습니다.

05

SketchUp Model을 더블 클릭한 상태에서 마우스 우측 버튼을 클릭하여 부가적인 Option을 활용할 수 있는데, 예를 들어 SketchUp에 만든 Scene을 자동으로 전환하는 Animation을 보여 줄 수도 있습니다.

06

Presentation Mode를 종료하려면 Esc키를 누릅니다. 주석을 작성한 경우 주석을 저장할지 여부를 묻습니다.

07

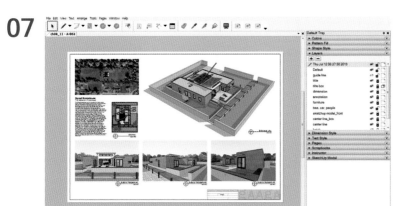

주석을 저장하게 되면, 새로운 Layer 가 추가되면서 Presentation에서 그려 넣은 주석이 새로운 Layer에 들어가 게 됩니다. 새로운 Layer의 이름은 주석을 넣은 날짜와 시간으로 지정 됩니다.

08 여러 모니터를 사용하는 경우 Presentation이 나타날 모니터를 지정할 수 있습니다. 기본적으로는 메인 모니터에 Presentation이 나타나는데, 모니터를 변경하려면 메뉴 바 Edit>Preferences를 선택하고, Presentation 설정에서 모니터를 지정합니다.

건축 인테리어 SketchUp + Layout

스케치업
도면 + 레이아웃
프레젠테이션
REALITY

1판 1쇄 인쇄 2018년 11월 25일　**1판 1쇄 발행** 2018년 11월 30일
1판 2쇄 인쇄 2021년 4월 10일　**1판 2쇄 발행** 2021년 4월 15일

—

지 은 이 윤신용
발 행 인 이미옥
발 행 처 디지털북스
정　　가 32,000원
등 록 일 1999년 9월 3일
등록번호 220-90-18139
주　　소 (03979) 서울 마포구 성미산로 23길 72 (연남동)
전화번호 (02)447-3157~8
팩스번호 (02)447-3159

—

ISBN 978-89-6088-242-3 (13000)
D-18-23

DIGITAL BOOKS
디지털북스

D·J·I BOOKS
DESIGN STUDIO

굿즈 ──────────── D·J·I BOOKS
캐릭터 DESIGN STUDIO
광고 2018
브랜딩
출판편집 J&JJ BOOKS
2014

I THINK BOOKS
2003

DIGITAL BOOKS
1999

facebook.com/djidesign

D·J·I
BOOKS
DESIGN
STUDIO

- Book • Character • Goods • Advertisement
- Graphic • Marketing • Brand Consulting